Emmanuel Levinas zur Einführung

Werner Stegmaier

Emmanuel Levinas zur Einführung

JUNIUS

Junius Verlag GmbH
Stresemannstraße 375
22761 Hamburg
www.junius-verlag.de

Umschlaggestaltung: Florian Zietz
Titelbild: Verlag Karl Alber
Satz: Junius Verlag GmbH
Printed in the EU 2019
ISBN 978-3-88506-672-9
3., ergänzte Auflage 2019

Die Deutsche Nationalbibliothek – CIP-Einheitsaufnahme

Bibliografische Information Der Deutschen Nationalbibliothek
Die Deutsche Nationalbibliothek verzeichnet diese Publikation in der Deutschen Nationalbibliografie; detaillierte bibliografische Daten sind im Internet über http://dnb.dnb.de abrufbar

Inhalt

Anhang

Einleitung

... même si Dieu n'était pas mort, mais seulement exilé.
... als ob Gott nicht tot, sondern nur im Exil wäre (IH 148).

Emmanuel Levinas spricht ganz anders (tout autrement) als die andern. Mit ihm kam ein Ton in die Philosophie, den man zuvor nicht gehört hatte, ebenso befremdlich wie anziehend. Er kommt immer gleich zur Sache. Er gebraucht ohne Umschweife die anspruchsvollsten Begriffe der Philosophie, um die schlichtesten Phänomene zu verdeutlichen. Er stellt in kürzesten Anläufen die weitreichendsten und herausforderndsten Fragen. Er hält sich nicht mit Philologie auf. Er knüpft immer nur in wenigen Punkten an frühere Philosophien an und bewegt sich unter ihnen in waghalsigen Zeitsprüngen. Er wartet plötzlich mit Religion auf, wo man weiter mit Philosophie gerechnet hatte. Oft scheint er selbst überrascht von den Wegen, die sein Denken findet. Dennoch geht sein Denken in strenger Folgerichtigkeit voran, Argument für Argument, völlig nüchtern, ohne jeden Appell an Gefühle, manchmal, trotz oder wegen seines Ernstes, mit einem Anflug von Selbstironie. Es kommt zu schlüssigen, nachvollziehbaren Ergebnissen.

Es geht im Kern um die ethische Verantwortung, die das Leid eines Andern hervorruft. Leid, das Schmerz und Not sein kann, die mich nicht ruhen lassen, die von mir verlangen, etwas zu tun. Leid, das aber auch aus der bloßen Andersheit des Anderen kommen kann, die mich befremdet und feindselig macht und gegen die man nicht leicht etwas tun kann. Leid, das mich, auch wenn oder weil es nicht heilbar ist, trotzdem nicht in Ruhe lässt. Leid, das mich selbst infrage stellt, das mir Fragen stellt, die in die Tiefen der Philosophie reichen und die Grenzen zur Religion überspringen. Leid, das an den Grenzen zur Religion die Fragen der Philosophie neu und anders stellen lässt. Fragen, denen die Shoa den schwersten Ernst gegeben hat, in der Menschen, Angehörige eines Volkes, das für seine Philosophen gerühmt wurde, mitten im 20. Jahrhundert mitten in Europa Millionen von Menschen töten konnten allein deshalb, weil sie anders waren. Die europäische Philosophie, die sich doch als universale Hüterin des Seins und des Guten verstand, hat auch nach dem Zweiten Weltkrieg, der unter neuen furchtbaren Opfern dem Hitler-Reich ein Ende machte, in der Shoa kaum einen Anlass gesehen, sich zu fragen, ob sie mit ihrer Art zu denken und zu unterscheiden nicht von langer Hand dazu beigetragen hatte, was geschehen war, ob ihre Begriffe von Sein und Nichtsein, Wahr und Falsch, Gut und Böse, Eigenem und Anderem nicht daran mitschuldig waren. Levinas hat das getan.

Seine Philosophie, die sich nur langsam, aber beharrlich Gehör verschaffte, gilt inzwischen als eine der großen des 20. Jahrhunderts. Im deutschen Sprachraum sind zunächst vor allem christliche Theologen auf sie aufmerksam geworden. Ihre Wahrnehmung wurde dadurch nachhaltig geprägt. Nach Martin Buber schien Emmanuel Levinas ein neues Angebot für den christlich-jüdischen Dialog zu machen. Aber Levinas hat sich deutlich von Buber und der Philosophie des Dialogs distanziert, und es geht ihm nicht um Ausgleich unter den Religionen. Sein Denken hält sich nicht in den Grenzen des Dialogs, seine Philosophie zielt nicht auf Gemeinsamkeit und Einheit. Es besteht auf der Andersheit.

Levinas, der Anfang 1906 in Litauen geboren wurde und Ende 1995 in Paris starb, setzt bei der ›Trennung‹ (séparation), dem ›Außereinander‹, der ›Exteriorität‹ an. Danach können wir nicht schon voraussetzen, dass wir mit andern irgendetwas gemeinsam haben, weder ein für alle einheitlich gegebenes ›Sein‹ noch eine ›Vernunft‹, die jenes Sein einheitlich bestimmt und festhält. Jede und jeder ist frei, alles anders zu erfahren und zu beurteilen als andere. Die europäische Philosophie hat sich nach Levinas vorschnell auf Einheit festgelegt, sei es in Gestalt eines Seins oder einer Vernunft oder in der Beziehung beider, einem reinen Vernehmen des Seins, der ›Theorie‹. Sie hat es sich dadurch mit dem Ethischen zu leicht gemacht und die Voraussetzung geschaffen, es zu verkehren.

Das Ethische ist nach Levinas etwas, das nur in der Trennung geschieht. Es ist ein Bezug zu andern, mit denen man nicht schon Gemeinsamkeiten hat, die man als immer anders erfährt und durch die man selbst immer anders wird, ein in nichts feststehender, sondern bewegender, mitnehmender, verunsichernder Bezug. Das Ethische schafft Verunsicherung, bevor es Sicherheit schafft. Es kommt dem eigenen Leben nicht zu Hilfe, sondern stört es. Es unterbricht die Sorge um sich selbst, öffnet für die Belange eines andern und ruft die Verantwortung für ihn wach. Ein anderer nötigt mich, ohne es zu wollen, mich von meinen Interessen ab- und seinem Leid zuzuwenden. Sein Leid lässt mir keine Wahl. Und nur wenn ich keine Wahl habe, nur wenn ich mir das Ethische nicht vorbehalte, mich nicht für oder gegen es entscheide, ist es das Ethische. Sich angesichts des Leids eines andern die Zuwendung zu ihm vorzubehalten, kann nicht ethisch sein. Danach entspringt das Ethische im unmittelbaren Bezug zu andern, im Bezug ohne ein vermittelndes Drittes, auch ohne eine vermittelnde allgemeine Moral. Im unmittelbaren Bezug ist jeder dem andern schutzlos ausgesetzt. Nach Levinas ruft die Schutzlosigkeit das Ethische hervor.

Es hat dann keine Stütze in einer Theorie und sofern es allem Theoretischen vorausgeht, kann es sie auch nicht darin haben. Es bleibt auch selbst immer unsicher. Die Trennung, der unmittelbare Bezug ohne ein vermittelndes Drittes, legt das Ethische weder fest noch gewährleistet sie es, sie fordert es nur heraus. Festlegen und gewährleisten lässt es sich nur aufgrund eines Gemeinsamen, eines einheitlichen Seins oder einer einheitlichen Vernunft. Es wird dann theoretisch formulierbar in Gesetzen, Normen oder Werten. So kann es der eine gegen den andern geltend machen, wird es wechselseitig einklagbar. Man kann dann den andern im Namen des Dritten, des Allgemeinen, zur Rechenschaft ziehen, ohne selbst dafür einstehen zu müssen. Der andere ›fällt‹ dann ›unter‹ ein Allgemeines, ein Gesetz, eine Norm, einen Wert, seine Andersheit wird ›unwesentlich‹, und man ist davon entlastet, sich auf sie einzustellen. Im Namen des Theoretisch-Ethischen kann man sich zum Richter anderer machen. Man kann von ›höheren‹ allgemeinen Maßstäben aus entscheiden, was an andern gut oder böse ist. Man kann in einem ›Wir‹ aufgehen, in dem alle eine ›Moral‹ teilen, die jedem das Recht und die Macht verleiht, über Zugehörigkeit oder Nichtzugehörigkeit zu dieser Moralgemeinschaft, über Ein- oder Ausschluss zu entscheiden, und muss sich dabei nicht fragen lassen, ob dies seinerseits gut oder böse ist. Moralgemeinschaften bergen, weil sie ›in gutem Glauben‹ andere ein- und ausschließen, die Gefahr des Totalitarismus in sich. Europa ist im 20. Jahrhundert zu großen Teilen totalitär geworden. Die europäische Philosophie könnte, darauf hat besonders Hannah Arendt in ihren *Elementen und Ursprüngen totaler Herrschaft* aufmerksam gemacht, an diesen Totalitarismen mitschuldig geworden sein.

Opfer der europäischen Totalitarismen wurden, neben vielen anderen, vor allem die Juden. Die Juden haben eine andere Tradition des Denkens hervorgebracht und trotz aller Verfolgungen an ihr festgehalten. In ihr wurden nach Levinas die Anderen im Ansatz anders, nicht von einem Einheitlichen und Gemeinsamen her, sondern aus der Trennung heraus als ›ganz Andere‹ erfahren. Dahinter stand und steht der Gedanke eines Gottes, der in seinem ersten Gebot verlangt, sich keine Bilder, keine Begriffe von ihm zu machen, der immer noch anders ist, als Bilder und Begriffe ihn fassen können, der kein Gegenstand der Theorie sein kann und soll. Dieser Gott sollte allein Gut und Böse hinreichend unterscheiden können. So konnte auch Gut und Böse kein Gegenstand der Theorie sein. Das Theoretische, in dem die Andersheit der Einzelnen zurücktritt und für das sie keine Verantwortung zu haben scheinen, blieb auf diese Weise von Anfang an durch das Ethische begrenzt, in dem die Einzelnen gefordert und füreinander verantwortlich sind. Hier trennt sich die jüdische Tradition, wie Levinas sie sieht, von der europäischen Philosophie des Seins und der Vernunft, die er die ›griechische‹ oder die ›westliche‹ nennt. Diese nahm in ihrem Hauptstrom an, das Tun des Guten setze ein Wissen des Guten voraus, und vertraute darauf, dass dem Wissen des Guten, wenn es nur hinreichend klar sei, das Tun des Guten folgt. Die jüdische Tradition, die Levinas als Tradition der Auslegung der hebräischen Bibel, der Thora, versteht, teilte dieses Vertrauen in ihrem Hauptstrom nicht. Sie rechnete nicht mit einem hinreichend zu klärenden und allgemein festlegbaren Wissen des Guten und erhoffte sich davon auch nicht die Verbesserung des Handelns der Menschen. Weil sie hier im Ansatz anders dachte und sich von hier aus ganz anders entwickelte, ist sie der europäischen Philosophie des Seins und der Vernunft immer fremd geblieben, erschien ihr Denken dem europäischen Denken willkürlich und darum gefährlich. So könnte auch aus der Sicht der Philosophie verständlich werden, dass die europäischen Juden zu Opfern wurden.

Das Denken der jüdischen Tradition ist, so Levinas, weiterhin ›schwierig‹, auch für Juden. Levinas, der in Frankreich seine philosophische Bildung erwarb, hat von der europäischen oder ›westlichen‹ Tradition des Denkens aus zu zeigen versucht, wie Europa, das gegenwärtige Europa, von den Juden lernen, wie es sein Denken vom ›jüdischen Denken‹ her infrage stellen kann. Darin gingen ihm andere, vor allem Hermann Cohen (1842–1918) und Franz Rosenzweig (1886–1929), zu Beginn des 20. Jahrhunderts voraus. Aber erst nach der Shoa wurde das Lebensentscheidende dieses Lernens deutlich. Levinas suchte nicht mehr wie Cohen die beiden Traditionen auseinander zu begründen oder wie Rosenzweig zusammenzuführen, sondern hielt auch sie getrennt, um sie aus ihrer Trennung heraus aufeinander zu beziehen. Mit einer Radikalität, die er bei Platon, Descartes, Kant, Nietzsche und neu und persönlich bei Husserl und Heidegger erfahren hatte, führte er auf der einen Seite die kritische Tradition der europäischen Philosophie bis dorthin fort, wo sie die jüdische berührte, und trug auf der andern Seite dieses kritische Denken in die jüdische Tradition der Auslegung der hebräischen Bibel ein. Das ›westliche‹ Denken blieb so das westliche und das ›jüdische‹ das jüdische, aber beide ließen sich in der Berührung mit dem andern vom andern her neu denken.

Levinas versuchte bewusst einen Grenzgang. Er zeigte auf der einen Seite, wie Heidegger, der in der Kritik der europäischen Philosophie und ihres Bestehens auf einem einheitlichen fassbaren Grund alles Wissens zuletzt am weitesten gegangen war, in seinem Denken noch immer einer ›Neutralität‹ des Seins anhing, die zwar nicht mehr objektiv fassbar sein, aber dennoch das Denken aller in Einem ›versammeln‹ sollte. Auch Heidegger habe damit noch am Denken eines Dritten jenseits der Einzelnen, die immer anders sind, festgehalten, einem Dritten, das für alle gleich gültig sein sollte, für das aber eben darum die Einzelnen und ihr Anderes gleichgültig waren. Gegen diese ›Gleichgültigkeit‹ (in-différence) des Objektiven, Allgemeinen, Neutralen gegenüber den Einzelnen und ihrer Andersheit machte Levinas deren ›Nicht-Gleichgültigkeit‹ (non-in-différence) in ihrer Andersheit geltend. In der jüdischen Tradition der Auslegung der Thora waren die Einzelnen und ihr Anderes niemals gleichgültig. Gegenüber jenem Gott, der alles bestimmte und selbst unbestimmbar blieb, war in der Auslegung seiner Thora, die er nach der jüdischen Tradition selbst geschrieben hatte, keine allgemeine Feststellung an und für sich gültig, sondern jede ging auf die Verantwortung eines Einzelnen. Im Talmud, der Sammlung von Auslegungen der Thora, werden die Auslegungen in der Regel mit den Namen der Verantwortlichen angeführt. Angesichts der unübersehbaren Fülle und Vielfalt der Thora konnte jedes andere Allgemeine, das ein anderer Ausleger vorschlug, ebenso aufschlussreich sein; so bewahrte man auch abweichende, in die Sammlung zunächst nicht aufgenommene Auslegungen (baraitot) auf. Der Einzelne wurde so niemals gleichgültig für die Auslegung der Thora, und jede einzelne Auslegung blieb auch und gerade dann von Bedeutung, wenn sie anders war als die anderen. Die Auslegungen Einzelner im Namen von Einzelnen konnten wohl von vielen oder allen angenommen und dadurch allgemein gültig werden; aber jeder, der sie annahm oder nicht, trug dafür wieder als Einzelner die Verantwortung. So wurde denk- und annehmbar, dass die Einzelnen nicht durch ein Drittes, von ihnen scheinbar unabhängiges Theoretisches und Objektives, sondern allein durch ihr Antworten aufeinander und ihre Verantwortung füreinander verbunden sind, dass ihre Beziehung eine Beziehung von Getrennten und darum immer zuerst eine ethische Beziehung ist. Die jüdische Tradition, die sich vor theoretischen Sicherheiten im

Ethischen zurückgehalten und den Anfang des Ethischen in der unmittelbaren Verantwortung gegenüber dem Andern wachgehalten hat, war besser gegen Totalitarismen gefeit.

Levinas hat das Antworten und die Verantwortung in der Trennung phänomenologisch an der Situation des Von-Angesicht-zu-Angesicht aufgewiesen und ist dafür vor allem berühmt geworden. Blicke ich in das Gesicht des anderen, wird mein theoretischer Zugriff auf ihn irritiert, gestört, und in diesem Augen-Blick kann mein Zugriff mir als Anmaßung bewusst werden. Das Von-Angesicht-zu-Angesicht schafft in jeder alltäglichen Begegnung eine starke Spannung, zu deren Bewältigung es komplexer Rituale des wechselnden Hin- und Wegsehens bedarf. Das spannungsvolle Dem-andern-in-die-Augen-Sehen lässt, so deutet es Levinas, für einen kurzen Moment im unwillkürlichen theoretischen Zugriff auf den andern zögern und kann so veranlassen, in ihm innezuhalten und von ihm zurückzutreten. Es kann nur, es muss nicht, es gewährleistet das Ethische nicht, es eröffnet es nur und immer nur für einen Moment. Aber es lässt den Zugriff doch zögern, während ihn theoretische Sicherheiten bestärken. Das Von-Angesicht-zu-Angesicht ist so die Chance, vielleicht die letzte Chance des Ethischen im Bezug zu anderen, gerade dann, wenn die Sicherheiten in einverständigen Moralgemeinschaften überhandnehmen. In der ›westlichen‹ Philosophie kam das Von-Angesicht-zu-Angesicht kaum zur Sprache (das renommierte *Historische Wörterbuch der Philosophie* führt bis heute keinen Artikel ›Angesicht‹, ›Antlitz‹, ›Gesicht‹). Dagegen beherrscht es die Thora.

Das Denken des Ethischen vom unmittelbaren Bezug zum andern her könnte der alltäglichen Orientierung näher sein als das Denken des Ethischen, das aus der ›westlichen‹ philosophischen Tradition vertraut ist. Levinas' Philosophie ist dadurch über die Antwort auf die Shoa hinaus philosophisch aktuell. In der alltäglichen Orientierung, in der man sich immer neu auf immer neue Situationen einzustellen hat, rechnet man stets damit, dass man es überall, selbst in den auf Objektivität drängenden Wissenschaften, mit immer anderen Einzelnen zu tun hat, die zustimmen oder widersprechen können. Die alltägliche Orientierung könnte auch nach wie vor offener für Religion sein, wenn darunter der Bezug des Denkens zu etwas verstanden wird, was sich dem Denken zugleich entzieht. Levinas versteht sie so im Anschluss an Cohen und Rosenzweig. Die europäische Philosophie und Wissenschaft dagegen ist sich in ihrem Hauptstrom heute auch darin sicher, dass sie sich im Namen der Aufklärung resolut gegen alle Religion abzugrenzen hat.

Was das für alle gleich gültige Allgemeine unter Menschen dennoch notwendig macht, ist das Recht und damit auch der Staat, der es gewährleisten kann. Levinas und mit ihm Jacques Derrida haben das Recht und den Staat konsequent von der Beziehung unter Einzelnen her gedacht als das, was diese Beziehung wohl überschreitet, sich aber eben darum nicht von ihr lösen darf. Mit dem Recht im Staat wird Verantwortung über den einen Anderen hinaus für weitere Andere möglich. Es ermöglicht Gleichheit und Allgemeinheit, verlangt darum aber nicht Gleichgültigkeit. In jeder richterlichen und jeder politischen und jeder bürokratischen Entscheidung haben wieder Einzelne für Einzelne Verantwortung. Wird von dieser Verantwortung von Einzelnen für Einzelne abgesehen, werden Menschen als Objekte behandelt, wird wieder Totalitarismen Vorschub geleistet.

Die Juden in Europa und der ganzen Welt hatten über Jahrtausende ohne eigenen Staat zu leben. Ihr Denken konnte sich in dieser Zeit in kritischer Distanz nicht nur zum Theoretischen in Philosophie und Wissenschaft, sondern auch zur staatlichen Organisation eines Gemeinwillens halten, der, wenn er dazu begabte und gewillte Führer findet, immer auch entgleisen kann.

Die Geschichte hat nach der Shoa zu einem Staat Israel geführt. Er ist sowohl aus der jüdisch-talmudischen Tradition als auch aus der europäisch-philosophischen Tradition heraus auf weitestgehende Liberalität eingestellt. Unter den Zwängen der politisch-militärischen Auseinandersetzungen in Palästina ist er aber auch immer wieder zu harten Machtdemonstrationen übergegangen. Sie drohen das andere Denken der jüdischen Tradition erneut zu diskreditieren. Levinas blieb dem Staat Israel gegenüber wohlwollend skeptisch, und im Staat Israel ist man skeptisch gegen ihn geblieben.

In dieser Einführung soll vor allem der Grenzgang zwischen der ›westlichen‹ und der jüdischen Tradition deutlich werden, die Levinas in ihrer Trennung aufeinander bezog, und zugleich die Bedeutung, die er für unsere alltägliche ethische Orientierung haben kann. Sie strebt keine vollständige Übersicht über Levinas' Themen und Begriffe, überhaupt keine Übersicht von einem ›neutralen‹ Standpunkt aus an. Sie soll stattdessen helfen, sich auf seine ›schwierigen‹ Grundgedanken einzulassen. Wir halten uns dabei an Levinas selbst. Er hatte sein erstes Buch und das einzige, das er einem andern Philosophen gewidmet hat, seine Dissertation über die Phänomenologie Husserls, damit eingeleitet, dass es darum gehe, dessen Gedankengänge von der Sache her zu verstehen, um die es sich handelt. Bloße historische Zuordnungen ließen allzu leicht mit ihr fertig werden (vgl. PH 14). Levinas' eigenes Denken verbietet noch mehr als das husserlsche leichtfertige Einordnungen in Rubriken und Schemata, wie sie die Philosophiegeschichtsschreibung bereithält. Wir werden Levinas' Philosophie hier auch nicht der ›Kritik‹ unterwerfen. Dies müsste, wenn es weiterführen sollte, von einem weitergehenden philosophischen Ansatz aus geschehen, der sich in einer Einführung in das Denken eines andern nicht darstellen lässt. Aus demselben Grund verzichten wir auch auf eine ›Wirkungsgeschichte‹. Levinas' Denken hat inzwischen viele stark berührt, unter anderem, um nur wenige zu nennen, Maurice Blanchot, Edmond Jabès, Jacques Derrida, Jean-Paul Sartre, Jean-François Lyotard, Paul Ricœur, Tzvetan Todorov, Jean Greisch, Jean-Luc Marion, Karol Wojtyla (Papst Johannes Paul II.), Gianni Vattimo, Giorgio Agamben, Zygmunt Bauman, Slavoij Žižek. Um zu zeigen, wie sie Levinas in der Sache weiterdenken, müssten wir ihr Denken ebenfalls darstellen. Auch das verbietet sich hier. Und es ist noch nicht abzusehen, wie jemand Levinas so weitergedacht hätte, wie er selbst Husserl und Heidegger, Cohen und Rosenzweig weitergedacht hat.

Levinas hat selbst prägnant zusammengefasst, was er an seinem Philosophieren für ausschlaggebend hielt. Er hat 1963, nach Erscheinen seines ersten umfassenden Werks, *Totalité et Infini* (*Totalität und Unendlichkeit*), für eine Sammlung von *Autobiographies de la philosophie française contemporaine* (*Autobiographien der zeitgenössischen französischen Philosophie*) einen kurzen und dichten Text verfasst und mit ihm noch in demselben Jahr seine Sammlung von *Essais sur le judaïsme* (*Versuche über das Judentum*) beschlossen, die er *Difficile liberté* (*Schwierige Freiheit*) überschrieb. Er gab ihm dort den Titel *Signature* (*Unterschrift*). Er unterschrieb sein Werk mit ihm (*Signature* war in Frankreich ein klingender Titel: Blaise Pascal hatte im Zug der Auseinandersetzung mit den Jesuiten ein *Écrit sur la signature*, eine *Schrift über die Unterschrift*, verfasst, in der er ihm zugemutete Glaubensverpflichtungen verweigerte). 1976, nach Erscheinen seines zweiten umfassenden Werks, *Autrement qu'être ou au-delà de l'essence* (*Jenseits des Seins oder anders als Sein geschieht*), schrieb Levinas den Text fort. Wir werden uns in einem ersten Teil dieser Einführung in sein Denken (Abschnitte 1-4) von diesem Text leiten lassen, ihn abschnittsweise wiedergeben und erläutern. Die Leserinnen und Leser werden so unmittelbar Levinas' ebenso anspruchsvoller wie ungewohnter Sprache begegnen und sich ihr selbst aussetzen können, einer Sprache, in der sich auf erstaunliche Weise Begeisterung mit Sprödigkeit, Anziehungskraft und Abweisung verbinden und die dadurch sehr genau die ethische Beziehung zum Andern wiedergibt, die in ihr gedacht ist. In den Erläuterungen wird der biografische Abriss, den Levinas dort zunächst gibt, nach dem Stand der Forschung ergänzt, eine Übersicht über das Werk gegeben und in aller Knappheit das Denken derer skizziert, denen sich Levinas vor allem verpflichtet wusste, Edmund Husserl und Martin Heidegger. Danach wird, von Levinas' Text aus, sein eigener philosophischer Ansatz in den Grundzügen entfaltet.

In einem zweiten, mittleren Teil (Abschnitt 5) werden wir den ›Logos‹, der nach Levinas von dem Gesicht des Andern ausgeht, wenn ich ihm in die Augen sehe, das ›Du wirst nicht töten‹, an Beispielen erläutern, zunächst an Beispielen aus der russischen Literatur, auf die Levinas selbst verweist, dann durch Beispiele aus der hebräischen Bibel, die er vermeidet. Anschließend setzen wir den philosophischen Sinn jenes ›Logos‹ zum Denken des Ethischen bei Kant, Nietzsche und Dostojewski in Bezug. Mit Rosenzweig, der sich seinerseits stark auf Nietzsche bezog, gehen wir dann zur Bedeutung des Judentums für das ethische Denken von Levinas über.

Sie wird im dritten, in der Sache herausforderndsten und schwierigsten Teil dargestellt (Abschnitte 6-7). Wir eröffnen ihn wieder mit einem kurzen Text, den Levinas 1966 verfasste, mit dem er später seinen Band *Noms Propres* (*Eigennamen*) beschloss und dem er den Titel *Sans nom* (*Namenlos*) gab (in der deutschen Übersetzung ist er vor *Signature* abgedruckt). Levinas umreißt dort in einer Nüchternheit, die zum Aufschrei wird, was es heißt, nach der Shoa als Jude das Jüdische zu denken. Der Text steht für sich selbst, er lässt sich nicht kommentieren. Im Anschluss an ihn soll anhand von Levinas' *Talmud-Auslegungen* und seinen *Versuchen über das Judentum* deutlich werden, wie er die jüdische Tradition philosophisch aktualisiert. Levinas führt von der ›griechischen Universalität‹ aus über sie hinaus zur ›jüdischen Singularität‹. Die griechische Tradition des philosophischen Denkens war stets versucht, so Levinas, universale Theorie zu sein und zu bleiben. Die jüdische Tradition dagegen sei gekennzeichnet durch »ein Denken, in dem die Begriffe ihren letzten Sinn aus einem ethischen Kontext beziehen« (une pensée où les concepts reçoivent leur sens ultime d'un contexte éthique, NLT 27/23). Im ethischen Kontext ist jeder singulär, weil ihm niemand seine Verantwortung abnehmen kann, auch nicht für Theorien.

1. Andere Heimat: Der Litvak in Frankreich

Levinas beginnt seinen Text *Signature* so: »Die hebräische Bibel, schon im frühen Alter, in Litauen; Puschkin und Tolstoi, dann die Russische Revolution von 1917, erlebt vom 11jährigen, in der Ukraine.« Levinas sagt, ungewöhnlich in einem autobiografischen Text, niemals ›ich‹ – bis zum Ende. Stattdessen der Verweis auf die hebräische Bibel, dann eine Reihe bloßer Namen, Namen von Orten, Dichtern, historischen Ereignissen. Verzicht auf Charakterisierungen und Wertungen. Diese »Biografie« ist, so kommentiert sie Levinas weiter unten, ein »inventaire disparate«, eine unzusammenhängende Bestandsaufnahme.

Levinas stellt sein Leben nicht dar, als ob er selbst es ›geführt‹, ihm von sich aus Einheit, Gestalt und Sinn gegeben hätte. Er erinnert stattdessen an das, was ihn zu dem gemacht hat, der er ist, dem er verdankt, was er geworden ist, dem er besonders verpflichtet ist. Er ›unterschreibt‹, ›zeichnet verantwortlich‹ für die Verpflichtungen, die ihm durch andere zugefallen sind.

Am Anfang steht die hebräische Bibel. Levinas' autobiografische Skizze ist vor allem die Selbstdarstellung eines der Tradition verpflichteten Juden. Sie ist, so schließt er sie ab, beherrscht »von der Vorahnung des Nazigrauens und der Erinnerung daran«. Levinas erwähnt nicht, was ihn von diesem Grauen selbst betraf, seine Gefangenschaft in Speziallagern für jüdische Kriegsgefangene während des Zweiten Weltkriegs, die Ermordung all seiner Verwandten in Litauen. Er hat nach der Shoa nie mehr deutschen Boden betreten.

Levinas war ein ›Litvak‹, am 12. Januar 1906 (nach dem in Russland gebräuchlichen julianischen Kalender am 30. Dezember 1905) in Kowno (litauisch Kaunas, jiddisch Kovne) in Litauen geboren, das Teil des zaristischen Russland war. Russland hatte den Juden 1791 einen ›Ansiedlungsrayon‹ von Litauen im Norden bis zur Ukraine im Süden zugewiesen. So gab es dort einen höheren jüdischen Bevölkerungsanteil; er machte dennoch nur etwa ein Neuntel der Gesamtbevölkerung aus. Insbesondere auf dem Land hielt sich ein traditionell geprägtes Judentum, das später, nach seiner Vernichtung, oft verklärte Leben im ›Schtetl‹. Es bewahrte sich dort vielerorts fast unberührt bis ins 20. Jahrhundert. Litauen wurde im Ansiedlungsrayon von Juden besonders bevorzugt. Verfolgung und Gewalt waren dort weniger drückend gewesen als im alten Russland und der Ukraine. Die jüdischen Gemeinden hatten alte Privilegien. So wurde Litauen zu einem wichtigen Zentrum jüdischer Kultur. Wilna, das nach einer wechselvollen Geschichte 1861 alle Wohnrechtsbeschränkungen für Juden aufgehoben hatte, galt als ›Jerusalem des Nordens‹. Die litauischen Jeschiwot (Talmud-Schulen) erlangten seit dem 17. Jahrhundert Berühmtheit; sie bildeten Rabbiner für ganz Russland und für jüdische Gemeinden im Ausland aus. Seit dem 18. Jahrhundert hatte sich in Litauen eine eigene, ›litauische Aufklärung‹ (Haskala) entwickelt. Im Gegensatz zur ›westlichen Aufklärung‹ um Moses Mendelssohn, der auf eine Öffnung des traditionellen Judentums zur modernen europäischen Kultur hinarbeitete und dadurch die ›Assimilation‹ und ›Akkulturation‹ der Juden im 19. Jahrhundert einleitete, war sie eine Aufklärung im Rahmen des Judentums. Sie suchte die nüchterne Rationalität des Judentums zu bewahren und verstand sich als Gegenbewegung (›Mitnaggismus‹) gegen den Enthusiasmus des vom Süden her aufkommenden (und später von Martin Buber bewegt geschilderten und von Marc Chagall veranschaulichten) Chassidismus. Die ›litauische

Aufklärung‹ brachte mehrere bedeutende jüdische Denker hervor, die nach der Shoa wesentlich zur ›Erneuerung des Judentums‹ (renouveau juif) im ›Westen‹ beitrugen. Levinas blieb ihr immer dankbar.

Die Lebensbedingungen der jüdischen Bevölkerung im russischen Ansiedlungsrayon blieben bei alldem dennoch erbärmlich. Großenteils arm, war sie weiterhin alltäglicher Willkür, Demütigung und Auspressung ausgesetzt, die man hinzunehmen hatte. Stetige Abwanderung, besonders nach den USA, war die Folge. Levinas wurde in eine vergleichsweise wohlhabende Familie hineingeboren. Sie betrieb eine Buchhandlung, besaß außerhalb des jüdischen Viertels ein Haus vor der Stadt, konnte sich ein christliches Dienstmädchen halten und machte Ferien auf dem Lande. Der Familienname lautete vor seiner Litauisierung Levyne. Litauisch wird er ohne französischen accent aigu geschrieben und das End-s gesprochen; Levinas hielt auch in Frankreich daran fest. Sein Vorname Emmanuel/Immanuel bedeutet ›Mit uns ist Gott‹. In jüdischer Tradition wurde er auch als ›neues Israel‹, ›neuer Mensch‹, ›Messias‹ verstanden. Die Familie Levinas achtete die jüdische Tradition und ihre Riten und Feste. Der junge Emmanuel erhielt Hebräisch-Unterricht von sechs Jahren an; er lernte Hebräisch am Lesen der Bibel.

Als zweites Element seiner Erziehung nennt er die russische Kultur, die Kultur der Umgebung, in der er aufwuchs. Man war offen auch für sie, sprach in der Familie wohl Jiddisch, mit den Kindern jedoch Russisch und sandte sie auf das russische Gymnasium; eine Tante leitete die russische Bibliothek der Stadt Kowno. In seinem biografischen Abriss hebt Levinas als prägende Erfahrungen das Werk Alexander Puschkins (1799 – 1837) heraus, der Züge Shakespeares, Goethes und Byrons in sich vereinte und mit seinem Werk die große russische Literatur des 19. Jahrhunderts begründete, und das Werk Leo Tolstois (1828 – 1910), der mit seiner eindringlichen Psychologie und seiner ethisch-religiösen Unerbittlichkeit neben Fjodor M. Dostojewski (1821–1881) den russischen Roman zum Höhepunkt führte. Der Roman war in Russland zur bedeutsamsten Form einer bis heute wirksamen spezifisch russischen Philosophie geworden. Tolstoi und Dostojewski trugen in ihm ein zugleich scharf reflektiertes und spirituelles Christentum vor. Dostojewski sollte Levinas später die Formulierung der extremsten Forderung seiner Ethik vorgeben. Die wenigen Beispiele, die Levinas für die ethische Schlüsselerfahrung des Von-Angesicht-zu-Angesicht gibt, stammen aus einem Drama Puschkins und einem Roman Tolstois.

Vor dem Einbruch des Ersten Weltkriegs nach Litauen floh die Familie nach Karkow in der Ukraine. Der Vater sorgte dort zuerst wieder für einen Hebräisch-Lehrer und verstand es, den begabten Sohn unter einer eng begrenzten Zahl jüdischer Mitschüler im russischen Gymnasium unterzubringen. Die Revolution von 1917 kam für Juden, die sich zu einem bürgerlichen Leben emporgearbeitet hatten, als Juden aber weiterhin Beschränkungen dulden mussten, halb als Schrecken, halb als Hoffnung. Levinas ist zum Kommunismus auch später, im Unterschied etwa zu Jean-Paul Sartre, immer auf Abstand geblieben. Als mit dem Ende des Krieges Litauen selbständig wird, kehrt die Familie nach Kowno, jetzt Kaunas, zurück, hat dort aber allen Besitz verloren. Emmanuel und seine beiden jüngeren Brüder Boris und Aminadab besuchen nun das Jüdische Gymnasium, das einen Deutschen, Dr. Moses Schwabe, zum Direktor hat, der sie mit Enthusiasmus in die deutsche Literatur, vor allem Goethe, einführt. Levinas macht dort sein Abitur. Die Weltoffenheit seiner Familie ermöglicht es ihm, zum Studium in den ›Westen‹ zu gehen. In Deutschland wollte man das Abiturzeugnis eines litauischen Jüdischen Gymnasiums nicht anerkennen. So ging Levinas 1923 an die Universität Straßburg an der Grenze von Deutschland und Frankreich.

In seiner autobiografischen Skizze heißt es nun weiter:

»Seit 1923 Universität Straßburg, wo damals Charles Blondel, Halbwachs, Pradines, Carteron und, später, Guéroult unterrichteten. Maurice Blanchots Freundschaft, und die durch die Lehrer, die zur Zeit der Affäre Dreyfus Heranwachsende gewesen waren, vermittelte, für einen Neuankömmling überwältigende Anschauung eines Volkes, das für Menschlichkeit steht, und einer Nation, der man sich durch Geist und Herz ebenso stark zugehörig fühlen kann wie durch Abstammung. 1928/29 Aufenthalt in Freiburg und das ein Jahr zuvor mit Jean Hering begonnene Erlernen der Phänomenologie. Die Sorbonne und Léon Brunschvicg. Die philosophische Avantgarde bei Gabriel Marcels Samstagabenden. Das intellektuelle – und anti-intellektualistische – Raffinement Jean Wahls und dessen großzügige Freundschaft, die nach langer Gefangenschaft in Deutschland nicht verlorengegangen war; [...]«

Wieder nur Namen, nun von Lehrern, Autoritäten, Freunden. Betonung der geistigen Avantgarde und eines intellektuellen, doch nicht intellektualistischen Raffinements während seiner philosophischen Lehrjahre. Hervorhebung Frankreichs, das durch seine Menschlichkeit (humanité) zur neuen Heimat wird, eine Menschlichkeit, die besonders in der Dreyfus-Affäre deutlich geworden ist.

Die qualvolle Affäre um den Hauptmann Alfred Dreyfus lag, als Levinas zum Studium nach Straßburg kam, vierzehn Jahre zurück. Sie hatte sich von 1894 bis 1909 hingezogen, am Ende befreiend gewirkt und die intellektuelle Atmosphäre in Frankreich nachhaltig aufgehellt. Sie hatte die bedrückende Macht des Antisemitismus bis in die höchsten Behörden der Republik hinein offenbart, zugleich aber gezeigt, dass man ihm in Frankreich wirksam entgegenzutreten verstand. Marcel Proust hatte sie in seiner *Suche nach der verlorenen Zeit*, die von 1913 bis 1927 Band für Band erschien, zum immer gegenwärtigen Hintergrund gemacht. Dreyfus war einer der ersten jüdischen Offiziere in der französischen Armee, wurde der Spionage für Deutschland bezichtigt mit, wie sich nach und nach herausstellte, gefälschten Indizien und in einem regelwidrigen militärgerichtlichen Prozess zu lebenslänglicher Deportation auf die Teufelsinsel verurteilt. Dies rief den öffentlichen Widerstand vieler Intellektueller hervor, der wuchs, als die Fälschungen entlarvt und Dreyfus mit neuerlich gefälschten Indizien ›nur noch‹ zu zehn Jahren Gefängnis verurteilt wurde. Die Affäre wuchs sich zur Staatskrise aus, die der Präsident der Republik durch eine Begnadigung beizulegen suchte. Dreyfus gab sich damit jedoch nicht zufrieden. Nach weiteren sieben Jahren erreichte er seine Rehabilitierung, der die Beförderung zum Major und die Aufnahme in die Ehrenlegion folgten. Ein Litvak wie Levinas erfuhr hier die Wirklichkeit einer Aufklärung, die sich in seiner Heimat noch nicht einmal als Möglichkeit abgezeichnet hatte.

Die alte, im Zuge der Französischen Revolution geschlossene und 1872, nach dem deutsch-französischen Krieg neu eröffnete Universität Straßburg wurde bis zur Jahrhundertwende vorzüglich ausgebaut und gewann hohen wissenschaftlichen Rang. Ihre Philosophische Fakultät war innovationsfreudig und hervorragend besetzt. Sie ermöglichte Levinas ein breit angelegtes, in Geschichte, Soziologie und Theologie ausgreifendes Studium der Philosophie. Sie führte ihn auch an die Phänomenologie heran, die Edmund Husserl (1859 – 1938) seit dem Beginn des Jahrhunderts ausgebildet hatte, die in Frankreich, wo sie bis zum Ende des 20. Jahrhunderts immer neue produktive Anstöße geben sollte, aber noch fast unbekannt war. 1928 wechselte Levinas nach dem nahen Freiburg, um Husserl selbst zu hören. Husserl hielt seine letzten Vorlesungen und widmete sie dem – für Levinas später besonders bedeutsamen – Thema Intersubjektivität. Zugleich aber stieß Levinas in Freiburg auf Martin Heidegger (1889 – 1976), der im Jahr zuvor *Sein und Zeit* veröffentlicht hatte und eben Husserls Nachfolger geworden war. Beide wurden zu Levinas' stärksten philosophischen Erfahrungen. Husserls Phänomenologie und Heideggers *Sein und Zeit* blieben ständige Bezugs- und Angriffspunkte seines Philosophierens. Zum Abschluss seines Studiums ging Levinas den Königsweg französischer Studenten an die Sorbonne nach Paris und legte dort 1930 eine (in einem bewundernswerten Französisch verfasste) Dissertation über *Die Theorie der Intuition in der Phänomenologie Husserls* vor, mit der er promoviert wurde. Levinas stellte Husserls Phänomenologie nicht historisch und nicht referierend dar, sondern »*wie man eine lebendige Philosophie studiert und* [der Reflexion und Kritik] *aussetzt*« (*comme on étudie et expose une philosophie vivante*). Er suchte in ihr keine »feststehenden Lehrsätze« (propositions arrêtées), sondern wusste sich hier »einem Denken gegenüber, das lebt und sich umgestaltet und in dessen Mitte man sich umsehen (se jeter) und [selbst] philosophieren muß« (PH 14). Seine Darstellung machte Husserl in Frankreich nachhaltig bekannt. Frankreich seinerseits wurde Levinas' neue und endgültige Heimat, 1931 wurde er französischer Staatsbürger.

Neben der Philosophie blieb er seinem Judentum immer treu. In seiner autobiografischen Skizze fährt er fort:

> »seit 1947 regelmäßige Vorlesungen im philosophischen Colloquium, das von Wahl gegründet und mit Leben erfüllt wurde. Leitung der hundert Jahre alten École Normale Israélite Orientale, Ausbildung von Französischlehrern für die Alliance Israélite Universelle des Mittelmeerraumes. Tägliche Gemeinschaft mit dem Schriftgelehrten Henri Nerson, Kontakt mit Chouchani, dem berühmten – und unerbittlichen – Meister der Exegese und des Talmud. Seit 1957 jährliche Vorlesungen über talmudische Texte bei den Colloquien der Jüdischen Intellektuellen französischer Sprache. 1961 Habilitation. Professur an der Universität Poitiers. Seit 1967 Professur an der Universität Paris-Nanterre und seit 1973 an der Sorbonne.«

Daran fügt Levinas die schon zitierten Bemerkungen an: »Diese unzusammenhängende Bestandsaufnahme ist eine Biographie. Beherrscht wird sie von der Vorahnung des Nazigrauens und der Erinnerung daran« und schließt damit den autobiografischen Teil von *Signature*.

Levinas widmete den Großteil seines Lebens der Alliance Israélite Universelle, einer internationalen jüdischen Hilfsorganisation mit Sitz in Paris. Sie kämpfte gegen den Antisemitismus besonders in Osteuropa an, leistete in den betroffenen Ländern humanitäre Hilfe, errichtete Waisenhäuser und baute ein Netz von Schulen und Lehrwerkstätten auf, das von Marokko über Palästina und Osteuropa bis nach Asien hineinreichte. 1946 wurde Levinas, inzwischen verheiratet mit Raïssa, der Tochter eines Nachbarn aus Kovno, Leiter der École Normale Israélite Orientale, die Lehrer für jüdische Schulen im Mittelmeerraum ausbildete. Er war an ihr schon seit 1934 tätig gewesen. Als Direktor unterrichtete er einerseits Grundfragen des Judentums, andererseits Philosophie und hielt in kleinerem Kreis Talmud-Lektüren ab.

Sie führten ihn über ›seine‹ Hochschule hinaus. Er beteiligte sich 1957 an der Gründung der *Colloquien der Jüdischen Intellektuellen französischer Sprache* und trug zu ihnen regelmäßig Talmud-Vorlesungen bei. Sie wurden nach und nach auch veröffentlicht. Der Talmud fordert beständiges ›Lernen‹ in Gemeinschaft und im Gespräch mit andern. Levinas fand eine solche Gemeinschaft auch mit Henri Nerson, einem Gynäkologen, der in der Nähe wohnte und ihn fast täglich aufsuchte. Nerson brachte ihn wiederum mit dem legendären Mordechai Chouchani zusammen. Elie Wiesel hat ausführlich von ihm erzählt: ein jüdischer Sokrates, der, außerordentlich sprachenkundig, intellektuell scharfsinnig und kompromisslos, ein Wanderleben führte, unversehens auftauchte und wieder verschwand. Levinas setzte er über zwanzig Jahre hinweg zu, saß oft auch unter den Teilnehmern der *Collo-*

quien der Jüdischen Intellektuellen. In einem Gespräch hat Levinas ihn einen »furchterregenden Dialektiker« (dialecticien effrayant) genannt, mit dem er sich nicht zu vergleichen wage, der ihm aber gleichwohl zu einer »vertieften Berührung mit dem talmudischen Denken« verholfen habe: »Er hat nichts von seinem ungeheuren Wissen noch sicherlich von seiner unvergleichlichen Intelligenz auf mich übergehen lassen, aber er hat mir gezeigt, *wie* man diese Texte angehen mußte – diesen unerreichbaren Boden. Neben ihm ist all das [was Levinas versuchte] nichts oder ist man nichts.« (TIn 67f.)

Seiner Universitätskarriere gibt er dagegen wenig Gewicht. Er hatte sie als schon 55-Jähriger begonnen, indem er sich 1961 mit seinem ersten umfassenden Werk *Totalité et Infini* (*Totalität und Unendlichkeit*) ›habilitierte‹. Sie führte ihn über Poitiers und Paris-Nanterre zuletzt, 1973, an die Sorbonne. 1976 wurde er emeritiert.

Als eigenständiger Philosoph war er lange fast unbekannt geblieben. Ein Angriff des eine Generation jüngeren Jacques Derrida (geb. 1930) im Jahr 1964 unter dem Titel *Gewalt und Metaphysik* brachte ihn – und zugleich Jacques Derrida selbst – ins Gespräch. Weitere Resonanz fand er zunächst bei christlichen Theologen, auch in Deutschland. Seit 1983 erschienen deutsche Übersetzungen seiner Werke. Er erhielt mehrere Ehrendoktorate und Preise, u. a. einen Nietzsche- und einen Jaspers-Preis. Er starb, vom Alter gezeichnet, am 25. Dezember 1995. Jacques Derrida, der durch ihn zuerst zur Ethik, dann mehr und mehr auch zu seinem Judentum gefunden hatte, hielt eine bewegende Grabrede. Levinas war inzwischen weltberühmt. Der außerordentliche Rang seines Denkens war erkannt und anerkannt worden.

Emmanuel Levinas hat in vier Kulturen gelebt, in der jüdischen, der russischen, der französischen und der deutschen. Jede von ihnen hat stark auf ihn gewirkt, und jede hat er für sein Philosophieren fruchtbar gemacht. Aber er hat sie alle auf ganz eigene Weise aufgenommen, in eine Philosophie eingehen lassen, die sich auf keine von ihnen zurückführen lässt. Er hinterließ um die zwanzig Bände. Laut seiner Biografin Marie-Anne Lescourret war er streng und kompromisslos in seiner Arbeit, eine bewunderte Autorität in ›seiner‹ Schule, wenig interessiert an den inneren Angelegenheiten der Universität, außerordentlich höflich, diskret und skrupulös, zuweilen auch ironisch gegenüber andern, in seiner sorgfältigen Achtung des jüdischen Gesetzes kein Mann für Gesellschaften. Mit seiner Frau Raïssa, die ihm immer zur Seite stand und ihn oft begleitete, hatte er zwei Kinder, eine Tochter, die Ärztin und einen Sohn, der Pianist und Professor für Komposition wurde.

2. Das Werk: Ein Grenzgang

Levinas' Werk hat drei Stränge, die er deutlich auseinanderhielt, um sie sichtbar miteinander zu verschränken: philosophisches Werk, Talmud-Auslegungen und Versuche zum Judentum. Die philosophischen Werke orientieren sich an der Tradition, die er ›griechisch‹ oder ›griechisch-christlich‹ oder ›westlich‹ nennt. Sie unterlaufen diese Tradition in der Sache und in der Form zur jüdischen Tradition hin. Die Talmud-Auslegungen orientieren sich an der jüdischen Tradition unentwegter Auslegungen der hebräischen Bibel, der Thora, die einander in immer neuen Schichten überlagern und darin immer gegenwärtig bleiben. Sie überschreiten diese Tradition aber zur Philosophie hin. Die Versuche zum Judentum schließlich reflektieren das Verhältnis beider Traditionen im Blick auf die aktuelle Lebensorientierung. In der philosophischen Tradition ragen für Levinas außer Heidegger und Husserl Bergson, Hegel, Kant, Descartes und Platon heraus. Wie Heidegger, Nietzsche und Hegel vor ihm ging er in der Kritik der europäischen Philosophie von der Gegenwart aus schrittweise in die Geschichte zurück. In der jüdischen Tradition der Auslegung der Thora, deren Erträge in zwei Talmudim gesammelt wurden, dem palästinensischen oder Jerusalemer Talmud (PT) und dem weit umfangreicheren und ausgearbeiteteren Babylonischen Talmud (BT), hält sich Levinas an den Letzteren. In ihm ist die rabbinische Gelehrsamkeit gesammelt, die sich bis zum 7. Jahrhundert in den berühmten Schulen Babyloniens herausbildete und die immer wieder durch Kommentare erneuert wurde.

In der Verknüpfung der ›griechischen‹ mit der jüdischen Tradition waren Hermann Cohen und Franz Rosenzweig, wie in der Einleitung erwähnt, seine wichtigsten Vorgänger und Vorbilder.

Levinas' eigenständiges philosophisches Werk setzt 1935 mit einer schmalen Schrift *De l'évasion* (*Über das Entkommen*) ein. Sie wird sein Programm: Sie handelt vom Hinauskommen über die Selbstgenügsamkeit (suffisance à soi) des Seins im Bedürfnis (besoin), im Genuss (plaisir) und von der Erfahrung, sich nicht entkommen zu können, in der Scham (honte) und im Ekel (nausée). Auch die Kunst eröffnet eine Dimension des Entkommens (IH 145). In *De l'existence à l'existant* (*Vom Sein zum Seienden*), das in deutscher Gefangenschaft entstand und 1947 veröffentlicht wurde, denkt Levinas das Entkommen weiter als Ausstieg oder Ex-zendenz (ex-cendance) aus dem Sein (existence) als einem Allgemeinen und Neutralen zum Seienden (existant) als Einzelnem, das anderem Einzelnen ausgesetzt ist. Er orientiert den Ausstieg, wie schon Hermann Cohen, an Platons Formel vom ›Guten jenseits des Seins‹ (le Bien au delà de l'être): Der Ausstieg wird so zu einer Bewegung vom Theoretischen zum Ethischen. In einer langen Reihe von Abhandlungen erkundet Levinas die Auswege aus Husserls Phänomenologie und Heideggers Fundamentalontologie, die beide für ihn in der Selbstgenügsamkeit des Seins befangen bleiben. Die Abhandlungen erscheinen in mehrfach erweiterten Auflagen gesammelt zwischen 1949 und 1974 unter dem Titel *En découvrant l'existence avec Husserl et Heidegger* (*Mit Husserl und Heidegger das Sein entdecken*, deutsche Ausgabe nach dem Titel eines der Aufsätze *Die Spur des Anderen*).

Damit nimmt Levinas' Programm Konturen eines grundlegend neuen philosophischen Entwurfs an, den er ebenfalls 1947 in *Le temps et l'autre* (*Die Zeit und der Andere*) vorlegt: Zeit war für Aristoteles eine Eigenschaft der Bewegung, für Kant eine reine Anschauungsform, für Heidegger der Horizont des Seinsverständnisses. Für sie alle war sie etwas, das bleibt und sich in diesem Bleiben dem Denken anbietet, das nur Bleibendes denken kann. Levinas dagegen versteht sie als das, was immer anders wird und damit immer anders ist, als das Denken es denken kann. So wie die Zeit ist aber auch der Andere, das andere Individuum, immer anders als alles Allgemeine, alle Begriffe. Die Zeit *ist* darum der Andere, sie ist am Anderen vor aller theoretischen Festlegung ethisch erfahrbar. Levinas setzt bei der Einsamkeit des Existierens ein und geht von hier aus hinter die beiden herrschenden Philosophien jener Jahre zurück, den Existenzialismus, die Lehre vom unausweichlichen Verlust der Welt, und den Marxismus, die Lehre von der notwendigen Verbesserung der Welt. Er entdeckt als ursprünglichere Phänomene den Genuss der Welt und die Arbeit an der Welt, durch die man sich immer schon in sie verstrickt hat, und die Liebe und die Fruchtbarkeit, in denen man durch Andere selbst ein Anderer wird und als Anderer wiederkehrt.

Es dauert 14 Jahre, bis der Entwurf in hinreichender Strenge und Dichte ausgearbeitet ist. Levinas bringt ihn nun auf die Begriffe *Totalité et Infini* (*Totalität und Unendlichkeit*) und nennt sein Werk *Essai sur l'extériorité* (*Versuch über die Exteriorität*). ›Totalität‹ steht für das ›griechische‹ Streben nach einem Sich-Schließen des Seins zu einem im Denken selbstgenügsamen Ganzen, ›Unendliches‹ für die alltägliche Erfahrung der Unabschließbarkeit des Denkens und Seins. Seiendes ist, so Levinas' neue These über das Sein, *extérieur*, so getrennt voneinander, so äußerlich, auswärtig, fremd füreinander, es teilt so wenig ein gemeinsames Sein, dass das Eine dem Andern unentwegt neu begegnet. Dabei ziehen sie einander an und stoßen einander ab, aber niemals können sie sich einander entziehen. Dies wird unmittelbar deutlich in der Erfahrung des *face-à-face*, des Von-Angesicht-zu-Angesicht. Um sie gruppiert Levinas nun die Erfahrungen des Genusses und der Leiblichkeit, des Besitzes und der Arbeit, des Schmerzes und der Geduld, der Liebe und der Fruchtbarkeit, der Güte und der Freigebigkeit, des Kriegs und des Friedens und auch schon dessen, was sie alle ermöglicht, der Sprache.

Zwischen *Totalité et Infini* und Levinas' zweitem umfassenden Werk *Autrement qu'être ou au-delà de l'essence* (*Jenseits des Seins oder anders als Sein geschieht*) von 1974 liegt Derridas Kritik an Levinas: Auch Levinas entkomme der Totalität des Seins, der Ontologie und Metaphysik nicht, durch die das Denken ihm zufolge bisher befangen war. Denn auch er müsse deren Sprache, die im Namen des Allgemeinen, der Begriffe, Gewalt über das Einzelne, die Individuen ausübe, gebrauchen. So geht Levinas weitere 13 Jahre daran, sein Konzept von der Sprache her und in ihm die Sprache neu zu denken: Sagen, Aussagen ist wohl Vereinnahmen des Anderen, aber zugleich auch Sich-dem-Andern-Aussetzen und Sich-vereinnahmen-Lassen durch den Andern. Von hier, von dieser Doppelseitigkeit der Sprache aus, ist darum alle Kommunikation und Gemeinschaft unter Individuen zu denken. Sie kann nie dauerhaft zu Konsens und Einheit kommen. Stattdessen lebt sie aus der Sensibilität und dem Gefühl für Verantwortung und Gerechtigkeit, die *autrement qu'être*, ›anders als Sein‹, zu denken sind – Levinas macht Platons Formel nun zu seinem Titel.

Die weiteren Bände des philosophischen Werks sind weitgehend Ausarbeitungen und Akzentuierungen: *Humanisme de l'autre homme* (*Humanismus des anderen Menschen*) meint einen Humanismus, der nicht von einem allgemeinen Begriff des Menschen, sondern vom jeweils anderen Menschen her gedacht ist, und *Dieu qui vient à l'idee* (*Gott, der ins Denken einfällt*) ist der Andere, sofern er als ›ganz Anderer‹, als der begriffen wird, der niemals zu begreifen ist und dem man sich eben deshalb niemals entziehen kann. Die Denkfigur des Sich-nicht-entziehen-Könnens, der auch Heidegger in *Was heißt Denken?* (1951/52) folgt und von der schon Aristoteles in seiner *Metaphysik* (XII 7) Gebrauch macht, wird für Levinas leitend: Das ganz Andere, der ganz Andere zieht das Denken eben dadurch an, dass es sich entzieht, und gibt ihm Richtung und Halt; sein Verhältnis ist dann nicht das eines Erkennens, sondern eines Begehrens.

In seinen kleineren Texten, wie sie in *Entre nous. Essais sur le penser-à-l'autre* (*Zwischen uns. Versuche über das Denken an den Anderen*) gesammelt sind, ist es Levinas oft besser als in seinen großen Werken gelungen, seine philosophischen Grundentscheidungen scharf zu konturieren. Sie sind darum sehr gut zur Einführung geeignet.

Die *Lectures talmudiques* (*Talmud-Auslegungen*) setzen später, 1957, mit dem Beginn der *Colloquien der Jüdischen Intellektuellen französischer Sprache* ein, als Levinas bereits weit in der Ausarbeitung seines philosophischen Entwurfs vorangeschritten war. Sie gewinnen immer mehr an Bedeutung für ihn. Sie folgen jedoch nicht vorgegebenen und fortlaufenden Linien. Das liegt zum einen am talmudischen Denken selbst, zum andern aber auch an der Organisation der *Colloquien.* Die Themen wurden jährlich vorgegeben, darunter Vergebung (für die Deutschen), Versuchungen des Judentums, Gelobtes Land, Braucht die Welt das Judentum?, Judentum und Revolution, Israels Jugend, Entzauberung, Die Frau, Die Schäden, die das Feuer verursacht hat, Das Modell des Westens, Asylstädte, Ausgang der Weltgeschichte, Das Problem der Gemeinschaft, Die Bibel in der Gegenwart, Israel, Judentum und Europa, Idole und Götzen, Erneuerung und Geschichte, Die Nationen, Der Staat, Das Selbst. Levinas fiel die Aufgabe zu, jeweils einen passenden Text aus dem Talmud und in ihm Antworten auf die aktuellen Fragen zu finden.

Sein Ziel war dabei eine »moderne Neuformulierung der talmudischen Weisheit« für die Juden in Israel und außerhalb von Israel und für die gebildete Menschheit, die sich für die »authentische Kultur Israels« interessiert (QLT 23f./19), oder kurz, »die Weisheit des Talmud ins Moderne zu übersetzen, sie mit den Sorgen unserer Zeit zu konfrontieren« (QLT 24/19f.). Er erprobte neue Möglichkeiten, als Jude in Austausch mit dem »Abendland« zu treten, »ein westlicher, jüdischer und griechischer Jude« (un juif occidental, juif et grec) zu sein (QLT 24/20).

Er versuchte, ohne als Rabbi, als ›Meister‹ dazu legitimiert zu sein, neue Midraschim, neue Auslegungen des Talmud. Er maßte sich auch nicht an, als Rabbi zu sprechen. Er berührte nicht die Halacha, die Auslegung der Thora auf das für alle verbindliche Gesetz hin (›halacha‹ geht auf das Verbum ›gehen‹ zurück), sondern beschränkte sich auf die Aggada, die Verdeutlichung der Thora auf Probleme der Zeit hin (›aggada‹ geht auf das Verbum ›sagen‹ zurück). Die Besonderheit seiner Auslegungen ist ihr Mut zur Philosophie. Dazu gehört zuerst die Reflexion der aggadischen Talmud-Auslegung selbst und des Denkens, das sich in ihrer jahrtausendelangen Tradition formiert und seine eigene Kohärenz und Logik entwickelt hat. Es ist das erklärte Ziel Levinas', »diese Kohärenz und diese tiefe Logik der talmudischen Aussageweisen wiederzuentdecken«. Er ist sich der »Dürftigkeit seiner Mittel« angesichts der Aufgabe wohl bewusst. Dennoch kann er sich von ihr nicht entlasten, kann sich auch nicht auf andere berufen: »Vielleicht sollte man niemals etwas unter dem Titel ›jüdisches Denken‹ (›pensée juive‹) publizieren, solange man diese Logik nicht herausgefunden hat.« (DSS 167/166)

Es ist nicht die Religion, sondern die Vorfrage der Philosophie danach, wie das Denken selbst zu denken ist, oder nach dem Denken des Denkens, mit der er an den Talmud herantritt. Und je mehr sein Mut zu philosophischen Auslegungen durch die Texte belohnt wird, desto mehr wagt er es auch, das Judentum selbst philosophisch zu begreifen. So wird das ›jüdische Denken‹ selbst ein philosophisches Denken und mit dem ›griechischen‹ kommensurabel. Levinas misst es jedoch nicht länger am griechischen. Er entdeckt vielmehr im jüdischen Denken das ursprünglichere, weitere und tiefere. Darum ist an ihm das griechische Denken zu messen. Dies ist Levinas' philosophisch herausforderndster, oft selbst jüdische Philosophen befremdender Anspruch: Das Judentum stelle »eine autonome, absolute Ordnung (un ordre autonome et absolu) dar, an der alles übrige sich zu messen hat« (DSS 45/44).

Die bedeutsamsten Kommentare dazu finden sich in den *Essais sur le judaïsme* (*Versuche zum Judentum*), die Levinas unter dem Titel *Difficile liberté* (*Schwierige Freiheit*) zusammengestellt hat. Sie gehen bis auf das Jahr 1952 zurück und setzen so auch zeitlich zwischen den Anfängen seines eigenständigen Philosophierens und den Talmud-Auslegungen ein. Die ersten Talmud-Auslegungen hat Levinas noch in der Rubrik *Commentaires* (*Kommentare*) unter dem Titel *Textes messianiques* (*Messianische Texte*) veröffentlicht.

3. Ausbruch aus der Ontologie: Jenseits von Husserl und Heidegger

Emmanuel Levinas sieht sich vor der Notwendigkeit, das europäische, ›griechische‹, ›westliche‹ Denken im Ganzen infrage zu stellen. Die europäischen Philosophen, die es in seiner Sicht am schlüssigsten zu Ende gedacht und dadurch zugleich am offenbarsten infrage gestellt hatten, waren Edmund Husserl und Martin Heidegger, seine Lehrer in Deutschland, an die er am dichtesten anschließt. Beide sind Phänomenologen, mit dem Pathos, alle Konstruktionen von ›Systemen‹ zurückzulassen und nur noch auf ›die Sachen selbst‹ zu sehen. Levinas folgt ihnen darin; ohne sie ist sein Philosophieren nicht zu verstehen. In *Signature* fügt er zwischen dem ›Inventar‹ seiner Biografie und dem Abriss seiner Philosophie einen längeren Abschnitt zu Husserl und einen kurzen zu Heidegger ein. Da er sich mit Heidegger zumindest ebenso ausführlich wie mit Husserl auseinandergesetzt hat, zeigt er damit offenbar an, wem er sich stärker verpflichtet sieht. Über beide spricht er in seiner eigenen philosophischen Sprache. Sein Text ist so Darstellung und Kritik zugleich. Er zeigt prägnant, wie Levinas von Husserl und Heidegger aus zu seinem eigenen Philosophieren fand. Zunächst der Abschnitt zu Husserl:

»Husserl hat der Philosophie eine Methode gebracht (aura apporté à la philosophie une méthode). Sie besteht im Beachten (respecter) der Intentionen, die das Psychische beseelen, und der Modalitäten des *Erschei-*

nens, die den Intentionen entsprechen und die verschiedenen, von der Erfahrung erfaßten Seienden charakterisieren; im Entdecken der unvermuteten *Horizonte*, innerhalb derer sich das Wirkliche findet (où se situe le réel), das so vom repräsentierenden Denken (pensée représentative) erfaßt wird, aber auch vom konkreten, vor-prädikativen Leben, ausgehend vom Leib (unschuldig), ausgehend von der Kultur (weniger unschuldig vielleicht). Die Hände reichen, den Kopf wenden, eine Sprache sprechen, die ›Sedimentierung‹ einer Geschichte sein – all das bedingt *transzendental* die Betrachtung (la contemplation) und das Betrachtete (le contemplé). Indem er zeigt, daß das Bewußtsein und das repräsentierte Seiende aus einem nicht repräsentierbaren ›Kontext‹ hervorgehen, hat Husserl in Zweifel gezogen, daß der Ort der Wahrheit (Vérité) in der Repräsentation (Représentation) liegt. Niemals können die ›Gerüste‹, derer die wissenschaftlichen Konstruktionen bedürfen, überflüssig werden, wenn man auf den Sinn dieser Bauwerke bedacht ist. Die das Bewußtsein transzendierenden Ideen lassen sich von ihrer Genese im durch und durch zeitlichen Bewußtsein (la conscience foncièrement temporelle) nicht trennen. Trotz seines Intellektualismus und seiner Gewißheit in Bezug auf die Überlegenheit (excellence) des Westens hat Husserl das bis dahin unbestrittene platonische Privileg eines Kontinents in Frage gestellt, der das Recht zu haben glaubt, die Welt zu kolonisieren.«

Mit dieser außerordentlich dichten Skizze charakterisiert Levinas, was Husserl als ›Transzendentale Phänomenologie‹ entwickelt hat, und zugleich die Erfahrungen, die er, Levinas, mit ihr gemacht hat. Er hebt die Beachtung und Achtung hervor, die Husserl auch dem Unscheinbaren und Alltäglichen angedeihen ließ, die Bereitschaft, sich von Unvermutetem überraschen zu lassen, aber auch sein Streben nach und sein Festhalten an unerschütterlichen Gewißheiten und die starke Spannung, die sich aus beidem ergab und die in einer ganzen Reihe weiterer großer Philosophen des 20. Jahrhunderts neu produktiv wurde. Die Begriffe, an die Levinas sich hält, sind, um sie zur Übersicht vorab zusammenzustellen, Methode, Intention, Modalitäten des Erscheinens,

Erfahrung, Horizonte, repräsentierendes Bewusstsein, konkretes, vor-prädikatives Leben, Leib, Kultur, Sedimentierung einer Geschichte, transzendentale Bedingung, repräsentiertes Seiendes/nicht repräsentierbarer Kontext, Ort der Wahrheit in der Repräsentation, Gerüste wissenschaftlicher Konstruktionen, das Bewusstsein transzendierende Ideen/Genese im durch und durch zeitlichen Bewusstsein, platonisches Privileg des Westens. Ins Spiel gebracht haben diese Begriffe, außer Platon und Husserl, vor allem Descartes und Kant. Wir verdeutlichen den Zusammenhang der Begriffe zugleich historisch und systematisch.

Levinas bringt Husserls ganzes Denken zunächst unter den Begriff der *Methode* (vgl. PH 10). Eine Methode des Denkens sichert die Möglichkeit der objektiven Wahrheit des Erkennens. Sie schien Husserl zu seiner Zeit, der Wende zum 20. Jahrhundert, verloren zu gehen. Damals hatten der ›Psychologismus‹ und ›Historismus‹, wie Husserl sie nannte, der Philosophie eine Richtung gegeben, die er für verderblich hielt und die darin bestand, das philosophische, wissenschaftliche und logische Denken überhaupt auf psychische und historische Bedingungen zurückzuführen und ihm dadurch seine universale Verbindlichkeit zu entziehen, es zu relativieren (vgl. PH 18). Um so mehr setzte Husserl alles daran, der Philosophie wieder eine Methode zu geben, die sie erneut streng wahrheitsfähig und damit wissenschaftlich machen konnte. Er nahm damit Versuche vor allem Descartes' und Kants wieder auf, die beide, wie es Kant zu Beginn der Vorrede zur zweiten Auflage seiner *Kritik der reinen Vernunft* formulierte, die Philosophie in »den sicheren Gang einer Wissenschaft« (KrV B VII) zu bringen versucht hatten. Da die Philosophie sich nach ihrem von Platon begründeten Selbstverständnis über die Gegenstandsbereiche aller Wissenschaften erstreckt und insofern ihnen gegenüber keinen besonderen Gegenstandsbereich hat, konnte sie auch keine ihnen gegenüber besondere

Methode haben, sondern musste Wissenschaft der Methode überhaupt sein. Descartes nannte die erste Schrift, die er veröffentlichte, darum *Discours de la méthode* (*Diskurs über die Methode*, 1637), Kant seine *Kritik der reinen Vernunft* einen »Traktat von der Methode« (KrV B XXII). Dies sollte die Philosophie nach Husserl (und zugleich auch für den Neukantianismus, insbesondere Hermann Cohen) wieder werden. Für Husserl sollte sie es nun jedoch unter neuen Bedingungen und in neuer Form werden. Husserls neue Bedingungen waren, sowohl die Relativierung der Wahrheit als auch die Konstruktionen von ›Systemen‹ zu vermeiden, seine neue Form war die Phänomenologie.

Die folgenreichsten Schritte im Denken der ›Wahrheit‹ des Erkennens hatte in der griechischen Antike Platon (427 – 347 v. Chr.) gemacht, indem er *›Ideen‹* annahm, die, in seiner Sprache, von der ›Vernunft‹ als ewige, für alle und immer gleiche ›erblickt‹ werden sollten und so, in moderner Sprache, *›das Bewusstsein transzendieren‹*. Während alles von jedem immer wieder anders sinnlich wahrgenommen wird und beurteilt werden kann, sollte der Blick auf jene ewigen, für alle und immer gleichen Ideen es ermöglichen, für alle und immer Gleiches und in diesem Sinn Wahres zu denken. Die Ideen sind so buchstäblich die Methode, nämlich der bewusst eingeschlagene Weg (μέθοδος) zur Wahrheit. Die Wahrheit liegt dann jenseits des Sinnlichen allein beim Denken.

In der europäischen Moderne nahm man seit Descartes (1596-1650) die Ideen vom Jenseits des Bewusstseins in das Bewusstsein zurück. Das Jenseits war inzwischen, auch in der Philosophie, theologisch besetzt worden, die philosophische Theologie aber gegen Ende des Mittelalters zunehmend strittig geworden. Descartes sollte auch sie auf eine für Levinas sehr bedeutsame Weise neu begründen. Alles, was außer dem eigenen, menschlichen Bewusstsein ist, so setzte er nun an, ließ sich in Zweifel ziehen, man muss von dem ausgehen, was jedem in seinem Bewusstsein gegeben ist. Das Bewusstsein hat Ideen, unter denen Descartes jetzt bloße Vorstellungen verstand. In diesen Vorstellungen vergegenwärtige das Bewusstsein das ›außerhalb‹ Seiende, *›repräsentiere‹* es in den *›Modalitäten‹*, in denen es ihm *›erscheine‹*, und erlege ihm so seine eigene ›Ordnung‹ auf, die ›Ordnung der Gründe‹ der Vernunft. Danach ist der *›Ort der Wahrheit‹* nicht mehr der Bezug der Ideen auf das Seiende, sondern die *›Repräsentation‹* selbst. Wahrheit wurde nun zu einer Sache der methodischen Verknüpfung von Vorstellungen im Bewusstsein. Sie war nun, wie es Kant dann formulierte, eine Wahrheit von ›Erscheinungen‹ der Dinge im Bewusstsein, nicht mehr von ›Dingen an sich selbst‹.

Das repräsentierende Bewusstsein wurde dabei als ›Subjekt‹, wörtlich als ›Zugrundeliegendes‹ von wechselnden Vorstellungen gedacht. Das Bewusstsein sollte nun selbst der Grund der Wahrheit in Gestalt eines ›unerschütterlichen Fundaments‹ fest verknüpfbarer und damit wahrer Vorstellungen sein. Es durfte, wenn es die objektive Wahrheit des Erkennens weiter denkbar machen sollte, selbst nicht im Fluss sein. Es musste aber andererseits, wenn es sich weiter um ein Erkennen der Wirklichkeit handeln sollte, auf das sinnlich Gegebene, von ihm in Vorstellungen Repräsentierte bezogen bleiben. Es durfte dieses sinnlich Gegebene also nicht schlechthin transzendieren, ›überschreiten‹. Kant (1724 – 1804) unterschied darum ›transzendent‹ und *›transzendental‹*. ›Transzendent‹ sollte das die ›Erfahrung‹ schlechthin Überschreitende sein – wozu für ihn und dann auch für Levinas das Ethische gehörte –, ›transzendental‹ dagegen das, was die Erfahrung wohl überschritt, aber doch nur so überschritt, dass die ›Bedingungen der Möglichkeit‹ der Erfahrung und darin objektiver theoretischer Erkenntnis deutlich wurden. Die ›transzendentalen Bedingungen‹ der Erfahrung bezeichneten so die

›Grenze‹ zwischen dem ›Empirischen‹, dem sinnlich Erfahrbaren, und dem Transzendenten, alles sinnlich Erfahrbare Überschreitenden. Kant unterschied sie unter Rückgriff auf die Unterscheidung von Form und Inhalt bei Aristoteles als ›Formen der Anschauung‹, d. h. der sinnlichen Wahrnehmung in Raum und Zeit auf der einen Seite und als ›Formen des Denkens‹, d.h. der ›Kategorien‹ oder ›logischen Funktionen‹ der Verknüpfung von Vorstellungen zu Urteilen, auf der andern Seite. Beide sollten als bloße Formen ›rein‹ sein, gereinigt von allem Sinnlichen und damit unablässig Wechselnden. Die für jeden immer wieder anderen sinnlichen Wahrnehmungen sollten diese bleibenden Formen als bloße ›Inhalte‹ wechselnd ausfüllen; eben dadurch, dass sie bleibende Formen ausfüllten, sollten sie als für alle immer gleiche und damit ›objektive Gegenstände‹ denkbar werden. Die Formen sollten den Inhalten festen Halt geben.

Dieses cartesisch-kantische Konzept der Methode der objektiven Wahrheit des Erkennens dachte Husserl – unter anderem – in den Begriffen weiter, die Levinas – in dem kurzen Text naturgemäß nicht streng definiert – als ›Intention‹, ›Horizonte‹, ›konkretes, vor-prädikatives Leben‹, ›Leib‹, ›Kultur‹, ›Sedimentierung einer Geschichte‹, ›nicht repräsentierbarer Kontext‹, ›Genese im durch und durch zeitlichen Bewusstsein‹ anführt. Husserls Leitbegriff ist der der *Intention* oder der Intentionalität. Er meint wörtlich die ›Ausrichtung‹ des Subjekts auf mögliche Objekte. Er ermöglichte es Husserl, im Denken der Wahrheit des objektiven Erkennens sowohl den platonisch-kantischen Gegensatz von Denken und Wahrnehmen oder Verstand und Sinnlichkeit als auch den aristotelisch-kantischen Gegensatz von Form und Inhalt zu überwinden. Husserl sah in Kants Verwendung dieser alten Unterscheidungen eine bloße Konstruktion, Erfahrung wird so nicht erfahren. In der Nachfolge Kants hatte sich gezeigt, dass eine Vielfalt solcher Konstruktionen oder, wie man sie dann nannte, ›Erkenntnistheorien‹ möglich war und dass die Philosophie dabei nicht zu haltbaren Ergebnissen kam. Husserl stellte darum die Methode der Philosophie von Konstruktionen auf Beschreibungen um (vgl. DEHH 91-107/53-80). Als wahr sollte nur noch gelten, was unmittelbar von jedem zu beobachten und als ›evident‹ zu beschreiben war. Dabei hielt Husserl am transzendentalen Subjekt als Ausgangspunkt aller Beobachtungen und Beschreibungen fest und musste daran festhalten, wenn er ein neues Fundament für objektive Erkenntnis schaffen wollte. Denn in gleicher Weise unmittelbar von jedem zu beobachten konnte nicht sinnlich Gegebenes außerhalb des Bewusstseins, sondern konnten nur ›Gegebenheitsweisen‹ von Gegebenem im Bewusstsein selbst sein in Gestalt von Intentionen, mit denen sich das Bewusstsein auf Gegebenes ausrichtet. Dabei konnten die Gegebenheitsweisen nun ebenso vielfältig sein wie das Gegebene; der Begriff der Intention ließ, so Levinas, ein ›*Beachten*‹ vielfältiger Intentionen zu – im Beachten der Vielfalt von Intentionen lag der entscheidende Gewinn der husserlschen ›Transzendentalen Phänomenologie‹ gegenüber der kantischen ›Transzendentalphilosophie‹. Die Methode wird dadurch zu mehr als einer Methode, zu einer »Art zu philosophieren« (manière de philosopher) überhaupt (PH 11; vgl. AT 176 f.). Levinas hatte in seiner Dissertation über Husserl, auf die er in einer Anmerkung verweist, die Vielfalt der Modalitäten nachgezeichnet, in denen sich die Intention auf das Erscheinende einstellt und die Husserl herausgearbeitet hatte. Aufgabe war also, die ›Leistungen‹ des transzendentalen Subjekts in der Vielfalt seiner Intentionen zu beobachten und zu beschreiben oder die ›*Modalitäten des Erscheinens*‹ der Erscheinungen im Bewusstsein evident aufzuzeigen. ›Phänomenologie‹ heißt eben dies, Wissenschaft von den Erscheinungsweisen des Erscheinens. Im Absehen von den situativen Bedingungen des Intendierens (s.u.) ist sie ›reine‹ und im Ausgang von einem transzendentalen Subjekt ›transzendentale Phänomenologie‹. Husserl legte sie als ›universale Phänomenologie der Intentionalität‹ an.

Sie kann, nach der Ausschaltung der Entgegensetzung von Sinnlichkeit und Verstand, nun davon ausgehen, dass das transzendentale Subjekt als erfahrendes auch ein leibliches Subjekt ist. Mit seiner Leiblichkeit ist es in eine Welt eingebunden, die ihrerseits durch eine ›*Kultur*‹ geprägt ist, und in der ›*Geschichte*‹ dieser Kultur haben sich immer neue Schichten von Sinnbezügen dieser Welt abgelagert, ›*sedimentiert*‹. Sie sind für das Subjekt so selbstverständlich geworden, dass es sie nicht mehr registriert, wie die Gewohnheiten des *Die-Hände-Reichens*, der Bejahung und Verneinung durch *Kopfbewegungen* und der alltäglich gesprochenen *Sprache*. Solche ›*konkreten*‹, ›unter‹ dem aktuellen Bewusstsein ›abgelagerten‹, nicht mehr eigens registrierten und repräsentierten und darum unausgesprochenen, ›*vor-prädikativen*‹ Gewohnheiten machen den ›*Kontext*‹ der Intentionen aus, bedingen sie mit, indem sie sie unwillkürlich ausrichten. Sie sind es, die auf diese Weise das objektive Erkennen relativieren, und gerade dadurch, dass sie Selbstverständlichkeiten vorgeben, sind sie von transzendentalen Bedingungen im Sinne Kants zunächst nicht zu unterscheiden. Die ganze Anstrengung Husserls ging deshalb dahin, die Bedingungen des objektiven Erkennens methodisch aus ihnen herauszulösen, all das, was zum Kontext der ›natürlichen Einstellung‹ gehört, zu ›reduzieren‹ und es dazu im Einzelnen zu identifizieren, zu beobachten und zu beschreiben, auf eine Weise, die von jedermann in Selbstbeobachtung nachzuvollziehen ist. Durch die methodische Abarbeitung der leiblich-weltlichen Randbedingungen des Intendierens sollte die Intention auf objektive Gegenstände rein hervortreten. Husserls Arbeit daran führte jedoch, in der Sicht von Levinas und auch schon von Heidegger, zum Gegenteil von dem, was er ursprünglich erreichen wollte.

Nach Levinas und auch schon nach Heidegger war der Erfolg von Husserls Methode, dass sich das Fundament der reinen Phänomenologie, das transzendentale Subjekt, durch die Identifikation, Beobachtung und Beschreibung seiner Leistungen beim objektiven Erkennen nicht festigte, sondern ›*in Frage stellte*‹. In seiner lebenslangen phänomenologischen Arbeit habe Husserl sein eigenes Fundament mehr und mehr untergraben. Husserl stieß, wie Levinas in seinem kurzen Text herausstellt, immer mehr auf Unvermutetes, Vorbewusstes, Passives in der Intentionalität, auf Unrepräsentiertes und Unrepräsentierbares in der Repräsentation. Statt im bewussten und aktiven Intendieren ein festes Fundament zu finden, ließ es sich von seinen Randbedingungen nicht lösen, sondern löste sich immer weiter in sie auf. In seinen ausführlichen kritischen Abhandlungen zu Husserl hat Levinas im Einzelnen gezeigt, wie dessen Methode, der er mit unerbittlicher Redlichkeit folgte, zum »Einbruch der Repräsentation« (ruine de la représentation) als solcher führte (vgl. bes. DEEH 125-135/120-129). Er sah in Husserls Transzendentaler Phänomenologie den letzten Akt in einem Drama der europäischen Philosophie, die mit aller Kraft die Autonomie des Denkens zu behaupten versucht und zugleich mit strenger Folgerichtigkeit die Gründe dieser Autonomie untergraben hatte. Husserl, wie Levinas ihn verstand, hatte mit seinem unermüdlichen phänomenologischen Eifer gegen seine eigene Intention die Grenzen der Transzendentalphilosophie und der theoretischen Philosophie überhaupt aufgezeigt und damit den Versuch des europäischen Denkens über sich hinausgeführt, das Gegebene von einem ›sicheren‹ Standpunkt jenseits des Gegebenen aus ›rein‹ zu erfassen und so seine Ordnung ›universal‹ darzulegen. Husserl selbst sah das nicht so. Er hielt unbeirrt bis zuletzt an der Transzendentalen Phänomenologie fest, am Glauben, mit ihr auf dem Weg zum Wesen der Wahrheit zu sein, und dem ›*Recht*‹, durch sie ›*die Welt zu kolonisieren*‹.

Im Französischen ist das Tempus, in dem Levinas von Husserls philosophischer Leistung spricht, das Futur II (wörtlich: ›wird der Philosophie eine Methode gebracht haben‹, ›wird dabei in Zweifel gezogen haben‹, ›wird in Frage gestellt haben‹). Das Futur II (passé antérieur), das Tempus der zukünftigen Vergangenheit, dessen, was in der Zukunft vergangen sein wird und erst im Rückblick erfahren werden kann, ist ein bedeutsames Motiv in Levinas' eigenem Philosophieren. Husserls Leistung ist für Levinas im Rückblick anders zu sehen, als er selbst sie während seiner Arbeit im Blick hatte. Ironischerweise war es Husserl selbst, der im Seinsmodus der künftigen Vergangenheit den Seinsmodus der Repräsentation überhaupt entdeckt hat. Es ist der Seinsmodus, der am deutlichsten den Versuch vereitelt, etwas rein als Objekt festzustellen.

Husserl hat ihn an den ›*Horizonten*‹ der Repräsentation beschrieben. Schon Kant hatte in der Einleitung zu seiner Logik-Vorlesung darauf aufmerksam gemacht, dass wir alles, was wir erfahren und repräsentieren, in und vor einem Horizont erfahren und repräsentieren, der dabei selbst nicht erfahren und repräsentiert wird, sondern, wie Husserl dann sagte, ›unthematisch‹ im Hintergrund bleibt. Ein Horizont ist wörtlich eine ›Grenze‹. Als räumlicher Horizont ist er eine Grenze, auf die man nur zugehen, die man weder berühren noch überschreiten kann. An den leiblichen Standpunkt des Beobachtenden gebunden, zieht er sich in dem Maß zurück, in dem der Beobachtende sich ihm nähert. Man kann ihn nicht ›sehen‹. ›Thematisiert‹ man einen Horizont, ist er schon kein Horizont mehr, sondern ein neuer und wieder ›unthematischer‹ Horizont hat sich eingestellt, vor dem er nun thematisch wird (ich sehe Figuren eines Fernsehfilms vor dem Horizont des Bildschirms, dann den Bildschirm vor dem Horizont der Wand, vor dem der Fernsehapparat steht, dann die Wand vor dem Horizont des Hauses, das Haus vor dem Horizont des Waldes usw.). Man sieht immer vor einem Horizont, den Horizont selbst aber immer erst im Nachhinein, wenn er schon als Horizont verschwunden ist. Der Horizont ist damit eine transzendentale Bedingung der Erfahrung, eine Bedingung, die alltäglich völlig vertraut ist und die dennoch nur schwer in die Transzendentalphilosophie einzuordnen ist. Im kantischen Ansatz lässt er sich weder als ›Form‹ noch als ›Inhalt‹ verstehen und weder dem ›Verstand‹ noch der ›Sinnlichkeit‹ zuschlagen, und im husserlschen Ansatz ist er nicht als Intention zu fassen. Er ist eine transzendentale Bedingung der Erfahrung, die sich dem transzendentalen Subjekt prinzipiell entzieht, eine unruhige Grenze, weil sie sich beständig verschiebt, und eine beunruhigende Grenze, weil die Vernunft sie nicht von sich aus ziehen kann, sondern sie ihr jeweils schon gezogen ist. Sie entgrenzt die Transzendentalphilosophie ebenso wie die Transzendentale Phänomenologie.

Sofern der räumliche Horizont nur im Nachhinein zu ›sehen‹ ist, wenn er als Horizont schon verschwunden ist, steht er seinerseits im Seinsmodus der zukünftigen Vergangenheit, des Futur II. Er ist zugleich ein zeitlicher Horizont. Es gehört zu Husserls bedeutendsten Leistungen und zu den bedeutendsten Leistungen der Philosophie im 20. Jahrhundert überhaupt, wie Husserl einen zeitlichen Horizont in aller Repräsentation aufgewiesen hat. Dies geschah in seinen *Vorlesungen zur Phänomenologie des inneren Zeitbewußtseins*, die er bereits 1904/05 vorgetragen hatte, dann aber lange liegen ließ. Sie wurden erst 1928 von Martin Heidegger, seinem früheren Assistenten, herausgegeben, der zugleich *Sein und Zeit* vorlegte. Heideggers *Sein und Zeit*, das rasch weltberühmt wurde, speiste sich wesentlich aus Husserls

Vorlesungen zur Phänomenologie des inneren Zeitbewußtseins. Mit ihnen, *Sein und Zeit* und dem bereits 1889 erschienenen *Essai sur les données immédiates de la conscience* (*Versuch über die unmittelbaren Gegebenheiten des Bewußtseins*) von Henri Bergson (deutsch 1911 unter dem Titel *Zeit und Freiheit*) wurde das Zeitthema zu einem Grundthema der Philosophie des 20. Jahrhunderts. Levinas hat sich immer wieder auch mit Bergson (1859 – 1941) auseinandergesetzt; wir beschränken uns hier, wie er es auch in *Signature* tut, auf Husserl und Heidegger.

Nach Husserls Analysen wird im Bewusstsein alles in einem Zeithorizont repräsentiert, der sich aus ›Protentionen‹ und ›Retentionen‹ aufspannt. Das Geschehen der Erfahrung tritt, so Husserl, in ›Urimpressionen‹ ins Bewusstsein ein, die einander dort unablässig ablösen. Sie verharren darin aber auch für eine gewisse Zeit, bis sie von anderen verdrängt werden. Sie werden jedoch nicht schlechthin verdrängt, sondern, so Husserl, durcheinander ›abgeschattet‹: Jede neue Impression lässt die vorige in den Hintergrund treten. Indem die vorige Impression in den Hintergrund tritt, wird sie zum Horizont der neuen, sie wird nicht mehr eigens als solche, sondern nur noch ›mitrepräsentiert‹. Als Hintergrund-Horizont hält sie sich wieder eine gewisse Zeit, tritt jedoch als Hintergrund immer neuer Hintergründe immer neuer Impressionen immer weiter zurück, in einer ›Abschattungsreihe‹, in der sie zunehmend blasser und schematischer wird und schließlich ganz im Schatten verschwindet. In der kontinuierlichen Abschattung kontinuierlich neuer Impressionen wird das Geschehen so paradoxerweise immer zugleich als dasselbe und als schon anderes repräsentiert. Aber diese Paradoxie der Gleichzeitigkeit von Ungleichzeitigem stellt die Kontinuität seiner Repräsentation her. Als Beispiel gibt Husserl eine Melodie: Man hört von ihr in jedem Moment immer nur einen Ton oder Akkord und hört sie nur als Melodie, wenn man die früheren

Töne zugleich ›nachhört‹. Und man ›hört‹ dann auch schon zu erwartende Töne ›voraus‹. Der Retention, dem ›Nachhalten‹, korrespondiert die Protention, das ›Vorhalten‹. Die Protention wird dadurch möglich, dass sich aus der bisherigen Ablaufreihe eine bestimmte Ordnung, eine Abfolge ergibt, aus der das Folgende vorentworfen werden kann. Solche Entwürfe können durch die weiteren Urimpressionen dann bestätigt oder enttäuscht werden, die Tonfolge kann wie erwartet oder auch anders weitergehen. Mit wachsender Erfahrung werden die Vorentwürfe jedoch zuverlässiger und ermöglichen, auch wenn sie weiterhin enttäuscht werden können, eine immer raschere Orientierung. So lässt sich das Entstehen von ›*Sedimenten*‹ in der Repräsentation verstehen. Sie sind aus der Oberfläche des Bewusstseins zurückgesunkene Ablauferwartungen, die den Aufbau der jeweiligen Repräsentation beschleunigen, dabei aber selbst nicht mehr repräsentiert werden. Im Lauf der Zeit schichten sie sich zur ›Sedimentierung einer Geschichte‹ auf und stellen sich in einer mit anderen geteilten Lebenswelt als ›*Kultur*‹ dar.

Die beobachteten ›Ablaufphänomene‹ der Repräsentation haben einschneidende Konsequenzen für den *Begriff* der Repräsentation und des repräsentierenden Bewusstseins. Vollzieht sich die Repräsentation im beschriebenen zeitlichen Verlauf, so kann das Bewusstsein kein fest ›Zugrundeliegendes‹ sein, sondern muss, so Husserl, als immer fortfließender ›Bewusstseinsstrom‹ oder, wie Levinas sagt, ›*durch und durch zeitliches Bewusstsein*‹ konzipiert werden. In ihm gibt es aber gerade nicht, was Husserl suchte: Präsenz, aus den leiblich-kulturellen Randbedingungen der Repräsentation gelöste unmittelbar evidente Gegenwart. Was ein gegenwärtiger Bestand zu sein scheint, ist nach Husserls Analysen vielmehr in immer neuer ›*Genese*‹, baut sich in Zeithorizonten auf, die sich unablässig wandeln, und ist darin immer noch zukünftig (Protention) und zugleich immer schon vergangen (Retention). Es ›ist‹ also niemals schlechthin, sondern stets so, dass es schon gewesen sein wird, es zeigt sich stets im Seinsmodus der künftigen Vergangenheit. Dies ist für Levinas der ›Einbruch der Repräsentation‹: Die *Repräsentation* ist, wie Husserl in strenger Redlichkeit gegen seine Absicht gezeigt hat, niemals *Präsentation*, nie ein Aufzeigen der Wahrheit in unmittelbar evidenter Gegenwart, sondern stets im Wortsinn *Re-Präsentation*, nachträgliche Herstellung von Gegenwart unter leiblichen und kulturellen, also möglicherweise immer anderen Bedingungen.

Man muss das Ziel objektiver Wahrheit in den Wissenschaften darum nicht aufgeben. Aber man kann und muss nach Husserls Analysen nun wissen, dass wissenschaftliche Wahrheit nicht in unmittelbar evidenter Gegenwart ›entdeckt‹ wird, sondern dass besondere Bedingungen geschaffen werden müssen, ›*Gerüste*‹, die ihre ›*Konstruktionen*‹ ermöglichen, dass gezielt von den leiblich-kulturellen Bedingungen und den Zeithorizonten abstrahiert werden muss, in denen sich die Repräsentation doch unvermeidlich immer bewegt. ›Gerüste‹ zur ›Konstruktion‹ ›objektiver‹ wissenschaftlicher Wahrheit sind sachliche und methodische Voraussetzungen, die über eine gewisse Zeit hinweg nicht in Zweifel gezogen werden dürfen. Werden sie in Zweifel gezogen, was in revolutionären Phasen der Wissenschaften immer wieder geschieht, verändert sich auch der Charakter der Objektivität und der Wahrheit der Wissenschaften. Die Wahrheit, das machten jedenfalls für Levinas Husserls Beobachtungen deutlich, steht nie frei da, wie das ›westliche‹ Denken es wollte. Die ›reine‹ Wahrheit, die es seit Jahrtausenden in den Griff bekommen wollte, war durch Husserl endgültig seinem Griff entglitten.

Um es zu wiederholen: nicht für Husserl selbst. Husserl arbeitete nach seinen frühen *Vorlesungen zur Phänomenologie des inneren Zeitbewußtseins* mehr als dreißig Jahre bis zu seinem Tod in der Gewissheit weiter, die uneingeschränkte Wahrheitsfähigkeit der europäischen Wissenschaften durch die Transzendentale Phänomenologie aufweisen zu können. Für Levinas wurde seine Gewissheit jedoch durch ein weiteres Problem erschüttert, das sich Husserl wohl gestellt hatte, in Levinas' Sicht aber nicht zureichend lösen konnte, und das für ihn selbst zentral wurde, das Problem der Intersubjektivität. Husserl hatte es im V. Buch der *Cartesianischen Meditationen* entwickelt, die er 1929 in Paris vorgetragen und die Levinas 1931 übersetzt hatte. Danach sieht sich das Subjekt, das sich in seinen Bewusstseinsleistungen selbst gegeben ist, unvermeidlich zugleich als ein Subjekt unter anderen. Es begegnet anderen in seiner Welt, und es bedarf der andern, um diese Welt, die zunächst ja nur seine subjektive Welt ist, als objektiv betrachten zu können. Im Ausgang von der transzendentalen Subjektivität ist Objektivität Intersubjektivität, ist objektiv das, was Subjekte miteinander teilen, worin sie untereinander übereinstimmen. Ein Bewusstsein kann ein anderes aber nicht unmittelbar beobachten; jedes Bewusstsein ist, das war eine der grundlegenden Voraussetzungen des modernen philosophischen Denkens, nur sich selbst gegeben. So kann sich Intersubjektivität, Übereinstimmung unter Subjekten, nur darin zeigen, dass sich die Subjekte gemeinsam und einheitlich auf ein Drittes beziehen, auf gemeinsame und einheitliche Gegenstände. Im Ausgang von der Repräsentation aber heißt das, dass sie Gegenstände gleich repräsentieren. Damit setzt die Objektivität als Intersubjektivität die Einheitlichkeit und Gemeinsamkeit oder die Wahrheit der Repräsentation voraus. Nach dem ›Einbruch der Repräsentation‹ ist das für Levinas nicht mehr möglich, und damit ist auch die Intersubjektivität eingebrochen. Ist die Repräsentation von leiblichen und kulturellen, also möglicherweise immer anderen Bedingungen abhängig, kann nicht mehr vorausgesetzt werden, dass Subjekte gleich repräsentieren, dass es etwas gibt, was Subjekte mit Sicherheit teilen.

Husserl verweist wiederum selbst darauf. Er geht davon aus, dass jedem Subjekt andere Subjekte zunächst nur in leiblicher Erfahrung gegeben sind, d. h. als Objekte unter anderen. Sie müssen also als andere Subjekte erst erschlossen und ›konstituiert‹ werden. Das geschieht nach Husserl, indem einem anderen menschlichen Leib ›analog‹ zum eigenen Leib weltkonstituierende Subjektivität *zugeschrieben* wird. Das Subjekt kann einem anderen aber nur zuschreiben, was es selbst kennt. Der Andere wird so unvermeidlich zu einem ›alter Ego‹, einem anderen Ich-selbst und die Alterität zu einer analogen Egoität. Eben das machte in Husserls Sinn Intersubjektivität und damit Objektivität über die leibliche Trennung hinweg wieder möglich, und so ließ sich das ›*platonische Privileg*‹ einer objektiven Wahrheit noch einmal retten.

Für Levinas jedoch wird das ›platonische Privileg‹ hier offenkundig haltlos. Wenn das *Alter Ego* nicht mehr als die Spiegelung des Ich im Andern ist und sein kann, ist der Andere darin gerade um seine Andersheit mir gegenüber verkürzt. Damit ist Intersubjektivität als Übereinstimmung von Urteilen nur unterstellt. Phänomenologisch gründet sie sich lediglich auf meine ›Einfühlung‹ in den Andern, die aber *meine* Einfühlung bleibt und der im Andern nichts Gleiches entsprechen muss. Was als intersubjektiv gelten soll, bleibt so immer subjektiv. Die Verkürzung der Andersheit des Andern auf eine Gemeinsamkeit mit dem Selbst ist aber ›*weniger unschuldig vielleicht*‹, als es dem Phänomenologen scheinen mag, der sich methodisch auf die Beobachtung des eigenen Selbst beschränken muss. Die Methode der Selbstbeobachtung wird durch die Verkürzung der Andersheit des Anderen selbst fragwürdig. Levinas versucht der Andersheit des Anderen auf neue Weise gerecht zu werden. Er nutzt dazu wohl weiter die phänomenologische Methode, bricht aber mit den

Voraussetzungen, die Husserl mit ihr verband. Das tat auf seine Weise auch schon Heidegger.

Durch Heideggers nationalsozialistisches Engagement war deutlich geworden, dass der Gebrauch der phänomenologischen Methode, die scheinbar unbestechliche Beschreibung selbstevidenter Gegebenheitsweisen des Gegebenen, nicht unschuldiges Handeln garantierte. Zu Beginn der Nachzeichnung seines eigenen Weges in *Signature* weist Levinas noch einmal auf ›zwischen 1933 und 1945‹ hin. Trotz seiner politischen Verirrung, vielleicht auch gerade ihretwegen hat sich Levinas mit Heidegger philosophisch auseinandergesetzt, mehr als mit jedem andern, am ausführlichsten in seinem mehrhundertseitigen Werk *Totalité et Infini*, das man geradezu als Gegenentwurf zu *Sein und Zeit* lesen kann. In *Signature*, der Unterzeichnung seiner Verpflichtungen, widmet er Heidegger nur wenige, aber außerordentlich prägnante Zeilen:

»Die phänomenologische Methode wurde von Heidegger dazu benutzt, hinter die objektiv bekannten und technisch zugänglichen Seienden zurückzugehen zu einer Situation, die alle anderen bedingte: der der Erfassung des Seins dieser Seienden, der der Ontologie. Das Sein dieser Seienden ist nicht seinerseits ein Seiendes. Es ist neutral, aber es erhellt, leitet und ordnet das Denken. Es fordert den Menschen heraus, und beinahe läßt es ihn entstehen.«

Dann fügt er eine Frage an Heidegger hinzu, in einer Heidegger halb verwandten, halb fremden Sprache,

> »Das Sein des Seienden, das seinerseits kein Seiendes ist, ist es ein Leuchten, wie Heidegger will?«,

um dann mit dem lapidaren Satz

»Dies ist der vom Unterzeichner dieses Buches verfolgte Weg.«

zu seinem eigenen philosophischen Weg, seinen eigenen Beobachtungen, Beschreibungen und Begriffen überzugehen. Wir versuchen den Abschnitt zu Heidegger schrittweise so zu verdeutlichen, dass daraus Levinas' eigener Weg verständlich wird.

> »Die phänomenologische Methode wurde von Heidegger dazu benutzt, hinter die objektiv bekannten und technisch zugänglichen Seienden zurückzugehen (remonter au-delà des entités connues objectivement et abordées techniquement) ...«

Heidegger zeigte, dass die phänomenologische Methode stark genug war, um über die Aufgaben und Voraussetzungen hinauszugehen, die Husserl mit ihr verbunden hatte. Er sah sich methodisch in der Nachfolge Husserls, suchte sachlich aber einen neuen Anfang – nicht mehr beim transzendentalen Subjekt, sondern bei dem, was ihm einerseits gegeben ist und dem es andererseits auch selbst zugehört, dem ›Sein‹. Er wollte in der Beschreibung selbstevidenter Gegebenheiten weitergehen, ohne sich von den Grenzen aufhalten zu lassen, die Husserl dafür gesetzt hatte. Das brachte ihn in einen fruchtbaren Konflikt mit der ›Methode‹, sofern sie, in Levinas' Formulierung, ›objektiv bekanntes und technisch zugängliches Seiendes‹ bereitstellen sollte.

Mit der Methode, die die Philosophic nach Platon, Descartes, Kant und Husserl auf den Weg zur Wahrheit bringen sollte, war für Heidegger der Wille zur Verfügung verbunden. Durch seine methodische Erschließung von einem transzendentalen Subjekt aus wird das, was ›es gibt‹, das Gegebene, für dieses Subjekt verfügbar. Es legt es sich nach seinen Vorgaben zurecht und kann dann mit ihm nach diesen Vorgaben umgehen. Das nach einer Methode Objektivierte wird, wie die abendländische Wissenschaft massiv gezeigt hat, technischer Handhabung zugänglich. Die Verfügbarkeit war die Angel, um die Heidegger die Betrachtung drehte, von der aus er der husserlschen Phänomenologie eine neue Wendung gab. Die methodisch-technische Verfügbarkeit des Gegebenen stand in offenbarer Spannung sowohl mit der Selbstgegebenheit des Gegebenen als auch mit der Zugehörigkeit des Subjekts selbst zum Gegebenen. Die Transzendentalität des Subjekts ließ sich für Heidegger darum nicht mehr halten. Nachdem Kant die Transzendenz in die Transzendentalität zurückgenommen hatte, nahm Heidegger nun auch die Transzendentalität zurück (vgl. DEHH 95/60). Er folgte darin Wilhelm Dilthey und Friedrich Nietzsche oder dem, was damals als ›Lebensphilosophie‹ galt. Sie hatte vom ›Leben‹, dem alltäglichen Umgang mit dem Gegebenen aus die Frage gestellt, wie es überhaupt zu einem theoretischen Standpunkt gegenüber dem Gegebenen kommt und mit welchem Recht er sein traditionelles ›Privileg‹ genießt. Mit dieser Frage aber geriet, um in Levinas' Sprache zu bleiben, das ganze ›Gerüst‹ in Bewegung. Die Frage war nun wieder offen, wo das Denken ›haltmachen‹ und woran es ›sich halten‹ sollte oder wollte oder durfte, wenn dies nicht bei einem transzendentalen, dem Sein und der Zeit enthobenen Subjekt geschehen sollte. Die Aufgabe war also,

> »... zurückzugehen zu einer Situation, die alle anderen bedingte: der der Erfassung des Seins dieser Seienden, der der Ontologie. Das Sein dieser Seienden ist nicht seinerseits ein Seiendes.«

›Sein‹ ist die allgemeinste Bestimmung dessen, was ist. Es ist von allem, was ist, von allem ›Seienden‹ zu sagen. Es ist aber nur bestimmtes Seiendes, das Sein von Seiendem aussagt (der Mensch), und es gehört selbst auch dem Seienden zu. Vor der Frage nach

dem Sein ist nach Heidegger darum die Frage nach diesem Seienden zu stellen, das nach dem Sein fragt, zweitens nach dem ›Sinn‹, den es dem Sein gibt, und drittens nach den Bedingungen, unter denen es ihm diesen Sinn gibt. Unter dieser Fragestellung ist ›Sein‹ dann kein völlig selbstverständliches und darum nichtssagendes Wort mehr. In seiner letzten Vorlesung an der Sorbonne, die er zum großen Teil noch einmal Heidegger widmete, nennt es Levinas »das Unvergeßliche in Heideggers Werk«, dem Wort ›Sein‹ »einen neuen Klang« (une nouvelle sonorité) gegeben zu haben, einen Klang, in dem ein Geschehen, ein Ereignis anklingt (DMT 134/138f.).

Heidegger stellt in seiner Vorbemerkung zu *Sein und Zeit* erneut die »*Frage nach dem Sinn von Sein*«. Er fragt nach »dem möglichen Horizont eines jeden Seinsverständnisses überhaupt« und vermutet ihn in dem zeitlichen Horizont, den Husserl für das Erscheinen alles Seienden erschlossen hatte. Zeit sollte nun der Horizont nicht nur des Auffassens von bestimmtem *Seienden*, sondern des Verstehens von Sein überhaupt sein, dem, was dem Seienden seinen Sinn gibt und insofern ›*nicht seinerseits ein Seiendes*‹ ist. Sein muss sich darum anders zeigen als Seiendes, und die Frage, wie das Sein sich zeigt, das dem Seienden Sinn gibt, ist vor der Frage zu stellen, wie Seiendes sich zeigt, der Frage, die Husserl gestellt hatte. Heidegger unterläuft so mithilfe von Husserls phänomenologischer Methode dessen Ansatz beim Sich-Zeigen von Seiendem hin zu einem Ansatz beim Sich-Zeigen des Seins von Seiendem.

Für das Seinsverständnis gebraucht Heidegger den aus dem 17. Jahrhundert stammenden Namen ›*Ontologie*‹, Wissenschaft vom Sein des Seienden. Auch Husserl verwendet ihn schon, und auch Levinas wird ihn weiter verwenden. Heidegger gebraucht ihn nun aber nicht mehr wie Husserl als Begriff einer theoretischen Wissenschaft, sondern als Begriff für etwas, was, wie Levinas formuliert, in einer ›*Situation*‹ geschieht. ›Situation‹ ist ein zentraler Begriff der Existenzphilosophie. Er bezeichnet eine Lage, in die man unbeabsichtigt geraten ist und in der man aus eigener Verantwortung handeln muss. Nach Heidegger ist es die Situation des Menschen, dass ihm seit Jahrtausenden das Sein des Seienden fraglich ist und dass er darum nach ihm fragt. Der Mensch steht, heißt das, in einer Distanz zu allem, was ist, einer Distanz, aus der er ihm einen unterschiedlichen Sinn geben und die er auf diese Weise nutzen kann, um sich in eigener Verantwortung neue Lebensmöglichkeiten zu erschließen. Die Frage, was etwas ist und inwiefern es ist, ist für ihn darum eine lebenswichtige, eine lebensnotwendige Frage, er ist, mit einem Wort, in der ›*Situation der Ontologie*‹. Er betreibt darin Ontologie nicht als müßige Theorie, als etwas, das er auch lassen könnte, sondern er ›ist‹, so Heidegger, ›ontologisch‹, es macht sein Wesen aus, nach dem Sein zu fragen. Nach Heidegger ist es die ›ontische‹ (seiende) Verfassung des Menschen, ›ontologisch‹ (seinsverstehend) zu sein, und in dieser Differenz, der ›ontisch-ontologischen Differenz‹, muss sich der Sinn von Sein zeigen. Der Ontologie, der Frage nach dem Sinn von Sein, müsse darum eine ›Fundamental-Ontologie‹ des Seienden vorausgehen, die nach dem Sein fragt, des selbst dem Sein zugehörigen Menschen. Diese ›Fundamental-Ontologie‹ ist der Gegenstand von *Sein und Zeit*, so wie Heidegger das Werk zunächst erscheinen ließ, als ›Erste Hälfte‹, der eine zweite folgen sollte, die jedoch ungeschrieben blieb.

Heidegger geht dabei nicht von anthropologischen Voraussetzungen, sondern nur vom Seinsverstehen aus. Um alle anthropologischen Vorentscheidungen zu vermeiden, nennt er den Menschen als seinverstehendes Seiendes nur noch ›Dasein‹. Er bestimmt es von der ›Situation der Ontologie‹, der Lebensnot aus, sich in der Zeit, dem Haltlosen schlechthin, in seinem Sein zu erhalten, als Seiendes, dem es »in seinem Sein *um* dieses Sein selbst geht« (SuZ § 4), und nennt die Not, *in* der Zeit *mit* der Zeit zurechtzukommen, die ›Sorge‹. Sein als Halt in der Zeit ist nach Husserls Analysen aber nichts Vorgegebenes und an sich Feststehendes, sondern etwas immer neu Entworfenes. So denkt auch Heidegger das Sein des Daseins, die Sorge, nach dem husserlschen Modell in einem Zeithorizont. Dieser Zeithorizont ist aufgespannt zwischen dem ›Sich-Entwerfen‹ auf das hin, was das Dasein in der Zukunft tun kann (bei Husserl die Protention), und der ›Geworfenheit‹ in all das, zu dem es in der Vergangenheit geworden ist (bei Husserl die Retention), und er überspannt als Gegenwart das ›Sein bei‹ der Welt, mit der das Dasein jetzt gerade zu tun hat. Heidegger versteht die ›Zeitlichkeit‹ des Daseins konsequent ›existenziell‹ und nimmt dabei wesentliche Motive Sören Kierkegaards auf. Das Dasein neige dazu, über der Gegenwart seiner alltäglichen gegenwärtigen Besorgungen den Zeithorizont seines ›Sich-Entwerfens‹ und seiner ›Geworfenheit‹ und damit seine ›eigentliche Zeitlichkeit‹ zu vergessen, die ihm seine eigenen und eigentlichen Möglichkeiten eröffne. Es neige dazu, weil es belaste, seine Zeitlichkeit in eigener Verantwortung zu bestehen, und es beruhige sich stattdessen bei der ›alltäglichen Ausgelegtheit‹ des Daseins im ›Man‹, in dem, was ›man denkt‹, ›man sagt‹, ›man tut‹. Die Leere dieser alltäglichen Ausgelegtheit des Daseins aber zeige sich in der Angst. Sie bringe das Dasein vor das ›Nichts‹ und hole es so zu sich selbst und seinen eigenen Möglichkeiten zurück. Die äußerste und gewisseste Möglichkeit des Daseins sei dabei sein eigener Tod, in dem alles für es endgültig nichts werde und in dem niemand es vertreten könne. Kein Wissen und keine Wahrheit, sondern der Tod als das Ende der eigenen Zeit ist die letzte Gewissheit des Daseins und darum der äußerste Horizont seiner Sorge. Als diese gewisseste Möglichkeit ist der Tod darum auch das, woraus das Dasein sich in seiner ›Ganzheit‹ und das heißt nun: in seiner ganzen ›eigentlichen‹ Zeitlichkeit verstehen kann. So ist das Dasein ›eigentlich‹ ein ›Sein zum Tode‹, es findet seinen ›eigentlichen‹ Halt in seinem Sein zum Tode. Kierkegaard hatte dem *Begriff Angst* und der *Krankheit zum Tode* seine berühmtesten Schriften gewidmet. Heidegger hat wesentlich zu ihrer Wirkung beigetragen. Levinas wird den Tod ohne Angst um sich selbst denken.

Das Sein zum Tode als Ganzheit des Seins des Daseins bildet den vorläufigen Schluss von *Sein und Zeit.* Statt zu einer ›Zweiten Hälfte‹ von *Sein und Zeit* kam es zu einer ›Kehre‹ in Heideggers Denken. Heidegger war darauf aufmerksam geworden, dass es einem Dasein, das in Sorge um *sein* Sein nach *dem* Sein fragt, noch immer darum gehen muss, aus seiner Not über das Sein zu verfügen und es sich entsprechend zurechtzulegen. Es wird so nicht das Sein vor sich bringen, das es von sich aus gibt und das dem Seienden, auch dem Dasein, erst seinen Sinn gibt. Das Sein dessen, was ›es gibt‹ und über das niemand verfügt, weil es selbst erst die Möglichkeit zu verfügen ›gibt‹, muss stattdessen in einem tieferen, wörtlicheren Sinn gedacht werden als das Sein, das von sich aus tatsächlich ›gibt‹, was ›es gibt‹. Es ist nach dem späten Heidegger als ›Gabe‹ zu verstehen, als eine Gabe, die erst empfangen werden muss, bevor sie gedacht werden kann. Diese Gabe als Vorgabe des Denkens aber ist dann etwas ›Unvordenkliches‹, etwas, das nur so zu denken ist, dass es *nicht* zu denken ist, nach herkömmlichen Begriffen etwas Paradoxes. Levinas wird das ›es gibt‹ anders, als etwas Grauenvolles, denken und die ›Gabe‹ anders mit ihm verbinden, als Gabe an den Andern in *seiner* Not.

Heidegger bleibt in der Spur des Seins und denkt von ihr aus nun auch das Denken selbst anders. Wenn das Sein, das es gibt, sich dem Denken als unvordenklich erweist, das Denken aber seiner Aufgabe treu bleiben will, es zu denken, dann kann es nur den Schluss ziehen, dass es sich selbst anders denken muss. Es kann sich dann nicht mehr als Ausrichten auf etwas (Intention), sei es als Begreifen (Vernunft), als Vergegenwärtigen (Repräsentation) oder als Besorgen (Sorge), denken; denn auf diese Weise bezieht es sich immer auf etwas, das es von sich aus bestimmt. Heidegger greift stattdessen auf die ältere, teils religiöse, teils philosophische Metaphorik des Lichts, des Erhellens zurück. Schon in *Sein und Zeit* hatte er davon gesprochen, das Dasein sei »an ihm selbst [...] gelichtet«, sei »selbst die Lichtung«, in der sich Seiendes lichte, in der sich dessen Sinn für die Sorge erschließe (SuZ § 28). Das Lichten zeigt etwas, ohne es zu intendieren, es lässt etwas hervortreten, ohne sich auf es auszurichten. Es lässt etwas sich zeigen, ohne sich selbst zu zeigen – man sieht etwas im Licht, aber nicht das Licht selbst, es hat ebenfalls Horizontcharakter. Nach der ›Kehre‹ konnte Heidegger das Lichten dann so sehen, dass es nicht zuerst vom sich sorgenden Dasein, sondern vom sich gebenden Sein ausgeht. Es konnte nun das Sein selbst sein, das Seiendes lichtet. Darauf dürfte Levinas verweisen, wenn er in *Signature* fortfährt: Das Sein

> »erhellt (éclaire), leitet (guide) und ordnet (ordonne) das Denken«.

Er schickt dem jedoch voraus, und hier setzt auch seine grundlegende Kritik ein:

> »Es [das Sein] ist neutral (neutre), aber es erhellt ...«

Das heideggersche Sein ist neutral, wie Levinas (nicht Heidegger selbst) es nennt, eben sofern es sich nun jeder Verfügung entzieht, sich, wenn es recht bedacht wird, in keine Verfügung vereinnahmen lässt und so gegenüber allem gleichgültig bleibt. Darin aber kommt es, so Levinas, auch wenn es sich nun dem theoretischen (begreifenden, vergegenwärtigenden, intendierenden) Denken entzieht, wieder dem theoretischen Allgemeinen gleich, das mit *Sein und Zeit* und dem Ansatz bei der Sorge des Daseins überwunden werden sollte. Denn es ist dann wieder und weiterhin von allen als gleich (wenn nun auch als Unvordenkliches) zu denken, und so hat wieder und weiterhin niemand, kein Einzelner eine Verantwortung dafür, dass es so und nicht anders gedacht wird. Aber gerade Heideggers Denken des Seins, der als Nationalsozialist politisch so wenig unschuldig, so wenig neutral geblieben war, lässt nach seiner Verantwortung als Einzelner fragen.

Wie kann das Sein aber als neutrales ›leiten‹ und ›ordnen‹? Eine ›Lichtung‹ lässt wohl jedes sich selbst zeigen, ohne sich selbst zu zeigen, aber sie setzt es doch stets in ein bestimmtes Licht, lässt es sich auf eine bestimmte Weise zeigen. So ›leitet‹ auch sie den Blick und ordnet das Sich-Zeigende auf eine bestimmte Weise. Eine solche Leitung des Blicks und Ordnung des Sich-Zeigenden ist aber auch schon eine Verfügung, eine Verfügung, die jedoch nicht sehen lässt, dass sie eine solche ist, die wie ein Horizont immer im Hintergrund bleibt. Die Neutralität oder Gleichgültigkeit des Seins und seiner Wahrheit war der ganze Stolz des europäischen Denkens, und auch Heidegger, der ihn wie kein anderer vor ihm kenntlich gemacht hat, konnte sich ihm zuletzt nicht entziehen. In der Sicht Levinas' konnte eben der Stolz auf die Neutralität oder Gleichgültigkeit des Seins und seiner Wahrheit zur ethischen Verblendung werden. Es war dieses ›neutrale‹ Denken des Denkens, dem er von seinen eigenen philosophischen Anfängen an zu ›entkommen‹ suchte, ohne dass er sich schon im Klaren darüber gewesen wäre, wohin dieses Entkommen führen sollte. In der Kürze seiner Äußerung zu Heidegger geht er in *Signature* nicht auf diese Anfänge ein; sich an sie zu erinnern hilft jedoch, seine Stellung zu Heidegger zu verstehen.

In *De l'évasion* von 1935 begann Levinas, wir haben oben davon gesprochen, die (wie wir nun sagen können: husserlsche) »Konzeption des Ich als selbstgenügsam« (se suffisant à soi) und zugleich das (wie wir nun sagen können: heideggersche) Bestehen auf der »Genügsamkeit des Seins« (suffisance de l'être) überhaupt infrage zu stellen, die Einheit (unité) und Einfachheit (simplicité) des Subjekts »jenseits der Kämpfe, die es zerreißen und die, im Innern des Menschen, das Ich gegen das Nicht-Ich richten« und zugleich »das Ideal des Friedens und des Gleichgewichts«, das die europäische Tradition des Denkens beherrsche. Im Blick auf dieses Ideal erscheine alles andere, alles nicht der eigenen Ordnung Entsprechende und sie darum Störende, als fremd und beunruhigend und darum als »Hindernis«, das überwunden werden müsse. In seinem Drang, sich selbst zu genügen, in sich selbst zu ruhen, sei das europäische Denken im Ganzen »gegen das Fremde/gegen den Fremden« (tournée vers l'étranger) gerichtet; es habe sich zu dauernden heroischen Kämpfen gezwungen gesehen, um das Fremde von sich fernzuhalten. Dieser »Heroismus« sei sein Hauptmerkmal und die Möglichkeit der »Überschreitung« (transcendance) seiner »Beschränkungen« (limites) seine Hauptsorge gewesen (E 67-69).

Levinas hatte hier nicht vom Antisemitismus gesprochen, der sich aus diesem Denken speisen konnte. Er hatte stattdessen nach Zeichen gesucht, die die Auflösung der ›Allergie‹ gegen das Fremde ankündigen, nach Zeichen, die die Gründe dieser Allergie überflüssig machen könnten. Er hatte sie nicht in der Philosophie, sondern in der Literatur seiner Zeit gefunden. Dort manifestiere sich, hatte er geschrieben, mit »fremdartiger Unruhe« (étrange inquiétude) eine »neue Sensibilität« (sensibilité moderne), das Entkommen-Wollen einer neuen Generation aus der »Philosophie des Seins« (philosophie de l'être), und dieses, sich selbst noch unverständliche Entkommen-Wollen bedeute die »radikalste Verurteilung dieser Philosophie« (E 69 f.). Die neue Generation dränge auf eine neue Beziehung zum Fremden, auf *excendance* statt *transcendance* (E 73), sie wolle *zum* Fremden hinaus statt *darüber* hinaus. Levinas versuchte schon hier, noch vor Jean-Paul Sartres *L'être et le néant* (*Das Sein und das Nichts*), eine erste Phänomenologie der Beziehung zum Fremden, eine Phänomenologie des Bedürfens (besoin) des Andern, des Vergnügens (plaisir) am Andern und der Scham (honte) und des Ekels (nausée) vor dem Andern. Sie sollte Wege eröffnen vom (neutralen) Sein zum (anderen, fremden) Seienden, *De l'existence à l'existant*, wie Levinas 1947 dann seine Sammlung weiterer Abhandlungen überschrieb.

Im nun folgenden Satz von *Signature* deutet er das extrem knapp an:

> »Es [das Sein] fordert den Menschen heraus (appelle à l'homme), und beinahe läßt es ihn entstehen (le suscite).«

Levinas sagt ›beinahe‹ – bei Heidegger hatte das Sein den Menschen nicht in Levinas' Sinn ›entstehen lassen‹. Heidegger hatte das Sein zum Andern, wie Levinas immer wieder hervorhebt, wohl in die Fundamental-Ontologie des Daseins einbezogen, dort seine Begründung in ›Einfühlung‹ und ›Analogie‹ zurückgewiesen und seine Nivellierung zum bloßen ›Man‹ bekämpft. Er hatte das Sein zum Andern dabei aber als ein »Mitdasein« in einer gemeinsamen Sorge um eine gemeinsame Welt, als »Fürsorge« im »Miteinandersein« und »*eigentliche* Verbundenheit« im »gemeinsamen Sicheinsetzen für dieselbe Sache« angesetzt und am »*eigentlichen Selbstsein*« ausgerichtet (SuZ § 25 f.). Er hatte das Dasein dadurch im Horizont der Selbstgenügsamkeit belassen. Er hatte seine phänomenologische Analyse zwar so weit vorangetrieben, dass das Sein als ein Sein im Verständnis und in der Verantwortung des Einzelnen sichtbar werden konnte. Aber er war dabei dennoch bei einem ›Miteinandersein‹ in der Verpflichtung auf ein Gemeinsames, Allgemeines, Neutrales stehengeblieben, das sich in der Vergangenheit als Recht, Moral und Staat hatte denken lassen und das sich für ihn nun auch mit der nationalsozialistischen ›Bewegung‹ vertrug, der man sich in seinem Denken und Handeln einordnen und von der man sich tragen lassen konnte.

Levinas begann zunehmend deutlicher zu sehen, dass diese Verpflichtung auf ein Gemeinsames, Allgemeines bis in die Wurzeln der europäischen Philosophie zurückgeht. Diese hatte sie zu ihrem höchsten Wert gemacht und war so von Anfang an, nicht erst bei Heidegger, nicht ›unschuldig‹. Denn sie unterstützte zunehmend den Glauben an Institutionen des Allgemeinen, die dem Einzelnen nicht nur vorab sein alltägliches Leben ordneten, sondern ihm nach und nach auch seine Verantwortung für die anderen Einzelnen abnahmen, neben Recht, Moral und Staat Politik, Wirtschaft und Kirche. Je mehr die Einzelnen zu Gliedern eines Allgemeinen wurden, richteten sie sich in ihm ein und verloren das Gefühl ihrer bleibenden eigenen Verantwortung für seine Institutionen. Die Einzelnen konnten dann im besten Wissen und Gewissen als ›Vertreter‹ des Allgemeinen und seiner Verwaltung handeln, konnten im Schutz proklamierter Normen glauben, es sei schon das Gute und Gerechte, ihnen zu entsprechen. So konnten sie den proklamierten Normen auch dann noch folgen, als sie sich zum Verbrecherischen verkehrt hatten. Es war, so Levinas, dieses Vertrauen in Institutionen, das in der Shoa zum Verderben der Menschen wurde, physisch für die Opfer, moralisch für die Täter. Sein Kern war für Levinas eine Vernunft, die von ihrer Neutralität überzeugt war, ohne dass sie je neutral gewesen wäre.

In *Signature* fasst Levinas dies in die so einfache wie rätselhafte Frage:

> »Das Sein des Seienden, das seinerseits kein Seiendes ist, ist es ein Leuchten (phosphorescence), wie Heidegger will?«

Der Begriff der Phosphoreszenz (phosphorescence) ist in der Philosophie ungewöhnlich. Phosphoreszenz, wie man sie kennt, ist ein Leuchten im Dunkeln, das Zifferblatt einer Uhr, ein in der Nacht entzündetes Schwefelholz, Leuchtkäfer. Es ist Licht, das erst hervorgeholt werden, erst zum Leuchten entzündet werden, erst ins Auge fallen muss, Licht, das im überstrahlenden Licht des Tages nicht zu sehen ist, im Dunkel aber auffällt wie ein Zeichen. Es ist Licht, das die Dinge nicht umstrahlt, sondern sich selbst unter den Dingen bewegt und sie schwächer oder stärker anleuchtet. Es ist kein Licht, das selbst nicht zu sehen ist, sondern Licht, das von einer bestimmten Stelle ausgeht, die man sehen und in die man auch, wenn es nicht zu sehr blendet, sehen kann, Licht, von dem man sich dann nicht abwenden und dem man sich nicht entziehen kann. In der Thora wird von Gott gesagt, sein Angesicht leuchte und lasse Gesichter leuchten, denen es sich zugewandt hat, so das Gesicht Moses, mit dem er sich unterredet hat (Ex. 34, 30-35, wir kommen darauf zurück). Es ist eine andere Erfahrung, eine andere ›Sicht‹ des Lichts, an die Levinas hier zu appellieren scheint, eine Sicht, die von der philosophischen Tradition wenig beachtet, in der religiösen, besonders der jüdischen Tradition jedoch lebendig geblieben ist. Levinas scheint anzudeuten, dass Heidegger dieses Aufleuchten eines Andern und das Angeleuchtet-Werden durch ihn ebenfalls übersehen hat, dieses Leuchten, dem er nun selbst *philosophisch* nachgehen will:

»Dies ist der vom Unterzeichner dieses Buches verfolgte Weg.«

Levinas geht ihm nach auf einem Weg, der von Husserl und Heidegger eröffnet wurde. Levinas ›widerlegt‹ beide darum auch nicht, was unter Phänomenologen ohnehin wenig Sinn machen würde. Er geht mit ihnen stattdessen bis an die Grenzen ihres Denkens, deren sie selbst nicht mehr gewahr geworden sind, um es von dort aus weiterzudenken, wie dies in der europäischen Philosophie alle großen Schüler aller großen Lehrer taten. Er geht mit ihnen aber auch nur so weit mit, wie sie die phänomenologische Methode nutzen und ihm Anhaltspunkte für seinen eigenen Weg geben. Den späten Husserl, vor allem aber den späten Heidegger, den Heidegger nach seiner ›Kehre‹, hat Levinas kaum mehr berücksichtigt, sondern stattdessen seine eigene Kehre vollzogen. Es ist die Kehre zur Ethik.

4. Anderer Ansatz bei der Ethik: Trennung und Genuss

In den weiteren Abschnitten von *Signature* stellt Levinas nun seinen eigenen philosophischen Weg dar. Er unterscheidet darin drei wesentliche Schritte: die philosophischen ›Erfahrungen‹ (expériences), die ihn auf seinen Weg gebracht haben, die ›Systematisierung‹ (systématiser) dieser Erfahrungen in seinem ersten Hauptwerk *Totalité et Infini* und die Revision der Systematisierung in seinem zweiten Hauptwerk *Autrement qu'être ou au-delà de l'essence*. Mit dem zweiten Titel deutet Levinas an, dass ihn sein Weg von Heidegger, Husserl, Kant und Descartes und ihren Fragen nach der Methode und dem Sein aus zu Platons Idee des Guten ›jenseits des Seins‹ zurückführte. Er wurde darüber aber nicht zum Platonisten. In der Nachzeichnung seines Wegs zeigt er, wo er mit seinem Philosophieren an den Hauptstrom der europäischen Philosophie anschließt und wo er sich von ihr trennt.

4.1 Wegweisende philosophische Erfahrungen

Die wegweisenden philosophischen Erfahrungen, die Levinas anführt, beziehen sich (4.1.1) auf den Ursprung des Subjekts, (4.1.2) auf die Substitution der Subjekt-Objekt-Beziehung durch die Beziehung zu anderem und Anderen und (4.1.3) auf den Vorrang des moralischen Bewusstseins. Die Rückfrage nach dem Ursprung des Subjekts eröffnet ein anderes Denken der Beziehung zu anderem. Die maßgebliche Erfahrung dieser Beziehung ist die Nähe zum anderen Menschen, dem Anderen (in der Folge groß geschrieben). Die Beziehung zum Anderen aber ist nach Levinas nicht theoretischer, sondern ethischer Art.

4.1.1 Auftauchen des Subjekts aus dem ›es gibt‹: Die Trennung

Levinas beginnt die Nachzeichnung seines Wegs, unter laufender Anspielung auf seine oben genannten früheren Arbeiten, so:

»Eine Analyse, die das Verschwinden alles Seienden vorgibt (feint) – und selbst des cogito, das es denkt –, wird vom chaotischen Rauschen eines anonymen Seins (bruissement chaotique d'un exister anonyme) überschwemmt, das ein Sein ohne Seiendes (une existence sans existant) ist und das keine Negation mehr überschreiten kann. ›*Il y a*‹ – unpersönlich – wie ›*es regnet*‹ oder wie ›*es ist Nacht*‹. Die Großzügigkeit (générosité), die, so scheint es, der entsprechende deutsche Ausdruck ›es gibt‹ enthielt, zeigte sich nicht zwischen 1933 und 1945. Das muß gesagt werden! Das Licht (lumière) und der Sinn (sens) entstehen erst mit dem Auftauchen (surgissement) und der Behauptung (position) von Seiendem in dieser grauenvollen Neutralität (horrible neutralité) des *il y a*. Sie befinden sich auf dem Weg, der vom Sein zum Seienden und vom Seienden zum Anderen führt – ein Weg, der die Zeit selbst hervortreten läßt (dessine). Die Zeit darf nicht als ›Abbild‹ einer bewegungslosen Ewigkeit und als Annäherung an sie betrachtet werden, als defizienter Modus (mode déficient) der ontologischen Fülle. Sie artikuliert einen Seinsmodus (mode d'existence), in dem alles jederzeit widerruflich (toujours révocable), in dem nichts definitiv (définitif) ist, sondern im Kommen begriffen (à venir) – in dem die Gegenwart selbst nicht eine einfache Koinzidenz mit sich, sondern immer noch Bevorstehen (imminence) ist. Das ist die Situation des Bewußtseins (la situation de la conscience). Bewußtsein haben heißt Zeit haben (avoir du temps), heißt diesseits der Natur sein (être en deçà de la nature), heißt in einem bestimmten Sinn noch nicht geboren sein. Ein solches Losreißen (arrachement) ist kein geringeres Sein, sondern die *Machart* (*la façon*) des Subjekts. Sie ist Kraft zum Bruch (pouvoir de rupture), Zurückweisung neutraler und unpersönlicher Prinzipien (refus de principes neutres et impersonnels), Zurückweisung der Hegelschen Totalität und der Politik, Zurückweisung der bezaubernden Rhythmen der Kunst (rythmes ensorceleurs de l'art). Sie ist Kraft zu sprechen (pouvoir de parler), Freiheit der Rede (liberté de parole), ohne daß sich hinter der geäußerten Rede eine Soziologie oder eine Psychoanalyse etabliert, die den Ort dieser Rede in einem System von Beziehungen erforscht und die sie so auf etwas reduziert (réduise), was sie nicht wollte. Daher die Kraft, die Geschichte zu beurteilen (juger de l'histoire), statt ihr unpersönliches Urteil zu erwarten (attendre son verdict impersonnel).«

Levinas fasst zum Auftakt – ein signifikantes Beispiel für die Art seines Zugriffs – mit einer kurzen Wendung die ganze Philosophie der Moderne zusammen: ›*Eine Analyse, die das Verschwinden alles Seienden vorgibt – und selbst des cogito, das es denkt* – ...‹ Nach Descartes' berühmtem ›cogito‹ ist das Denken selbst der Anfang des Seins und der Wahrheit. Denn das Denken könne an allem zweifeln außer daran, dass es sei, solange es zweifle und sooft es dies sage oder denke (vgl. *Meditationes de prima philosophia / Meditationen über die Erste Philosophie*, II, 3). Denn zweifeln zu können heißt denken zu können, dass etwas, das ist, auch nicht sein könnte. Das Denken aber kann, solange und sooft es denkt, nicht denken, dass es nicht denkt, und darum auch nicht, dass es nicht ist. Also ist in diesem Denken, das sich selbst in seinem Sein denkt, etwas, so Descartes, ›Unerschütterliches‹ gefunden und damit ein absoluter, unhintergehbarer Anfang des Denkens des Seins. Und sofern dieser Anfang, das ›cogito‹, unbezweifelbar evident ist, ist es, so Descartes weiter, auch die erste Wahrheit und der Maßstab aller weiteren Wahrheit.

Kant und Husserl, die das ›cogito‹ zum transzendentalen Subjekt weiterdachten, erkannten jedoch, dass diese erste Wahrheit nur ›*vorgegeben*‹ (*feint*) war – ›vorgegeben‹ im Doppelsinn von ›vorausgeschickt‹ und ›erfunden‹. Denn dadurch, dass das Denken denkt, dass alles Seiende außer ihm auch nicht sein könnte, und es so zum ›*Verschwinden*‹ (disparition) bringt, es gleichsam ›wegdenkt‹, versetzt es sich selbst auf einen Standpunkt ›jenseits des Seienden‹, den ›transzendentalen‹ Standpunkt. Das heißt dann aber, so Kant und später auch Husserl, dass alles Seiende nun von diesem Standpunkt aus gedacht wird, dass also nicht mehr von einem Seienden ›an sich selbst‹ die Rede sein kann. Das gilt dann aber auch vom Sein des ›Ich denke‹. Auch das ›cogito‹ ist dann nicht mehr ›an sich selbst‹, sondern das, ›für‹ das etwas anderes ist. Es ist, so Kant, ein ›Subjekt‹, das ›Objekte‹ denkt, und nur von diesen ›Objekten‹ kann man dann sagen, dass sie ›sind‹. Sie sind dann ›für‹ das Subjekt als dessen ›Vorstellungen‹ oder ›Erscheinungen‹. Würde man vom ›Subjekt‹ selbst sagen, es ›sei‹, wäre es damit schon ein ›Objekt‹, das seinerseits wieder ein Objekt ›für‹ ein Subjekt sein müsste – es wäre also Subjekt und Objekt zugleich und damit paradox. Auf dem transzendentalen Standpunkt muss, sagte dann Husserl, die ›natürliche‹ Voraussetzung des Seins, die Descartes noch gemacht hatte, ›eingeklammert‹ werden. Damit ist auch das ›cogito‹ als Seiendes verschwunden. Es ist dann nur noch ›Intention‹ (vgl. DEHH 91-107/53-80).

Dieses ›Verschwinden‹ alles ›Seienden an sich selbst‹ einschließlich des Seienden, für das es Seiendes sein kann, ist seit dem Ende des 19. Jahrhunderts, als Nietzsche den Begriff berühmt machte, als ›Nihilismus‹ begriffen und erfahren worden. Es ließ das ›Nichts‹ zurück, das, so Nietzsche, als ›Leere‹, ›Sinnlosigkeit‹ und ›Lähmung‹ erlebt wurde, und rief die Existenzphilosophie auf den Plan. Die Existenzphilosophie versuchte, die ›Existenz‹ des Menschen ohne alle weiteren Vorgaben von jenem Nichts an Sinn aus zu denken. Levinas begegnete ihr außer in Heideggers *Sein und Zeit* vor allem in Gabriel Marcels (1889 – 1973) *Être et avoir* (*Sein und Haben*) von 1935 und in Jean-Paul Sartres (1905 – 1980) *L'Être et le néant* (*Das Sein und das Nichts*) von 1943. Levinas knüpft in einigen Punkten an sie an, grenzt sich im Übrigen aber von ihnen ab, meistens ohne es eigens auszusprechen. Mit Marcel, der einer großbürgerlichen jüdischen Familie entstammte und sich dem Katholizismus zugewandt hatte, teilt Levinas grundlegende Erfahrungen in Hinsicht auf das Denken des Anderen und bezieht sich darin mehrfach auf ihn (vgl. EN 72-74/84-86, aber auch TI 40/91). Sartre nennt er dagegen nur selten, wohl weil Sartre im Frankreich der 1950er und 1960er Jahre allgegenwärtig war und nicht eigens genannt zu werden brauchte (vgl. IH 155). Levinas schienen seine phänomenologischen Analysen weniger ergiebig (vgl. HAH 58/52). Dennoch gab er, wie Heidegger, Kategorien für das Denken des Anderen vor. Zugleich ermutigte er Levinas durch seine *Überlegungen zur Judenfrage*, die er 1946 veröffentlichte, sich neu für die schwierigen Wege der alten jüdischen Diskurse zu engagieren (vgl. IH 150). (Später, in den Jahren vor seinem Tod 1980, wird sich Sartre durch die engagierte Vermittlung von Benny Lévy seinerseits Levinas und der jüdischen Tradition zuwenden und von ihr aus seine eigene Philosophie noch einmal neu durchdenken und revidieren.)

Sartre war ebenfalls von Husserl ausgegangen, den er durch Levinas' Einführung kennengelernt hatte (vgl. IH 155). Er hatte aber auch schon Heideggers *Sein und Zeit* vor sich und verband die phänomenologische Methode mit dem dialektischen Denken Hegels. Von ihm gewann er seine leitenden Kategorien. Wie Hegel zuvor das Denken dachte Sartre nun die Existenz vom Nichts her und machte es, statt wie Heidegger die Zeit, im Titel seines Hauptwerks zum Leitbegriff.

G.W.F. Hegel (1770–1831) wiederum war es gelungen, die leitenden Kategorien, die sich die europäische Philosophie in ihrer Geschichte erworben hatte, zu einem vollständigen und sich aus sich selbst entwickelnden System zusammenzuschließen. Er hatte in seiner *Wissenschaft der Logik* die ›dialektische Bewegung‹ im Denken des Denkens mit der Unterscheidung von Sein und Nichts angefangen und aus ihr Schritt für Schritt die ›*Totalität*‹ der Unterscheidungen des ›reinen‹ Denkens gewonnen. Der ›Anfang‹, so Hegel, ist selbst nichts anderes als ein Übergang von Nichts in Sein. Im Denken anzufangen hieß also beim Nichts anzufangen, und Weiterdenken hieß das Nichts in seinem immer neuen Übergang in Sein zu denken. Das Denken ließ sich bei Hegel so von Anfang an vom Nichts leiten und machte es seinerseits zum Mittel des Begreifens, des Begreifens des Seins. Sartre ging in dieser hegelschen Weise an die Angst heran, in der sich nach Heidegger das Nichts auftut. Indem das Denken das Nichts denkt, erzeugt es Angst. Das Denken selbst ist durch seine bloße Möglichkeit zur Verneinung des Seins ›an sich‹ der Ursprung des Nichts, es ist es selbst, das sich Angst macht. Aber eben dies, alles Sein ›an sich‹ infrage stellen zu können und immer schon infrage gestellt zu haben und dadurch der Ursprung des Nichts und der Angst zu sein, ist seine Existenz, der es nicht entkommen kann. In seiner Angst vor dem Nichts, die es selbst erzeugt, liegt seine ›Freiheit‹, eine Freiheit, zu der es, ob es will oder nicht, ›verdammt‹ ist und aus der es nun, ohne auf irgendetwas Apriorisches zurückgreifen zu können, alles, was es ist und was um es ist, selbst zu entwerfen und zu verantworten hat. Es muss das Nichts allein aus seiner ›Situation‹ in den Griff bekommen und kann das zumeist auch. Auch für Heidegger bekam das Dasein, wie oben angedeutet, aus seiner Angst heraus das Nichts wieder in den Griff, indem es sich zu den ›eigentlichen‹ Möglichkeiten seiner Existenz ›entschloss‹.

Sartre hat dabei auf einen für Levinas entscheidenden Punkt aufmerksam gemacht: In der Verneinung des Seins ›an sich‹ kann sich das Denken zwar nicht, wie bei Descartes, seines Seins versichern und dessen Modus bestimmen, aber es bleibt doch als das, was da verneint, in irgendeiner Weise ›an sich‹ zurück. Hier setzt Levinas ein. In aller Negation bleibt immer *›ein Sein ohne Seiendes‹*, ein Sein, das in nichts mehr bestimmt ist und das dennoch *›keine Negation mehr überschreiten kann‹*. Das Sein stellt sich bei jeder Negation im Sein des Negierenden wieder her, findet sich auf diese Weise, sooft es negiert wird, im Hintergrund immer wieder ein, ohne dass man es irgendwie vor sich bringen, es feststellen, von ihm irgend etwas Positives sagen könnte (vgl. TI 165/273). Es ist, so Levinas, ein namenloses, *›anonymes Sein‹*, das alles Unterscheiden, das nach Hegel zuerst ein Negieren ist (›dies und nichts anderes‹), mit einem *›chaotischen Rauschen‹*, mit Ununterscheidbarkeit *›überschwemmt‹*. Als Ununterscheidbares an allen Unterscheidungen entzieht es sich dem (hegelschen ebenso wie sartreschen) Denken und zieht es zugleich an. Es lässt sich mit Heidegger (aber auch schon mit Schelling und mit Nietzsche) als das Unvordenkliche am Denken denken, als jenes bloße *›es gibt‹*, von dem alles Unterscheiden und Denken ausgeht und ausgehen muss und das so *›unpersönlich‹* und unbestimmt ist wie das ›es‹ in *›es regnet‹* oder *›es ist Nacht‹*. Von der unterscheidenden Negation aus gedacht ist das ›es gibt‹ dann auch keine ›Gabe‹ mehr wie für Heidegger. Es schließt dann keine freundliche *›Großzügigkeit‹* mehr ein, für die man dankbar sein könnte, sondern, so nun Levinas, eine *›grauenvolle Neutralität‹*, die ›Schwindel‹ (vertige) erregt (vgl. TI 117/204). Das ›es gibt‹ ist neutral, weil es, wie das heideggersche Sein, allem Seienden gegenüber gleichgültig ist, aber diese Neutralität ist grauenvoll, weil in ihm auch alles Seiende selbst gleichgültig ist, weil darin selbst Sein und Nichts nicht mehr voneinander zu unterscheiden sind (so wie man von dem ›es‹ in ›es regnet‹ oder ›es ist Nacht‹ weder etwas sagen noch etwas leugnen kann). In *diesem* Zweifel an allem Seienden, in dem kein Seiendes zurückbleibt, auch nicht, wie noch bei Descartes, das denkende Seiende selbst, das zweifelt, in *dieser* Verzweiflung an allem Sinn kann man noch nicht einmal, wie Nietzsche am Ende seiner *Genealogie der Moral* sagt, ›*das Nichts* wollen‹.

Von diesem ›grauenvollen‹ Gedanken eines anonym-chaotischen ›es gibt‹ her entwickelt Levinas die Darstellung seines eigenen Denkens. Er geht damit zugleich in die Ursprünge der europäischen Philosophie, die griechische Philosophie vor Sokrates zurück. Dort wurde, insbesondere von Anaximander (ca. 611 – 546 v. Chr.), von einem ἄπειρον, einem ›Unbegrenzten‹, in allem Ununterschiedenen ausgegangen, das immer andere Gestalten, immer andere Unterschiede annehmen kann, etwas, bei dem man, wie Aristoteles (384 – 324 v. Chr.) dann sagt, im Denken nirgendwo ›zum Stehen kommt‹. Dieses ἄπειρον scheint, nach Aristoteles' Berichten und seinem eigenen Umgang mit ihm, für die Griechen das schlechthin Unerträgliche gewesen zu sein. Jedenfalls dachten sie das Denken so, dass es seinerseits darin besteht, an Grenzen ›zum Stehen zu kommen‹, an die es sich im Weiteren halten kann, kurz, im Abgrenzen oder im Feststellen und Festhalten von Unterscheidungen. Dieses Denken des Denkens prägte, so sahen es zumindest Hegel, Nietzsche, Heidegger und dann auch Levinas, die europäische Philosophie im Ganzen. Es führte schrittweise zum Aufbau jener (später so genannten) ›Ontologie‹, der Wissenschaft vom Sein des Seienden, der Aristoteles einen letzten Halt in einer (ebenfalls erst später so genannten) ›Metaphysik‹ gab und die er in einer philosophischen ›Theologie‹, einer Wissenschaft des Seins *des* Göttlichen und *als* göttlichen, gipfeln ließ. Heidegger fasste sie als ›Onto-Theo-Logie‹ zusammen, und auch Levinas diskutiert sie unter diesem Begriff.

Sie ist der Versuch, dem Denken alles Seienden jenem ἄπειρον gegenüber einen letzten Halt in festen Grenzen zu geben.

Ein Grundzug dieser Onto-Theo-Logie ist die Bindung der Zeit, der *Zeit*, die immer alles anders werden lässt und dadurch allen Halt an Festem vereitelt. Man suchte die Zeit so zu binden, dass man ›hinter‹ sie oder ›jenseits‹ ihrer (μετὰ) eine ›Ewigkeit‹ stellte, eine andere Zeit, in der alles bleiben sollte, was es ist. Entsprechend stellt man ›hinter‹ jede Veränderung im Einzelnen, die sich im natürlichen Geschehen (φύσις) zeigte, ein ›wirklich‹ oder ›seiend Seiendes‹ (ὄντως ὄν), eine ›Substanz‹ (οὐσία), die in ihrem ›Wesen‹ (οὐσία, εἶδος) bleiben sollte, was sie ist, und ›an‹ der nur äußerlich ›zufällige‹ Eigenschaften (συμβεβηχότα) wechseln sollten. So war im Zeitlichen ein Zeitloses festgestellt. Auch das Denken selbst wurde in dieser Weise als etwas ›Metaphysisches‹ (μετὰ τὰ φυσιχά) gedacht, als etwas, das dasselbe blieb, gleichgültig, was es im Einzelnen dachte. Am Erbe dieser ›denkenden Substanz‹ (res cogitans) hatte auch Descartes noch festgehalten. Auch er dachte die Vorgänge, in denen das Denken etwas und immer wieder anderes denkt, noch als wechselnde und zufällige Eigenschaften der bleibenden denkenden Substanz, aus der dann das transzendentale Subjekt wurde. Damit blieb auch in der Moderne und ihrem Bruch mit der Onto-Theo-Logie bis zu Kant und Husserl in der immer anderen Zeit ein fester Halt erhalten.

Levinas bricht entschieden mit ihm, indem er zu jenem anonym-chaotischen ›es gibt‹ oder dem ἄπειρον zurückgeht. Er lässt in ihm ›*die Zeit selbst hervortreten*‹ und wird von ihm aus, in ebenso kühnen Übergängen, die Dinge, den Anderen und Gott neu denken. Die Zeit tritt im ›es gibt‹ dadurch hervor, dass, sobald man an ihm etwas feststellt, sich noch anderes einstellt, das man dabei ausgeschlossen hat, und es mit seinem Anderssein ›überschwemmt‹. Wenn die Zeit der Begriff dafür ist, dass immer alles anders werden kann, ist sie also zugleich ein Begriff des ›es gibt‹ und ebenso ›anonym‹ und ›chaotisch‹. Das ›es gibt‹ wird *als* Zeit erfahren. Bergson, Husserl und Heidegger hatten zunächst gezeigt, dass der Sinn der Zeit verfehlt wird, wenn sie als ›*Abbild*‹ *einer bewegungslosen Ewigkeit* betrachtet wird. Sie wird dann zu etwas, das dieser Ewigkeit gegenüber ›abfällt‹, zum ›*defizienten Modus*‹, wie Heidegger sagte. Aber Bergson, Husserl und Heidegger banden, jeder auf seine Weise, die Zeit doch wieder in eine Metaphysik, eine Transzendentalphilosophie oder eine Fundamental-Ontologie ein. Levinas will sich dagegen, wie zuvor Anaximander und Heraklit und zuletzt besonders Nietzsche, der Zeit nun ohne allen Vorbehalt aussetzen und von ihr als eigenem ›*Seinsmodus*‹ ausgehen, in dem, mit Husserl, ›*die Gegenwart selbst nicht eine einfache Koinzidenz mit sich, sondern immer noch Bevorstehen ist*‹ und in dem, über Husserls Festhalten an Transzendentalem hinaus, ›*alles jederzeit widerruflich, in dem nichts definitiv ist*‹.

Levinas schließt von dieser Zeit des bloßen ›es gibt‹, der ›durch und durch zeitlichen‹ Zeit, also auch das Bewusstsein, das sie erlebt, und das Denken, das sie denkt, nicht aus. Er versetzt konsequent, wozu Husserl nicht mehr und Bergson und Heidegger nur begrenzt den Mut hatten (wohl aber Alfred North Whitehead, der Autor des 1929 erschienenen *Process and Reality*, den Levinas aber offenbar nicht kannte, und später, im Anschluss an Whitehead, Niklas Luhmann in seiner Theorie sozialer Systeme, die er seit 1984 vorlegte), Levinas also versetzt konsequent auch das Bewusstsein, das Denken, das Subjekt in die Zeit zurück, denkt sie ihrerseits als ›durch und durch zeitlich‹. Das bedeutet, dass das Bewusstsein, das Denken, das Subjekt ihrerseits ohne irgendetwas Festes, ohne einen einsehbaren Grund sind, dass sie ›mitrauschen‹ im anonym-chaotischen ›Rauschen‹ des ›es gibt‹. Levinas verzichtet auf alle ›Begründungen‹ des Denkens, die ja immer nur Begründungen des Denkens durch dasselbe Denken, also bloße Selbstbegründungen sein können, und beschränkt sich darauf zu sagen, dass es mit dem Bewusstsein, dem Denken, dem Subjekt in irgendeiner nicht begründbaren und nicht einmal sagbaren Weise irgendwann einmal angefangen haben muss. Levinas nennt seinen Ursprung ein ›*Losreißen*‹ oder ›Abreißen‹ (arrachement) von jenem Rauschen, ein bloßes ›*Auftauchen*‹ (surgissement) oder ›*Behaupten*‹ (position). Weiter unten in *Signature* (und in *Totalité et Infini* von Anfang an, vgl. TI 23 ff./66 ff.) spricht er von ›Trennung‹ (séparation).

Sofern und sobald es aber, woher auch immer, etwas wie Bewusstsein, Denken, Subjekt gibt, ist eine Distanz zum übrigen ›es gibt‹ und seinem Seinsmodus, der Zeit, entstanden, aus der das ›es gibt‹ und die Zeit nun überhaupt erst erlebt, erfahren, beobachtet, gedacht werden können. ›*Bewusstsein haben*‹ heißt darum auch schon ›*Zeit haben*‹, ›Zeit haben‹ im doppelten Sinn von ›vor sich‹ haben: als Gegenstand und als Zukunft. Mit diesem Vorsich-Haben der Zeit im Bewusstsein beginnt dann ›*das Licht und der Sinn*‹ im Sinne des heideggerschen Daseins, das sein Sein ›lichtet‹, in ›Sorge‹ um es ist und ihm ›Sinn‹ gibt. Die Sorge des Daseins, aus der heraus es den Geschehnissen und den Dingen seiner Welt Sinn gibt, setzt hier, nach der Trennung vom übrigen ›es gibt‹ und unter den Bedingungen dieser Trennung, ein.

So zu beginnen, durch einen Bruch, eine Trennung im ›es gibt‹, heißt wiederum, ›*in einem bestimmten Sinn noch nicht geboren sein*‹. Heidegger war in *Sein und Zeit* (§ 72 u. 75), um das Dasein in seiner ganzen zeitlichen ›Erstreckung‹ fassen zu können, noch von seiner Geburt als einem bestimmten zeitlichen Terminus in einer vorgegebenen historischen Ordnung ausgegangen; der andere, noch unbestimmte zeitliche Terminus sollte der Tod sein. Levinas lässt solche ›äußerlichen‹ Termini in der Daseinsanalyse fallen; in seiner anfänglichen Trennung vom übrigen ›es gibt‹ kann das Denken, das Bewusstsein, das Subjekt nicht schon eine vorgegebene zeitliche Ordnung voraussetzen. Wie Levinas in *Totalité et Infini* ausführt (vgl. 26 f./71), muss die ›Ordnung‹ des getrennten Bewusstseins zunächst als Ordnung verstanden werden, bei der ›alles in der Schwebe‹ ist (un ordre où tout est *pendant*). Seiner Geburt kann man sich erst später bewusst werden und man kann sie auch nur nachträglich in eine historische Ordnung einordnen. Historisch wird man ›erst noch geboren‹ und, sofern die historischen Ordnungen immer neu geschrieben werden können, auch immer wieder ›neu geboren‹.

Das hat gewichtige Folgen für den Sinn von ›*Bewusstsein*‹ selbst. Es ist dann nicht als vernünftiges Sich-Einrichten in der Welt zu denken, die es außer ihm schon gibt, sondern weiterhin als ›*Kraft zum Bruch*‹ mit allem, was es vorfindet, als Kraft, immer neu anzufangen, aus seiner eigenen ›*Situation*‹ heraus und in seiner eigenen Verantwortung, ohne sich dabei auf ›*neutrale und unpersönliche Prinzipien*‹ stützen zu können. Als Zeitliches in der Zeit ist es immer anders unter immer anderem und daher radikal für sich allein, so aber auch fähig, alles, was sich über die Zeit erheben will, kritisch zu beurteilen und mit ihm zu brechen.

War Unbestimmtheit für die europäische Philosophie ein Unwert schlechthin, so erkennt Levinas, wie vor ihm schon Nietzsche, einen neuen, positiven Wert in ihr: in der Fähigkeit, nicht auf Bestimmtheit, Begrenztheit, Ordnung fixiert zu sein, nicht Ordnung um ihrer selbst zu wollen, nicht sich von dem vereinnahmen zu lassen, was Ordnungen vorgibt. Das kann die Philosophie sein mit ihrer alten Überzeugung von ›neutralen und unpersönlichen Prinzipien‹ (denen auch Heidegger noch anhing) oder die Politik mit ihrer Macht zur Einrichtung von Institutionen (die Hegel so überzeugend begründet hatte) oder die Kunst mit ihren ›bezaubernden‹ Verführungen (denen das Subjekt sich gern ergibt [vgl. IH 129] und gegen die schon Hermann Cohen angetreten war). Das Subjekt, wie Levinas es ansetzt, als Bruch im Sein, bleibt widerständig gegen sie, fähig, sie aufzubrechen, wo sie metaphysisch behauptet und politisch institutionalisiert werden.

Es ist dann aber ›Kraft zum Bruch‹ nicht nur mit der (im Extrem totalisierenden) Bestimmtheit, sondern auch mit der (im Extrem chaotischen) Unbestimmtheit. Das Bewusstsein, das Denken, das Subjekt wird so, wie Levinas es ansetzt, frei gegenüber beidem und dadurch fähig, vom einen zum andern überzugehen. So wird denkbar, dass es sowohl das Unbegrenzte begrenzen als auch das Begrenzte wieder entgrenzen kann, was es in der alltäglichen Orientierung ja auch fortwährend tut. Selbst eine ›*Machart*‹ (*façon*) von Seiendem, das immer auch anders sein könnte, kann es seinerseits zu unterschiedlichen ›Macharten‹ des Seins fähig sein.

Dies ist dann auch die ›Machart‹ seiner ›*Freiheit*‹. Levinas führt die Freiheit unmittelbar als ›*Freiheit der Rede*‹ ein. Die Freiheit, etwas so oder anders zu bestimmen, ist nur durch Sprache möglich, sie zeigt sich als Freiheit der ›*geäußerten Rede*‹. Mit seiner geäußerten Rede legt sich ein Bewusstsein, ein Denken, ein Subjekt gegenüber andern fest, gibt es sich gegenüber andern eine Ordnung, und zugleich bricht oder unterbricht es mit ihr andere, ihm vorgegebene oder angesonnene Ordnungen. Levinas versteht die Rede von Anfang an als Kommunikation von Getrennten. Sie ist dann nicht auf ein ›System von Beziehungen‹ der ›Sprache selbst‹ zu reduzieren und der Gesellschaft, die diese Sprache spricht. Die Sprache ist ihrerseits nichts ›an sich‹ Gegebenes. Dies legte, als Levinas *Signature* verfasste, aktuell der Strukturalismus nahe, der im Frankreich der 1960er und 1970er Jahre gegen den Existenzialismus antrat und ihn schließlich aus der Diskussion verdrängte. Er kam aus den Wissenschaften, insbesondere der Linguistik und der Ethnologie. Er setzte in seinem

Verständnis von Sprache und Zeichen wohl seinerseits schon die Lösung von der Onto-Theo-Logie und ihrer Metaphysik voraus, entdeckte aber im Gegenzug zu den existenzphilosophischen Appellen an die Freiheit und die Verantwortung des Einzelnen das Allgemeine neu. Er fand es nun nicht mehr in zeitlosen Ordnungen des Seins, sondern in geschichtlich entstandenen und sich wandelnden Beziehungsgeflechten bloßer Unterscheidungen (Differenzen), symbolischen ›Strukturen‹, durch die sich die soziale Welt gliedere und von denen sich die Einzelnen immer schon leiten ließen, zumeist ohne sich dessen bewusst zu sein. Solche dem Bewusstsein und damit den Einzelnen und ihrer Verantwortung weitgehend entzogenen symbolischen Strukturen ließen sich in den Sprachen aufzeigen (hier wurden sie von Ferdinand de Saussure zuerst entdeckt), aber ebenso in den Verwandtschafts- und den Tauschbeziehungen und den Kulturen überhaupt (dieses Feld erschloss vor allem Claude Lévi-Strauss), in der kapitalistischen Ökonomie (Louis Althusser las so Marx' *Kapital* neu) und in den Ordnungen des wissenschaftlichen Wissens (die Michel Foucault analysierte, womit der Strukturalismus endgültig in die Philosophie Eingang fand); zugleich arbeitete man ›Systeme von Beziehungen‹ auch im freudschen Unbewussten heraus (Jacques Lacan). Nach dem Ende der Metaphysik und dem von Nietzsche ausgerufenen ›Tod Gottes‹ wollte man auch die Freiheit des Subjekts, die im Existenzialismus grundlos geworden war, auf etwas, wie Levinas sagt, ›*reduzieren, was sie nicht wollte*‹, auf etwas wiederum Anonymes und Neutrales.

Levinas stand dem Strukturalismus und der Strukturalismus ihm fern. Solange der Strukturalismus herrschte, kam Levinas kaum zur Wirkung. Er verwahrt sich gegen ihn mit dem bloßen Hinweis auf die ›*Kraft, die Geschichte zu beurteilen, statt ihr unpersönliches Urteil zu erwarten*‹. Die Geschichte, »die Geschichte der Geschichtsschreiber«, schreibt er in *Totalité et Infini* (26/70), ist eine neue Art von »Totalisierung«: »Die Zeit der Universalgeschichte bleibt dieselbe (demeure) wie der ontologische Grund, in dem die besonderen Existenzen sich verlieren, mit dem sie verrechnet werden und in dem sie, zumindest was ihr Wesen angeht, zusammengefaßt werden.« Die Freiheiten der Einzelnen werden auch neutralisiert, wenn ihr Handeln rückblickend in übergreifende Begründungszusammenhänge eingeordnet wird. Levinas dagegen besteht darauf, dass sie, solange sie existieren, die Geschichte auf ihre je eigene Weise mitgestalten, sie *›beurteilen, statt ihr unpersönliches Urteil zu erwarten‹*.

Die Geschichte im Rückblick, die Rekonstruktion der Vergangenheit zur Gegenwart hin, ist der jüdischen Tradition lange fremd geblieben. Sie wurde in bedeutendem Umfang erst im 19. Jahrhundert aufgenommen, als im Zuge der Emanzipation und Akkulturation des mittel- und westeuropäischen Judentums eine ›Wissenschaft des Judentums‹ entstand, zu deren wichtigsten Gegenständen sie bald gehörte. Zu Beginn des 20. Jahrhunderts begann mit Hermann Cohen, Franz Rosenzweig und Walter Benjamin jedoch eine Rückbesinnung auf das ältere Geschichts- und Zeitverständnis der jüdischen Tradition. Sie hält Geschichten, Geschichten vom Handeln Gottes und der Menschen, gegenwärtig, ohne aus ihnen eine Fortschrittsgeschichte zur Gegenwart hin zu machen. Ihr Sinn blieb immer gleich gültig, unabhängig vom Früheren und Späteren. Darum war auch die Abfolge, in der die Teile der Thora historisch entstanden, kaum von Belang. Sie war seit Spinoza zum Gegenstand der sogenannten historischen Bibel-Kritik geworden, die dann vor allem vom Protestantismus immer energischer vorangetrieben wurde. Für die jüdisch-talmudische Tradition war stattdessen gerade die über die Zeiten hinweg erworbene Vielfalt der Thora und des Talmud von Bedeutung, weil sie wiederum der Vielfalt der Zeiten gerecht werden konnte, ohne sie einem übergeordneten, totalisierenden,

›unpersönlichen Urteil‹ zu unterwerfen. Aufgrund ihrer Vielfalt konnte sich jede Zeit und jeder Einzelne in seiner Zeit für sein Handeln neu an der Thora orientieren, ›die Geschichte‹ selbst ›beurteilen‹. Es ging nicht um Geschichte, sondern um Zukunft. Die nachträgliche Beurteilung und Einordnung des eigenen Handelns durch andere blieb dabei zweitrangig, wie sie es auch für die alltägliche Orientierung ist. Sie ist die Sorge der Späteren, die andere Sorgen haben. Wenn Geschichte die Sorgen der jetzt Lebenden neutralisiert, muss man sie zurückweisen. Die jüdisch-talmudische Tradition sieht, so Levinas, Gott auch hier, in der »beharrlichen Zurückweisung einer Geschichte, die sich mit unseren privaten Tränen abfinden will« (QLT 44/38). Anlässlich von Sartres Tod 1980 zitiert er dessen neue Einsicht, die er selbst vorbereitet hatte: »Wenn es eine jüdische Geschichte gibt, ist Hegel nicht wahr.« (IH 153 u. 157)

Wie die Geschichte gestalten und beurteilen die Einzelnen in ihrer Zeit auch die Sprache mit. Sie müssen wohl stets eine ›gegebene‹, ihnen vorgegebene Sprache gebrauchen, eine Sprache, die auch andere verstehen und die insofern allgemein sein muss. Aber sie müssen diese Sprache zugleich immer so gebrauchen, dass sie in jeweils individuellen ›Situationen‹ jeweils individuellen Kommunikationspartnern gerecht werden. Die Sprache muss darum so gebaut sein, dass sie die ›*Freiheit*‹ lässt, individuell zu reden. Das individuelle Reden (parole) darf darum nicht auf ein allgemeines ›*System von Beziehungen*‹ (langage) reduziert werden. Sofern die Soziologie oder die Psychoanalyse das versuchen, nehmen sie sich selbst davon aus, denn sie reden ja ihrerseits auf neue Weise. Der Ansatz beim ›es gibt‹ und der Trennung immer anderer Individuen von ihm aber eröffnet die Möglichkeit, auch die Sprache von den Individuen her zu verstehen, die sie sprechen, in eigenen Spielräumen und in eigener Verantwortung.

Die jüdisch-talmudische Tradition hat auch dies erleichtert. Das Hebräische wurde in der Diaspora immer weniger gesprochen und verstanden, in der Thora aber bewahrt als die Sprache, die Orientierung gab und nach der ›die Geschichte beurteilt‹ wurde. So war sie maßgeblich, aber nicht mehr selbstverständlich, es bedurfte besonderer Fähigkeiten, sie zu gebrauchen, und es bedeutete eine besondere Verantwortung, sie im Dienst anderer zu gebrauchen. ›Rav‹, ›Rabbi‹ ist ursprünglich der, der das biblische Hebräisch meisterhaft beherrscht.

4.1.2 Brechung des Subjekt-Objekt-Bezugs am Andern

Die zweite wegweisende philosophische Erfahrung, die Levinas anführt, geht schon aus der ersten hervor:

> »Aber die Zeit, die Sprache und die Subjektivität setzen nicht nur ein Seiendes voraus, das sich von der Totalität losreißt, sondern auch ein Seiendes, das sie nicht vereinnahmt (englobe). Die Zeit, die Sprache und die Subjektivität lassen einen Pluralismus hervortreten (dessinent un pluralisme) und folglich, im stärksten Sinn des Begriffs, eine Erfahrung (une expérience): den Empfang durch ein Seiendes von absolut anderem Sein (l'accueil par un être d'un être absolument autre). An die Stelle der Ontologie – der heideggerschen Auffassung vom Sein des Seienden – tritt, als ursprünglich (primordiale), die Beziehung von Seiendem zu Seiendem (la relation d'étant à étant), die jedoch nicht auf einen Subjekt-Objekt-Bezug (rapport entre sujet et objet) zurückgeht, sondern auf eine Nähe (proximité), auf eine Beziehung zum Andern (relation avec Autrui).«

Levinas fasst, wiederum außerordentlich kühn, nun ›*die Zeit, die Sprache und die Subjektivität*‹ zusammen. Ihr gemeinsamer Zug ist nach dem oben Gesagten, dass sie dem ›*Seienden*‹ – dem Seienden, das Heidegger ›Dasein‹ nannte – Spielräume lassen und umgekehrt das Dasein ihnen Spielräume lassen muss, damit sie sein können, was sie sind: Zeit, Sprache und Subjektivität. Im ›chaotischen Rauschen‹ des ›es gibt‹ angesiedelt und in es eingelassen, kann die Zeit nur Zeit, die Sprache nur Sprache und die Subjektivität nur Subjektivität sein, wenn sie immer noch anders sind und werden können, als sie in Begriffen festgelegt werden. Zeit hat Sinn nur, wenn sie Möglichkeiten offenlässt und überraschend bleibt, Sprache nur, wenn sie in immer anderen Situationen immer anders gebraucht werden kann, und Subjektivität nur, wenn sie ihrerseits für dieses Offene der Zeit und der Sprache offen bleibt, es nicht ›*vereinnahmt*‹, nicht für immer festzulegen versucht. Sie geben, so Levinas, einen ›*Pluralismus*‹ in einem starken Sinn vor, eine Vielheit nicht nur von Gleichen, sondern von immer Anderen, eine Viel*heit* in Gestalt einer Viel*falt*, die sich nicht mithilfe einer gleichen, einheitlichen Eigenschaft in eine Einheit zusammenfassen und auf einen gemeinsamen Grund zurückführen lässt. Die Gemeinsamkeit der Zeit, der Sprache und der Subjektivität liegt für Levinas darin, dass sie niemals einheitlich sind, dass ›es‹ sie alle ›gibt‹ wie das ›es gibt‹. So bleiben ›Seiende‹ auch dann, wenn sie durch Zeit, Sprache und Subjektivität aufeinander bezogen sind, füreinander ›*absolut andere*‹ Seiende, so anders, dass ihre Andersheit nicht begrenzt und nicht überschritten werden kann. Ihre Beziehung gehört, wie Levinas in *Totalité et Infini* schreibt (147/249), »nicht zu den Beziehungen, die in den Strukturen der formalen Logik wiedergegeben werden können«. Und dennoch ist ihre Beziehung ganz alltäglich, alltäglichste Erfahrung. Levinas will diese alltägliche Erfahrung ›absolut anderer‹ Seiender denkbar machen.

Er greift dazu auf die alltägliche ›*Erfahrung*‹ (expérience) im ›*stärksten Sinn des Begriffs*‹ zurück. Erfahrungen im alltäglichen Sinn sind dann ›stark‹ (fort), wenn sie die Erfahrenden selbst verändern, wenn die Erfahrenden von ihren Erfahrungen, wie man im Deutschen sagt, ›mitgenommen‹ werden (ähnlich im Französischen ›transportés‹). Wenn die Erfahrungen die Erfahrenden selbst verändern, sind sie ›durch und durch zeitlich‹. Sie sind dann nicht mehr ›objektiv‹ feststellbar. Denn das Subjekt, das sie feststellt, hat sich dann selbst verändert und erlebt sie im Rückblick anders als im Augenblick der Erfahrung, und es kann dann Vorher und Nachher nicht mehr wirklich vergleichen. Die Termini der Feststellung der Erfahrung, die Kant ›transzendental‹ festgehalten hatte, haben sich durch die Erfahrung verschoben. Bis zu einem gewissen Grad lässt sich das für jede Erfahrung geltend machen. So hat die Erfahrung überhaupt – ›im stärksten Sinn des Begriffs‹ – keine festen Termini, sie verschiebt ihre Termini unablässig, sie ist ihrerseits ›durch und durch zeitlich‹.

Levinas macht das an der Situation des ›*Empfangs durch ein Seiendes von absolut anderem Sein*‹ deutlich. Alltäglich ist dies die Situation des Empfangs bei einem Fremden. Fremde, die einander empfangen, werden zu Gästen und Gastgebern. Wer in seinen Räumen einen Fremden als Gast empfängt, räumt ihm darin Rechte ein, ohne schon wissen zu können, wie der fremde Gast sie nutzen wird. Jeder, der einen Fremden aufnimmt, setzt sich überraschenden Erfahrungen aus, die ihn ›mitnehmen‹ können, im Guten wie im Schlimmen. Ein ›Gastgeber‹ zieht sich in seinen eigenen Räumen zurück, um dem Gast auf eine gewisse Zeit Raum zu ›geben‹, und der Gast wird in der ›gegebenen‹ Zeit mehr oder weniger sein Leben ändern. Aber auch über die Zeit der Gastlichkeit verfügt der Gastgeber nicht ohne Weiteres. Es gehört zu den Pflichten der Gastlichkeit, Anderen so lange Gastrecht zu gewähren, wie sie es wünschen und benötigen. Gastlichkeit ist insofern eine ›Gabe‹, eine Gabe wiederum ›im stärksten Sinn‹ einer Gabe ohne Gegengabe, einer Gabe mit dem Risiko der ›unentgeltlichen‹ ›Verausgabung‹ des Gastgebers. Sie versetzt den, der sich seiner selbst und seiner Räume sicher glaubt, in das ›es gibt‹ und dessen chaotische Möglichkeiten zurück. Man kann einen Gast wohl aus dem Haus weisen, wenn man ihn nicht mehr erträgt. Aber dann bricht man auch mit der Gastlichkeit: »Die Möglichkeit, sich dem Anderen zu öffnen, ist ebenso wesentlich für das Wesen des Hauses wie die geschlossenen Fenster und Türen.« (TI 148/251)

Blickt man von hier aus auf das moderne Subjekt zurück, so war es ›ungastlich‹ gedacht, nämlich so, dass es seiner ›Objekte‹ stets sicher sein konnte, dass keine Überraschungen von ihnen ausgingen, dass sie, wie Kant sagte, ›Gegenstände‹ seiner Erfahrung waren, es selbst aber nicht Erfahrungen mit ihm machte, die es ›mitnahmen‹. In diesem Rahmen hielt sich auch noch das ›*heideggersche*‹ Dasein, sofern es ihm, als Sorge, in seinem Sein um *sein* Sein geht. Es hatte in dieser Sorge nur bedingt ›Sinn‹ für den Andern und keinen Sinn für den Andern als ›absolut Andern‹, als so andern, dass es ihn nicht versteht und begreift. Aber eben der Sinn für den und das absolut Andere ist für das Existieren im ›es gibt‹ notwendig. Im immer anderen ›es gibt‹ ist nicht der ›*Subjekt-Objekt-Bezug*‹, sondern der ›Pluralismus‹ von ›absolut anderen‹ Seienden ›*ursprünglich*‹, wird das Subjekt von Erfahrungen überrascht, bevor es sie als Objekte festlegen und methodisch zu Gegenständen der Wissenschaft machen kann. Die Möglichkeit überraschender Erfahrungen verlangt schon in der Wissenschaft, den objektivierenden Zugriff offenzuhalten, neue Methoden zu finden, gewohnte Voraussetzungen infrage zu stellen. Immer neu überraschend aber sind Menschen im Alltag. Sie lassen kaum ›feste‹ Methoden zu, ihnen zu begegnen. Menschen machen miteinander unablässig Erfahrungen ›im stärksten Sinn‹.

Die Beziehung zu anderen Menschen, die nicht durch feste Voraussetzungen und Methoden gesichert, sondern für immer neue überraschende Erfahrungen offen ist, nennt Levinas ›*Nähe*‹.

Der Empfang durch den Andern bringt ihn nahe, ohne ihn dadurch schon vertraut zu machen. Nähe in Levinas' Sinn ist ein ›Kontakt‹ (contact), eine ›Berührung‹ (toucher) unter Individuen ohne ein vermittelndes Allgemeines, unmittelbare Beziehung von Menschen, die füreinander ganz anders sind und es wesentlich auch immer bleiben (vgl. TI 164 f./271 ff., DEHH 224 ff./273 ff. u. NP 72/76). Aus dieser Nähe, in der der Andere immer Anderer bleibt, sich also immer anders zeigen kann und insofern Zeit ist, geht nach Levinas das Ethische hervor. Wie das zu denken ist, deutet Levinas im folgenden Abschnitt von *Signature* an. In ihm führt er die dritte wegweisende philosophische Erfahrung an: diejenige, die sein Philosophieren berühmt gemacht hat.

4.1.3 Vorrang des moralischen Bewusstseins

»Die fundamentale Erfahrung, die die objektive Erfahrung selbst voraussetzt, ist die Erfahrung des Anderen (l'expérience d'Autrui). Erfahrung par excellence. Wie die Idee des Unendlichen über das cartesische Denken hinausreicht, geht der Andere über jedes Maß der Macht und der Freiheit des Ich hinaus (Autrui est hors proportion avec le pouvoir et la liberté du Moi). Das Unverhältnismäßige zwischen dem Anderem und dem Ich – ist genau das moralische Bewußtsein (conscience morale). Das moralische Bewußtsein ist keine Erfahrung von Werten, sondern ein Zugang zum Seienden außerhalb (l'être extérieur); das Seiende außerhalb par excellence ist der Andere. Das moralische Bewußtsein ist so keine Modalität des psychologischen Bewußtseins, sondern seine Bedingung (condition) und immer schon seine eigentliche Umkehrung (inversion), da die Freiheit, die aus dem Bewußtsein lebt, innehält vor dem Andern (s'inhibe devant Autrui), während ich wahrhaft, mit einer Redlichkeit ohne Arg und Falsch, fest in seine wehrlosen, absolut des Schutzes beraubten Augen sehe (lorsque je fixe véritablement, avec une droiture sans ruse ni faux-fuyants, ses yeux désarmés, privés absolument de protection). Das moralische Bewußtsein ist genau diese Redlichkeit. Das Gesicht des Andern stellt die (mit sich) glückliche Spontaneität des Ich (l'heureuse spontanéité du moi) in Frage, jene lustvolle Kraft, die sich freien Lauf läßt (cette joyeuse *force qui va*). Die Menge, der Graf Rastoptschin in *Krieg und Frieden* Wereschtschagin ausgeliefert hat, zögert, vor dessen rot und bleich werdendem Gesicht, ihm Gewalt anzutun; in einer ›ins Extrem getriebenen humanitären Regung‹ bleibt das Volk am Ende von *Boris Godunow* vor den Verbrechen der Mächtigen stumm.«

Das Andere in Gestalt der ›durch und durch zeitlichen‹ Zeit und des ›ganz anderen‹ Anderen entzieht sich nicht nur der Feststellung im Denken, es verunsichert alles Feste im Denken, alle Termini einer möglichen Theorie. Empfang und Nähe als Erfahrungen des Andern bauen nicht auf einer Theorie auf und erfüllen sich nicht in einer Theorie. Sofern die Erfahrung ›*fundamental*‹ ist, muss von ihr her die Theorie als solche neu gedacht werden. Dabei tritt nun das Ethische vor das Theoretische.

Wenn in Empfang und Nähe Menschen einander ohne ein vermittelndes Drittes unmittelbar ausgesetzt sind, liegt es völlig bei ihnen und in ihrer Verantwortung, wie sie einander begegnen. Dies allein macht ihre Beziehung zu einer ›ursprünglich‹ ethischen Beziehung. Der Bezug auf ›*Werte*‹ oder ›Normen‹ folgt erst nach; sofern Werte und Normen als Drittes vorgegeben sind, heben sie in dieser Sicht das ursprünglich Ethische bereits auf. Sofern sie Übereinstimmung ermöglichen, schränken sie die Andersheit ein, und sofern jemand auf einer solchen Übereinstimmung in Werten und Normen besteht, bestreitet er dem Andern eine andere Sicht auf sie. Er kann so sein Verhalten zu ihm absichern, etwa wenn er gemeinsam mit ihm zu leben oder zu arbeiten hat. Er kann dann, zum eigenen Nutzen, zur eigenen Daseinsvorsorge, eine Gruppe oder ein Team mit ihm bilden. Das ist in der Regel lebensnotwendig, darum aber nicht schon ethisch in dem starken Sinn, den Levinas dem Ethischen gibt. Und auch in der Gruppe oder im Team kann sich die Andersheit des Andern immer wieder überraschend zurückmelden und die Werte und Normen, in denen man sich einig schien, infrage stellen. Dann stehen die Einzelnen einander wieder unmittelbar gegenüber, in jener ›ursprünglich‹ ethischen Beziehung.

Levinas setzt das ethische Verhältnis so an, dass es ›*über jedes Maß der Macht und der Freiheit des Ich hinausgeht*‹, dass es dessen Intentionen, über anderes und Andere zu verfügen, unterläuft. Er beruft sich dabei auf Descartes' ›Idee des Unendlichen‹, auf die er im folgenden Abschnitt näher eingeht (was wir ebenso tun werden). Das Verhältnis zu Anderen hat dann keinerlei ›Maß‹, weder in meiner Intention noch in einem Dritten, und es stellt jedes Maß in Frage. Das Ethische ist insofern schlechthin ›unverhältnismäßig‹, es *ist* das ›*Unverhältnismäßige*‹, und das ›*moralische Bewusstsein*‹ – Levinas macht terminologisch keinen Unterschied zwischen dem Ethischen und dem Moralischen – ist das Bewusstsein dieser ursprünglichen Unverhältnismäßigkeit im Verhältnis zum Andern.

Das moralische Bewusstsein ist in dieser Sicht auch ursprünglicher als das ›*psychologische Bewusstsein*‹. Es ist, wie Levinas sagt, dessen ›*Bedingung*‹, nicht dessen ›*Modalität*‹. Das psychologische Bewusstsein ist das Bewusstsein in einer theoretischen Sicht, das Bewusstsein als ›*objektive Erfahrung*‹. Als solches lässt sich der Andere wiederum zum Gegenstand machen, nun nicht zum Gegenstand einer ›moralischen‹ Beurteilung nach Werten und Normen als Drittem, sondern zum Gegenstand wissenschaftlicher Forschung nach bestimmten Methoden. Aber dem muss wiederum eine ›ursprüngliche‹ Erfahrung des Andern vorausgehen, in der er sich wiederum als so überraschend erweisen kann, dass er die gewohnten wissenschaftlichen Methoden infrage stellt. Soweit man sie und darüber hinaus ›psychologische‹ Maßstäbe in der alltäglichen Beurteilung Anderer selbstverständlich voraussetzt, bedeutet das moralische Bewusstsein ihre Infragestellung, ihre Außerkraftsetzung, ihre ›*Umkehrung*‹.

Indem das psychologische Bewusstsein die Anderen und sich selbst in seiner Beziehung zu ihnen psychologisch erforscht, sucht es in ein beruhigend ›objektives‹ Verhältnis zu ihnen und zu sich selbst zu kommen. Indem das moralische Bewusstsein solche Versuche zur Objektivierung durchbricht, beunruhigt es, stört es die Routinen. Und dies weist Levinas, nach langen rein begrifflichen Entwicklungen, nun phänomenologisch auf. Wir haben schon in der Einleitung auf die starke Spannung hingewiesen, die das Von-Angesicht-zu-Angesicht in jeder alltäglichen Begegnung hervorruft und zu deren Bewältigung es komplexer Rituale bedarf. Wir werden im folgenden Abschnitt näher darauf eingehen und im nächsten Kapitel auf die Beispiele zu sprechen kommen, die Levinas selbst dafür gibt, und sie durch weitere ergänzen. Eine erstaunliche Beschreibung der Situation des Von-Angesicht-zu-Angesicht gibt Georg Simmel in einem ›Exkurs‹ in seiner *Großen Soziologie* von 1908 (*Soziologie. Untersuchungen über die Formen der Vergesellschaftung*, hg. v. Otthein Rammstedt, Frankfurt am Main 1992, 722-726). Levinas verweist nicht auf sie, sie könnte ihm aber bekannt gewesen sein – Simmel war bis 1918 Professor für Philosophie in Straßburg und leitete dort auch die Bibliothek des Instituts für Philosophie. Levinas kommt es jedoch nicht auf eine soziologische Erschließung, sondern auf die ethische Wirkung des Von-Angesicht-zu-Angesicht an: In dem Moment, in dem ich in die ›*wehrlosen, absolut des Schutzes beraubten Augen*‹ des Andern sehe, ›*halte*‹ ich ›*inne*‹ im unwillkürlichen objektivierenden Zugriff auf ihn und werde ›*wahrhaft*‹, aufrichtig. Dabei ist die Aufrichtigkeit, die Redlichkeit (eigentlich ›Geradheit‹, droiture) des Blicks, der Blick ohne Hintersinn, nicht die Bedingung des moralischen Bewusstseins, das in Levinas' Sinn ja ohne Bedingung ist, sondern seine Wirkung: Ich sehe die Schutzlosigkeit in den Augen des Andern nicht dann, wenn ich aufrichtig bin, sondern dann, wenn ich in die schutzlosen Augen des Andern sehe, ertappe ich mich in meinen gewohnten Vorgriffen und hintersinnigen Absichten und werde, von mir selbst überrascht, aufrichtig, wenn auch vielleicht nur für einen Moment. Aus meinen gewohnten Vorgriffen und hintersinnigen Absichten heraus kann ich ›*spontan*‹ handeln und dabei ohne hinderliche Skrupel mit allem leicht fertigwerden. »Je suis une force qui va« lässt Victor Hugo seinen Helden Hernani im gleichnamigen Drama (III 4) sagen, ›Ich bin eine Kraft, die sich freien Lauf lässt‹, ohne sich umzusehen und umzuhören, besinnungslos vorangetrieben, unaufhaltsam, und »à l'entour de ma course farouche, / Tout se brise, tout meurt«, ›im Umfeld meines entfesselten Laufs zerbricht alles, stirbt alles‹. Ein solches spontanes Vorangehen, so Levinas, unterbricht der Blick in die schutzlosen Augen des Andern. In einer Talmud-Auslegung sagt er: »Im Gesicht bricht die irreduzible Differenz des Jenseits heraus zwischen dem mir Gegebenen, Verständlichen und zu meiner Welt Gehörigen und dem, was unter der so konstituierten Ordnung sich entzieht (s'absente), beunruhigt (inquiète) und wach macht (éveille).« (NLT 36/32)

Nicht die Lebensnotwendigkeit der unvermeidlichen Routinen, sondern ihre Unterbrechung ist nach Levinas der Ursprung des Ethischen, sein unscheinbarer Anfang und sein zerbrechlicher Halt. Wenn die Routinen als solche eine Gefahr für das Ethische bedeuten – weil sie die Andersheit des Anderen vergessen lassen –, dann sind auch moralische Routinen – die Berufung auf gute Sitten, Werte und Normen – eine Gefahr für das Ethische, vielleicht sogar seine größte Gefahr. Das Ethische ist dann nie ungefährdet, und seine größte Gefährdung ist die, sich seiner sicher zu sein.

4.2 Systematische Orientierung: *Totalität und Unendlichkeit*

Nach der Exposition der philosophischen Erfahrungen, die sein Denken auf den Weg brachten, der Erfahrungen des ›es gibt‹, der Zeit, des Anderen und seines Gesichts, umreißt Levinas, wie er diese Erfahrungen in seinem ersten Hauptwerk *Totalité et Infini* zu systematisieren versuchte. Er geht dabei vom Konzept des philosophischen Denkens aus, dem die europäische Philosophie gefolgt ist, um ihm ein eigenes, den eigenen philosophischen Erfahrungen entsprechendes Konzept entgegenzustellen. Der Gegensatz, unter dem Levinas in Opposition zur europäischen Philosophie geht, ist der von Autonomie und Heteronomie: »In *Totalité et Infini* wurde ein Versuch vorgelegt, diese Erfahrungen zu systematisieren in Opposition zu einem philosophischen Denken, das den Anderen auf den Selben (l'Autre au Même), das Vielfältige auf die Totalität zurückführt und die Autonomie zu seinem höchsten Prinzip macht.«

4.2.1 Übergang von Autonomie zu Heteronomie: Die Idee des Unendlichen bei Descartes

Die europäische Philosophie als Ganze lässt sich sicherlich unterschiedlich deuten. Levinas sieht ihren Grundzug als Streben nach Autonomie im Denken. ›*Autonomie*‹ heißt ›Selbstgesetzgebung‹. In der griechischen Antike wurde das Denken von der Philosophie in ihrem Hauptstrom so verstanden, dass es in seinen Begriffen die Gesetze des Seins denkt, in der Moderne so, dass es, wie Kant es ausdrückte, dem Sein die Gesetze ›vorschreibt‹. In beiden Fällen konnte das Denken nur autonom sein, wenn es keine weitere Gesetzgebung neben ihm gab. Dazu musste es die Vielfalt des ›es gibt‹ im Ganzen zu erfassen und in einer im Ganzen überschaubaren ›*Totalität*‹ von Begriffen wiederzugeben versuchen, einer Totalität, die sichtlich nichts übrig, nichts ›außen vor‹ ließ. Soweit aber die Andersheit des als immer anders Erfahrenen durch Begriffe nicht zu erfassen war, wurde sie als etwas ›Unwesentliches‹, ›nur‹ Flüchtiges, immer Wechselndes vom ›Wesentlichen‹, nämlich Bleibenden, immer Gleichen unterschieden und später als ›Irrationales‹, nicht methodisch Rekonstruierbares aus den theoretischen Bemühungen ausgeschieden. Das Bleibende bzw. methodisch Rekonstruierbare wurde zum allein Maßgebenden gemacht. Der Totalität seiner Begriffe konnte sich das philosophische Denken aber wiederum nur sicher sein, wenn es sie auf ein gemeinsames ›Prinzip‹ zurückführte und aus ihm Schritt für Schritt, Begriff für Begriff, ableitete. Dies war am glanzvollsten Hegel gelungen (der jedoch den Begriff der Autonomie selbst sehr viel enger fasste).

Um der Andersheit des Anderen gerecht zu werden, stellt Levinas der Autonomie die ›*Heteronomie*‹, die ›Gesetzgebung von anderem her‹, entgegen. Soweit das andere, das sich in ihr geltend macht, ein ganz Anderes ist, kann die Heteronomie nicht oder doch nicht in gleicher Weise wie die Autonomie ›Prinzip‹ sein. Sie wäre ihrem Begriff nach als solches nicht fassbar. Sie kann der Autonomie darum auch nicht ohne Weiteres entgegengestellt werden. Levinas lässt sie, in Anlehnung an Hegel und seine ›dialektische Bewegung‹ des Begriffs, aus dem Prinzip der Autonomie selbst hervorgehen:

»Aber die Anpassung des Andern an das Maß des Selben in der Totalität ist nicht ohne Gewalt (violence) zu erreichen, Krieg oder Verwaltung (Guerre ou Administration) – sie entfremden das Selbe sich selbst. Die Philosophie als Liebe zur Wahrheit trachtet nach dem Andern als solchem, nach dem von seinem Reflex im Ich unterschiedenen Seienden. Sie sucht nach seinem Gesetz (loi), sie ist die Heteronomie an sich, sie ist Metaphysik. Bei Descartes besitzt das Ich, das denkt, die Idee des Unendlichen (l'idée de l'infini): die Andersheit des Unendlichen (l'altérité de l'Infini) wird in der Idee nicht getilgt (ne s'amortit pas dans l'idée), wie die Andersheit der endlichen Dinge (l'altérité des choses finies), die ich mir, nach Descartes, aus mir selbst klar machen kann. Die Idee des Unendlichen besteht darin, mehr zu denken, als man denkt (penser plus qu'on ne pense).«

Im ersten Schritt führt Levinas auf einen Widerspruch im Prinzip der Autonomie, sofern es dabei um eine ›*Anpassung des Andern an das Maß des Selben*‹ durch das bloße Denken gehen soll. Das bloße Denken sieht sich als ein Vermögen bloßer Theorie, bloßer Einsicht in bleibende Ordnungen, und darin jenseits von Macht und Gewalt. Sofern es Ordnungen begründet, die verwirklicht werden, tritt es als Macht auf. Gerade Hegel hat das so gesehen (und pointiert in der berühmten *Vorrede* seiner *Grundlinien der Philosophie des Rechts* darauf hingewiesen). Macht kann begrüßt und anerkannt werden oder nicht. Dem, der sie nicht begrüßt und anerkennt, erscheint sie als *Gewalt* (wie wiederum Hegel im Kapitel *Wirkung und Gegenwirkung* seiner *Wissenschaft der Logik* deutlich gemacht hat). Gegenüber aller Andersheit des Andern, die in der ›Anpassung des Andern an das Maß des Selben‹ *getilgt* wird (auch das ist ein hegelscher Begriff), *ist* die Macht Gewalt. Auf dem Feld des Politischen ist dies offensichtlich. Wer *Krieg* führt, unterwirft die mit Waffengewalt, die sich seinen Maßgaben zu widersetzen oder zu entziehen versuchen. Die Macht der politischen *Verwaltung* wird von denen, die ihr unterworfen sind, zwar in der Regel weitgehend begrüßt und anerkannt. Aber sie sind darin nicht frei, haben dazu keine Alternative. Sie können alltägliche Akte der Verwaltung darum ebenfalls als Gewalt erfahren. Hegel und die meisten werden das als unvernünftig betrachten und zur ›Vernunft‹ raten. Aber die Vernunft ist dann die Vernunft jener politischen Verwaltung (und im ernsteren Fall des Krieges), die Vernunft bestimmter ›Maßnahmen‹, die mit Gewalt durchgesetzt werden können, nicht die theoretische Vernunft. Nun hat die europäische Philosophie die Vernunft zugleich als fähig zur Kritik ihrer selbst konzipiert. Als Kritik ihrer selbst kann sie sehen, wenn sie zu Macht und Gewalt wird. Sie sieht sich dann ihrer selbst ›*entfremdet*‹ (wiederum ein leitender Begriff Hegels) und kann dabei nicht stehen bleiben, wenn sie der ›*Liebe zur Wahrheit*‹ treu sein will, auf die sie ihr Name verpflichtet.

Sie wird dann versuchen müssen, auch und gerade dem gerecht zu werden, was sie ausschließt, wenn sie auf ihrer Autonomie besteht: ›*dem Andern als solchem*‹. Hegel hat das versucht. Er hat das Denken des Denkens über das Denken der Vernunft und des Staates hinausgetrieben zum Denken der Geschichte, der Kunst und der Religion und es erst in einem Denken zum Schluss kommen lassen, das die Reihe seiner Selbstentfremdungen, die der Preis seiner Aneignungen waren, im Ganzen übersieht und ihnen gerecht wird (dem ›absoluten Geist‹, in dem sich die Philosophie ›vollbracht‹ findet, Enz. § 573). Aber Levinas folgt ihm darin nicht. Er kehrt stattdessen zu Descartes zurück, um bei ihm, der dem autonomen Denken in der Moderne sein maßgebliches methodisches Prinzip gegeben hat, die Selbstentfremdung dieses Denkens von Anfang an aufzuweisen. Er stützt sich dabei auf einen Gedankengang aus der III. der *Meditationen über die Erste Philosophie*. Descartes entwickelt dort einen komplexen Beweis des Daseins Gottes, der sonst als schwer nachvollziehbar gilt. Levinas greift daraus nur wenige Argumente heraus. Er interpretiert sie ausführlich in einer Abhandlung von 1957, *Die Philosophie und die Idee des Unendlichen* (DEHH 165-178/185-208). In *Totalité et Infini* fasst er seine Interpretation noch einmal zusammen (18-23/59-66). Wir müssen uns wiederum auf wenige Momente seiner Interpretation beschränken.

Descartes hatte, wie oben dargestellt, alles Seiende als Ideen oder Vorstellungen des Ich gedacht, als, wie Levinas sie jetzt nennt, ›*Reflexe*‹ eines Ich, das sie denkt. In der III. Meditation zeigt sich, so Levinas, dass das nicht ausreicht. Während er dabei ist, seinem Denken Autonomie zu sichern, indem er es methodisch auf einem unerschütterlichen Fundament errichtet, fällt ihm die *Idee des Unendlichen* ein. »Ich will«, schreibt er dort einleitend, »nun noch sorgfältiger Umschau halten, ob nicht vielleicht doch noch etwas anderes in mir ist, das ich bisher nicht berücksichtigt habe.« Er findet ›in sich‹ die Vorstellung eines allmächtigen und allgütigen Gottes vor, dessen Denken gegenüber seinem eigenen beschränkten, endlichen Denken unbeschränkt, unendlich ist. Ob es diesen Gott außer seiner Vorstellung gibt, lässt sich zunächst nicht sagen. Für unzweifelhaft hält Descartes nur, dass eine solche Idee mit einem solchen Inhalt nicht von ihm, sondern nur von jenem überlegenen Denken selbst stammen kann und also von einem Seienden, das ›*von seinem Reflex im Ich unterschieden*‹ ist. Während das endliche Denken sich ohne Weiteres alles andere, das ebenfalls endlich ist, aus sich selbst klar machen (in Levinas' Sprache ›dem Maß des Selben anpassen‹) kann, ist das, so Descartes, bei jenem Unendlichen (das Levinas dann wie den Anderen mit Großbuchstaben schreibt) nicht möglich. Bei dieser Idee müsse man annehmen, dass sie die Wirkung einer mächtigeren Ursache außer dem Ich sei und dass diese Ursache jenes Unendliche selbst sei. Also muss Gott, dessen Vorstellung ich in meinem Bewusstsein vorfinde, auch außer meinem Bewusstsein da sein. Das Bewusstsein hat es, in Levinas' Sprache, mit einer Vorstellung zu tun, die es überschreitet. Ihre ›*Andersheit*‹ (altérité) oder ›Exteriorität‹ (extériorité) lässt sich nicht ›tilgen‹. Die Idee des Unendlichen, die nicht nur eine Idee meiner selbst als eines Endlichen sein kann, ›fällt‹, wie Levinas seine spätere Sammlung von Abhandlungen überschrieb, von außen ›ins

Denken ein‹ und gibt ihm ein anderes, überlegenes Gesetz. Das Denken stößt danach gerade bei dem Versuch, seine Autonomie zu begründen, auf seine Heteronomie.

Descartes kommt es allein auf seinen Gottesbeweis an, dessen Haltbarkeit oft infrage gestellt worden ist. Levinas kommt es weder auf den Gottesbeweis noch auf seine Haltbarkeit an, sondern allein auf die ›Transzendenz‹, die das Denken erfährt, gerade wenn es, wie bei Descartes, seine Autonomie zu sichern sucht. Es ist Levinas, der nach dem ›*Gesetz des Andern*‹ sucht und die Philosophie als ›*Heteronomie an sich*‹ entdeckt. Sie ist Heteronomie an sich, wenn sie das Prinzip der Autonomie von dem her angeht, was es ausschließt und tilgt, wenn sie es von der Andersheit des Andern her unterbricht und dabei selbst heteronom wird. Levinas gibt dabei dem Begriff ›*Metaphysik*‹ einen neuen Sinn. Schon Kant war so vorgegangen, hatte der alten Metaphysik den Boden entzogen, um sie auf dem neuen Boden seiner Transzendentalphilosophie neu und anders zu begründen. ›Metaphysik‹ sollte nun für das stehen, was die Vernunft ›positiv‹ voraussetzen muss, um ›positive‹ Wissenschaft zu betreiben, sei es eine ›Metaphysik der Natur‹ oder eine ›Metaphysik der Sitten‹. Aber Nietzsche und Heidegger hatten auch diesen Begriff der Metaphysik nicht mehr gelten lassen. Levinas geht darum auch hinter die Positivität zurück, die Kant mit ihm verbunden hatte, und gebraucht ihn für das Denken der Andersheit des Anderen – die die Vernunft in dem Maß anzieht, wie sie sich ihr entzieht – für die Philosophie, sofern sie ›*nach dem Andern als solchem trachtet*‹. In *Totalité et Infini* nennt er sie auch die »Philosophie der Transzendenz« (23/65), der Transzendenz, die der Versuch des Denkens zur »Immanenz« unvermeidlich hervorbringt. Diese Philosophie der Transzendenz sei »die eigentliche Metaphysik«, die mit der alten nicht überholt, sondern durch die Überholung der alten erst möglich geworden ist (vgl. TI vii/32, 13 ff./49 ff. u.ö.).

In ihr verändert sich, so Levinas, auch der Begriff des Denkens. Levinas zieht aus Descartes' Erfahrung der Idee des Unendlichen den Schluss, dass das Denken ›*mehr denkt, als es denkt*‹. Das Denken denkt ›mehr, als es denkt‹, sofern es in der Idee des Unendlichen etwas denkt, das es dennoch nicht von sich aus zu denken vermag. Es ›entfremdet‹ sich darin ›sich selbst‹. Es wird vom Gedanken eines Anderen, der seiner Autonomie weder entspringt noch sich in sie einfügt, über sich hinausgeführt, ohne dass es das wollte, und wird so von sich selbst überrascht. So von sich selbst überrascht, muss es an seiner Macht über sich zweifeln und von da aus auch an seiner Macht und seinem Recht, über anderes und Andere zu verfügen. Zugleich aber erfährt es sich dadurch, dass es sich von anderem und Anderen her überraschend anders erfährt, überhaupt erst selbst – und das lässt sich, so Levinas, phänomenologisch aufweisen.

Exkurs: Levinas' Methode

An dieser Stelle wird Levinas' Methode zu philosophieren prägnant deutlich. Levinas kann von kühnen begrifflichen Übergängen aus (wie dem vom ›es gibt‹ zur ›Zeit‹ und zum ›absolut Anderen‹) historische Philosopheme (wie Descartes' Beweis des Daseins Gottes aus der Idee des Unendlichen) überraschend neu erschließen und daran wiederum phänomenologische Analysen anschließen. Die phänomenologische Analyse, die ›dialektische Bewegung‹ von Begriffen und die Interpretation überlieferter Philosophien sind Methoden, die in der Regel getrennt gehandhabt werden. Levinas ergänzt sie durcheinander. So ist der methodische Fortgang oft nicht klar erkennbar. Das kann verwirren, und man kann, wenn man auf spezifischen Methoden besteht, Levinas Methodenlosigkeit vorwerfen. Jede spezifische Methode führt an ihren Gegenstand jedoch nur auf einem spezifischen und dadurch begrenzten Weg heran und lässt ihn so nur aus einer spezifischen und dadurch begrenzten Sicht sehen. Das ist in den Wissenschaften unvermeidlich, in der Philosophie dagegen bedenklich, sofern es ihre Sache ist, gerade auf Grenzen des Denkens aufmerksam zu machen und sie gegebenenfalls zu erweitern. Will sie Wissenschaft sein, kann sie ihrerseits aber auch nicht auf Methoden verzichten. So kann der Weg, mehrere Methoden zu nutzen, um mehrere Sichten zu gewinnen und dadurch zugleich die Grenzen dieser Sichten sichtbar zu machen, ein plausibler Weg in der Philosophie sein. Ein Methoden-Pluralismus ist vor allem dann sinnvoll, wenn er bewusst mit dem Ziel gewählt wird, die philosophische Sicht zunächst zu begrenzen, um Spezifisches sichtbar zu machen, und dann wieder zu entgrenzen, um das Spezifische dieser Sicht zu zeigen, und so im Ganzen zu einer wohl abgrenzbaren und doch möglichst wenig beschränkten Umsicht zu kommen. Dies ist, wie wohl bereits deutlich geworden ist, der Sinn von Levinas' Methode. Sie ist so wenig formalisierbar wie Platons oder Hegels dialektisches Denken oder Heideggers Seinsdenken. Ob sie auch so aufschlussreich ist wie diese, muss sich zeigen.

4.2.2 Ursprung des Ethischen – Durchbruch zur Heteronomie

Levinas entnimmt Descartes' Erfahrung mit der Idee des Unendlichen zunächst das Recht zu einem neuen begrifflichen Übergang und diesem wiederum den Ansatz zu einer neuen phänomenologischen Analyse: »Diese negative Beschreibung bekommt einen positiven Sinn, der nicht mehr cartesianisch ist: ein Denken, das mehr denkt, als es denkt, was ist das anderes als das Begehren (le Désir)? Begehren, das sich von der Armseligkeit des Bedürfnisses unterscheidet (l'indigence du besoin). Das Begehrte erfüllt das Begehren nicht, es vertieft es.«

Die negative Beschreibung eines Denkens, das seine Autonomie zu begründen sucht und dabei von seiner Heteronomie überrascht wird, bekommt einen positiven Sinn durch die paradoxe Erfahrung, dass anzieht, was sich entzieht. Was das Denken nicht von sich aus denken kann, wird für es ›unendlich‹ interessant, unendlich, weil die Andersheit des Anderen – im ›es gibt‹, in der Zeit, im Anderen, in Gott – ihm unablässig zu denken gibt, ohne dass es damit zu Ende kommen kann. Wer aber von etwas unablässig angezogen wird, das sich ihm entzieht, begehrt, und im Begehren erfährt er den Entzug positiv. Gegenüber der Andersheit des Anderen, die sich ihm entzieht, nimmt das Denken so die Gestalt eines ›*Begehrens*‹ an.

Schon Platon im Dialog *Phaidros* hatte das philosophische Denken in seiner höchsten Gestalt als Begehren gedacht; Levinas selbst verweist immer wieder darauf. Aristoteles setzte im XII. Buch der *Metaphysik* (1072a 26ff.) als Fluchtpunkt des Denkens ein ›Gedachtes‹ (νοητόν) an, das ›als Begehrtes‹ (ὡς ἐρώμενον) alles Übrige (seinerseits im Denken ›zum Stehen kommende‹) Seiende auf sich ausrichtet und dadurch der Welt ihre Ordnung gibt. Dieses Begehren ist dann kein physisches ›*Bedürfnis*‹ mehr wie das Bedürfnis nach Wärme, Nahrung, Geschlechtsliebe, das man sich immer wieder erfüllen kann. Es ist stattdessen ein Begehren nach etwas jenseits alles Physischen, nach jenem Metaphysischen, und dadurch wird es paradox: Es kann nicht erfüllt werden, und darum hält es nicht nur unvermindert an, sondern ›*vertieft*‹ sich noch im Streben, es zu erfüllen.

Kant hat in seiner Schrift *Was heißt: Sich im Denken orientieren?* von einem »Bedürfnis der Vernunft« gesprochen, »sich zu orientieren«. Das beginnt mit der Unterscheidung von rechts und links, vorn und hinten, oben und unten und dann von Ost und West und Nord und Süd, die Kant »Weltgegenden« nennt. Sie lassen sich bekanntlich nicht logisch definieren und sind doch Voraussetzung für die Orientierung in der Welt, die wiederum Voraussetzung des Handelns ist. Sie entziehen sich der Vernunft und sind doch irgendwie »gegeben« – Kant sagt: durch ein »Gefühl«. Der Orientierung bedarf die Vernunft aber auch zu ihrem »praktischen Gebrauch« im moralischen Handeln. Sie muss hier, so Kant, wenigstens hoffen dürfen, dass das Tun des Guten, durch das man sich »Glückswürdigkeit« erwirbt, durch »Glückseligkeit« in der Welt belohnt wird. Auch dies ist ein Bedürfnis jenseits der physischen Bedürfnisse, ein »Bedürfnis der Vernunft« selbst. Kant hatte in seiner *Kritik der reinen Vernunft* gezeigt, dass (entgegen Descartes und anderen) das Dasein Gottes theoretisch nicht bewiesen werden kann, und in seiner *Kritik der praktischen Vernunft*, dass das Dasein Gottes gleichwohl Gegenstand eines »Vernunftglaubens« sein kann, als Postulat eines Schöpfers der Welt, der in ihr »Glückswürdigkeit« und »Glückseligkeit« vereinbar gemacht hat. Man darf, wie Kant in der Orientierungs-Schrift betont, diesen Vernunftglauben »nicht für *freie Einsicht* ausgeben«. Er sei »nur abgenötigte *Voraussetzung*« zum Zweck der praktischen Vernunft. In Levinas' Sprache hat er die Gestalt eines Begehrens wider Willen. In der Gestalt des abgenötigten Vernunftglaubens erscheint auch bei Kant die Heteronomie der Vernunft am Horizont ihrer Autonomie, und sie verweist für ihn auf Gott (wir kommen unten, im Abschnitt 5.5, darauf zurück).

Levinas gibt dem Begriff ›Gott‹ in *Totalité et Infini* und den Abhandlungen, die es vorbereiten, starkes Gewicht. In *Signature* hält er damit zurück. Er spielt wohl auf ihn an, nennt ihn aber nicht, sondern bleibt beim Bezug zum Andern. Von der Exposition des Begriffs des Begehrens kehrt er zur Phänomenologie des Bezugs zum Andern zurück:

»Die Phänomenologie des Bezugs zum Andern legt diese als Idee des Unendlichen analysierte Struktur des Begehrens nahe. Während *das Objekt* sich in die Identität des Selben einfügt, manifestiert sich der Andere durch den absoluten Widerstand seiner Augen ohne Abwehr (résistance absolue des ses yeux sans défense). Die solipsistische Unruhe des Bewußtseins, das sich, Gefangener seiner selbst, in all seinen Abenteuern beobachtet, endet hier. Der Vorrang des Andern in Bezug auf das Ich – oder das moralische Bewußtsein – ist der Durchbruch zur Exteriorität, der auch ein Durchbruch zur Höhe (vers la Hauteur) ist.«

Die begriffliche Entwicklung hat ergeben: Das Denken wird zum Begehren, indem es von der Andersheit des Andern angezogen wird, die sich ihm entzieht, und so mehr denkt, als es denkt. In dieser Gestalt erfährt es, so Levinas, den ›*absoluten Widerstand*‹ des Andern, der aus ›seinen Augen ohne Abwehr‹ spricht. Der Gedanke eines absoluten Widerstands ist wiederum paradox. Ein Widerstand ist nur ein Widerstand gegen anderen Widerstand. Das Paradox ist jedoch wiederum gewollt. Es ist aus der alltäglichen Erfahrung des Von-Angesicht-zu-Angesicht zu verstehen, von der schon mehrfach die Rede war. Man kann gewöhnlich einem Andern – oder einer Anderen – nur für einen Moment gerade in die Augen sehen. Ohne dass die Andere etwas tut, hält man den eigenen festen Blick in ihre Augen nicht aus, und dies hängt kaum davon ab, um wen es sich dabei handelt. Man erfährt den eigenen Blick als unzulässigen Übergriff. Die Augen, in die man sieht, drängen den Übergriff zurück, wenden, ohne es zu wollen, den Blick von sich ab. Sie entwaffnen, ohne sich zu wehren. Der Vorstoß, die ›Kraft, die sich freien Lauf lässt‹, bleibt ohne Widerstand und hält überrascht inne.

Man schlägt beschämt die Augen nieder. Der Übergriff ist bloßgestellt. Man hat sich zum Andern anders zu verhalten, einen solchen Übergriff von ihm fernzuhalten. Dieses unwillentliche Bloßstellen eines Übergriffs, das ihn innehalten lässt, nennt Levinas ›absoluten Widerstand‹. Er ist absoluter Widerstand, weil die Augen des Andern, in die man sieht, ihrerseits nicht widerstehen, sondern allem Gegeneinander-Widerstehen für den Moment dieses Augen-Blicks den Boden entziehen. Der absolute Widerstand ist ›der Widerstand dessen, der nicht widersteht‹ (la résistance de ce qui n'a pas de résistance) und dadurch den Widerstand überhaupt blockiert. Levinas nennt ihn auch den ›ethischen Widerstand‹ (résistance éthique). Er eröffnet für ihn die Dimension des Unendlichen, Transzendenten, Metaphysischen, Ethischen (DEHH 173/199).

Man könnte versuchen, die Hemmung des Blicks im Von-Angesicht-zu-Angesicht, aus dem Levinas das Ethische entspringen lässt, empirisch zu erklären, z.B. soziobiologisch. So könnte das spannungsreiche Spiel des Sich-Kreuzens und Voreinander-Ausweichens der Blicke auf sehr alte Instinkte und Reflexe zurückgehen, die in Gefahrensituationen entwickelt wurden. Die Begegnung der Blicke musste darin offenbar zugleich gegenläufige Bedürfnisse erfüllen. Man musste den andern im Auge behalten und zugleich vermeiden, von ihm im Auge behalten zu werden. Man musste die Gefahr erkennen, die vom andern ausging, und zugleich zu erkennen geben, dass man von ihm keine Gefahr erwartete. Man musste sehen, wohin der andere sah, aber der andere sollte nicht sehen, wohin man sah. Auf keinen Fall durfte man ihm, wenn man ihn nicht herausfordern wollte, starr in die Augen sehen. Also mussten die Blicke oszillieren, sich dem andern unablässig zu- und von ihm abwenden. Solche alten Verhaltensschemata, wenn es sich denn um solche handelt, könnten zu Instinkten und Reflexen geworden sein und unbemerkt weiter fortwirken. Sie wären ein Ausdruck der, wie Levinas es nennt, ›*solipsistischen Unruhe des Bewusstseins*‹, das sich, ›allein‹ (solus) gegenüber den andern, beständig um sich ›selbst‹ (ipse) kümmern muss, ›Gefangener‹ seiner Selbsterhaltung bleibt und sich in diesem Rahmen ›*Abenteuer*‹ leistet (Levinas spielt hier zugleich auf das Sirenen-Abenteuer des Odysseus an, wir kommen darauf zurück).

Aber eben der Kampf um die Selbsterhaltung wird, so Levinas, durch den Einbruch des Ethischen unterbrochen, der durch den absoluten Widerstand der wehrlosen Augen des Andern manifest wird. Dieser Widerstand kann dann nicht mehr empirisch erklärt werden. Levinas' Bestimmung des Ursprungs des Ethischen hat im gut beobachtbaren Oszillieren der Blicke im Von-Angesicht-zu-Angesicht wohl einen empirischen Anknüpfungspunkt, aber auch nicht mehr. Das Ethische kann, wenn es so verstanden wird, wie Levinas es versteht, dass es nämlich dem Theoretischen vorausgeht und die Verantwortung für es einschließt, nicht seinerseits durch wissenschaftliche Theorien erklärt werden. Levinas weist dies eben dadurch ab, dass er seinen Ursprung paradox beschreibt. Wissenschaftliche Erklärungen schließen Paradoxien aus.

Das Ethische entspringt, so Levinas, mitten aus dem Macht- und Gewaltverhältnis der sich um ihre Selbsterhaltung Kümmernden als ›*Durchbruch zur Exteriorität, der auch ein Durchbruch zur Höhe ist*‹. ›Höhe‹ ist, auf zwischenmenschliche Verhältnisse bezogen, eine Metapher, die wiederum an Machtverhältnisse appelliert. In Machtverhältnissen kann das buchstäbliche Höherstehen ein massiver Vorteil sein. Herrscher stellen sich, wo immer möglich, auch physisch höher als die Beherrschten auf, die sich ihrerseits vor ihm auch physisch zu erniedrigen, zu beugen haben. Sie betonen so ihren ›*Vorrang*‹. Wird der Vorrang anerkannt, kann ›Höhe‹ zur Metapher ›höherer‹ Macht werden, und so wird schließlich Gott in eine höchste, unerreichbare Höhe versetzt. Levinas gebraucht die alte Metapher der ›Höhe‹, um beides zusammen zu zeigen: dass der andere als Widerpart im Kampf um Macht erscheint und mit höherer Macht droht und dass er zugleich ›durch den absoluten Widerstand seiner Augen ohne Abwehr‹ diesem Kampf unwillentlich Einhalt gebietet – für einen Moment, den Moment, in dem das Ethische aufbricht. Die Metapher der Höhe verdeutlicht so, dass (für Levinas) das Ethische die Machtverhältnisse nicht aufhebt, um sie in Institutionen des Guten und Gerechten zu etablieren. Mit solchen Institutionen lässt sich, wie Nietzsche gezeigt hat, wiederum Macht ausüben, die weit gewaltiger und gewalttätiger sein kann als alle Macht von Einzelnen. Stattdessen wird durch das Ethische die Macht paradox – auf Zeit. Die ›solipsistische Unruhe des Bewusstseins‹ hält inne, aber sie wird wieder beginnen.

Der Begriff der ›Höhe‹ hat über die politische Sphäre der Macht hinaus bereits an die religiöse Sphäre erinnert. Im folgenden Absatz von *Signature* fasst Levinas den Gedankengang zum Durchbruch der Heteronomie zusammen und schließt ihn ab. Er beginnt ihn unmittelbar mit einem theologischen Begriff, dem Begriff für das Erscheinen Gottes, der ›Epiphanie‹:

»Die Epiphanie (L'épiphanie) dessen, das sich so unmittelbar (directement), so von außen (extérieurement) und so von der Höhe herab (éminemment) präsentieren kann (se présenter) – ist *Gesicht.* Das Ausdrückende steht hier dem Ausdruck bei, kommt sich selbst zu Hilfe, gibt Zeichen (signifie), spricht (parle). Die Epiphanie des Gesichts ist Sprache. Der Andere ist das erste Intelligible. Aber das Unendliche im Gesicht erscheint nicht als eine Repräsentation. Es stellt meine Freiheit in Frage, die sich als mörderisch (meurtrière) und usurpatorisch (usurpatrice) entpuppt. Aber diese Enthüllung ist keine Ableitung des *Wissens von sich* (*savoir du soi*). Sie ist durch und durch Heteronomie. Vor dem Gesicht fordere ich immer mehr von mir selbst; je mehr ich antworte, desto mehr steigen die Anforderungen. Diese Bewegung ist fundamentaler als die Freiheit der Selbstrepräsentation. Das ethische Bewußtsein (La conscience éthique) ist in der Tat keine besonders empfehlenswerte Spielart (variété) des Bewußtseins, sondern die Kontraktion, das Sich-Zurückziehen, die Systole des Bewußtseins schlechthin.«

Im Begriff der Epiphanie erscheint das Gesicht in einer göttlichen Höhe – als Instanz der Heteronomie gegen die Autonomie schlechthin. Levinas erhöht die philosophische Sprache ins Religiöse einerseits, um sie von der wissenschaftlichen abzuheben, andererseits, um die religiöse Sprache für die Philosophie zurückzugewinnen. Die religiöse und theologische Sprache scheint mit der modernen Aufklärung überholt und wird in der Philosophie seither gemieden. Sie hat jedoch im Lauf von Jahrtausenden die Sprache der Philosophie durchdrungen, nicht nur dort, wo sie Transzendentes und Metaphysisches, sondern auch dort, wo sie Seelisches oder Innerliches, und besonders dort, wo sie Ethisches und Politisches zu artikulieren hatte. Seit dem 19. Jahrhundert haben sich dafür aus der Philosophie heraus besondere Wissenschaften entwickelt, die Psychologie, die Soziologie, die Politologie, die Ethnologie, die Soziobiologie. Aber damit hat die Philosophie die genannten Bereiche nicht einfach an diese und andere Wissenschaften abgegeben, die sie nun nach ihren spezifischen Voraussetzungen und Methoden bearbeiten. Wo sich neue Voraussetzungen zeigen, erschließt sie sie wieder neu. Levinas rekurriert dazu ohne Scheu wieder auf Begriffe der religiösen und theologischen Sprache, die sich als so produktiv erwiesen hat. Aber er gebraucht sie, was leicht verkannt wird, philosophisch.

Er sagt nicht, das Gesicht ist das Erscheinen Gottes, sondern die ›*Epiphanie*‹, das Erscheinen Gottes aus der Höhe, ist ›Gesicht‹. Er übersetzt das Religiöse ins Phänomenologische. Das

Wort ›Epiphanie‹ (ἐπιφάνεια) hat dieselbe Wurzel wie ›Phänomenologie‹. Es steht für das, was sich von sich aus, unintendiert, zeigt (ἐπιφαίνεσθαι), also für das, was nach Levinas die husserlsche Phänomenologie überschreitet. Levinas erweitert so mithilfe eines religiösen Begriffs einen philosophischen. Er setzt nun beim ›*Gesicht*‹ an. Phänomenologisch betrachtet ist die ›*Sprache*‹, die die Augen des Andern sprechen, wenn man in sie sieht, nicht an ihnen allein ablesbar, sondern am Gesicht, aus dem sie sehen. Das Gesicht im Ganzen ›spricht‹. Es ›sagt‹ unendlich viel, man ›weiß‹ sogleich, wenn man es sieht, ›mit wem man es zu tun hat‹ und wie man mit ihm umgehen muss. Man ›weiß‹ dann auch, was man zu ihm sagen kann und was nicht und wie man es sagen kann und wie nicht. Insofern ist das Gesicht des Andern ›*das erste Intelligible*‹, das Erste, was man versteht.

Und dennoch erscheint es ›*nicht als eine Repräsentation*‹. Man ›versteht‹ ein Gesicht unmittelbar, ohne auch nur entfernt artikulieren zu können, was es ›sagt‹. Man kann nichts und zugleich immer mehr darüber sagen – insofern ist es ›*unendlich*‹. Seine Sprache ist, wie Levinas in der Abhandlung *Sprache und Nähe* von 1967 schreibt, »Sprache vor der Sprache« (langage d'avant la langue), konkrete, wortlose Sprache vor der in Worten und Begriffen repräsentierbaren Sprache (DEHH 232/286). Im Vorwort zur deutschen Übersetzung von *Totalité et Infini* (1987) heißt es dann: »Antlitz, das schon Sprache ist, den artikulierten Worten zuvor, ursprüngliche Sprache des menschlichen Antlitzes, bevor es sich eine bestimmte Haltung gibt – oder auferlegt –, hinter den Eigennamen, den Titeln und dem, was allgemein zählt.« (9) Das Gesicht ›spricht‹ unwillkürlich und korrigiert stets, was man über es zu sagen versucht: ›*Das Ausdrückende steht hier dem Ausdruck bei, kommt sich selbst zu Hilfe.*‹ Levinas spielt hier wieder auf Platons *Phaidros* an, auf die berühmte Schriftkritik, die Platon gegen Ende des Dialogs Sokrates in einer mythischen

Erzählung vortragen lässt (274c - 277a). Danach ist die Schrift, die sich zur Bewahrung allgemeiner Lehren anbietet, eine Gefahr für das philosophische Denken. Denn sie kann in beliebige Hände kommen und sich nicht vor Missverständnissen schützen, sich nicht ›selbst zu Hilfe kommen‹ (βοηθῆσαι, 275e5), um zu sagen, wie sie zu verstehen ist, sondern bedarf dazu ›immer ihres Vaters Hilfe‹, des Autors, der sie verfasst hat und der seine Intentionen geltend machen kann. Die Sprache des Gesichts braucht eine solche Hilfe nicht.

Wir werden im nächsten Kapitel darauf eingehen, inwiefern das Gesicht des Andern *›meine Freiheit‹* als *›mörderisch‹* entlarvt. Halten wir zunächst nur fest, was Levinas selbst noch einmal betont, dass mein Blick in die Augen oder nun: in das Gesicht des Andern eine Herausforderung meines Selbst und als solche keine Sache eines theoretischen Wissens ist. Sie ist eine ethische Forderung, die vom Andern an mich ergeht, ohne Maß und Norm, von *ihm* als Individuum an *mich* als Individuum. Sie kann niemals erfüllt werden, weil die Andersheit des Andern immer noch weiter reicht, als meine Intentionen und Begriffe fassen können. Sie schränkt meine *›Freiheit‹* ein, die sich behaupten will. *›Das ethische Bewusstsein‹* ist damit nichts Empfehlenswertes und Angenehmes. Levinas setzt das Ethische extrem nüchtern, ja hart an. Er stützt es nicht nur nicht auf ›Normen‹ und ›Werte‹, über die man zum ›Konsens‹ kommen kann, sondern auch nicht auf zwischenmenschliche Solidarität, wie sie sich in ›Wohlwollen‹, ›Mitleid‹, ›Altruismus‹ ausdrückt, und nicht einmal auf den guten Willen. Es tritt nach ihm als Nötigendes auf, das das Leben schwer macht.

Aber eben deshalb könnte es das sein, was das Leben bewegt. Levinas gebraucht für das ethische Bewusstsein zuletzt eine medizinische Metapher, das Bild vom Sich-Zusammenziehen (Systole, συστολή) und Wieder-Ausdehnen (Diastole, διαστολή) des Herzens. Das in seiner Repräsentation autonome Bewusstsein ›zieht sich‹ vor dem Sich-Präsentieren des Gesichts des Andern ›zurück‹, um sich dann wieder auszudehnen, um das, was sich ihm da präsentiert, wieder anzueignen und auf seine Weise zu repräsentieren. Das Ethische ist danach das Herz des Lebens, aber doch nur *eine* Phase des Herzschlags, die Systole, der wieder die Diastole folgen muss, wenn der Mensch unter der ethischen Nötigung am Leben bleiben soll. Levinas bleibt auch hier ganz nüchtern. Der ethischen Herausforderung des Ich durch den Andern muss periodisch die Rückkehr zur ›Freiheit‹, zur ›Autonomie‹, zum ›Solipsismus‹ folgen, damit das Ich seine Kräfte wiederherstellen kann. Das heißt auch: die Rückkehr zum Genuss. Levinas weiß, dass niemand der ethischen Nötigung dauernd gerecht werden kann, wohl aber jeder und jede von Zeit zu Zeit und von Fall zu Fall. Dazwischen braucht das Leben den Genuss.

4.2.3 Bedingung des Ethischen: Genuss in der Trennung

Die am meisten diskutierten ethischen Paradigmen, das aristotelische, das utilitaristische und das kantische, unterscheiden sich am deutlichsten in ihrer Stellung zum Genuss des Lebens, zum Glück. Das aristotelische Paradigma ist am Glück des Einzelnen in seiner Gesellschaft orientiert, an der Erfüllung der eigenen Möglichkeiten im Zusammenleben mit andern, die auf Dauer ein gutes Lebensgefühl (εὐδαιμονία) schafft. Voraussetzung dafür war bei Aristoteles die Autarkie (αὐτάρυχεια), die politische und ökonomische Selbständigkeit des Einzelnen in der Gesellschaft und der Gesellschaft im Ganzen. Im dauernden Wettbewerb der griechischen Stadtstaaten war die eine nur durch die andere möglich; jeder Einzelne hatte sich hier ständig bereitzuhalten, mit eigener Kraft und aus eigenen Mitteln für die Erhaltung und die Vormacht seines Stadtstaates einzutreten, der ihm wiederum sein eigenes, selbständiges Glück ermöglichte. Das moderne, in England begründete utilitaristische Paradigma geht von befriedeten, auf ökonomischen Austausch ausgerichteten Gesellschaften aus und macht den ›Nutzen‹ in Gestalt des ›größtmöglichen Glücks der größtmöglichen Zahl‹ zum Maßstab. Es soll ethische Aufgabe des Staates sein, soziale Verhältnisse herbeizuführen, mit denen möglichst viele am meisten zufrieden sein können. Soweit die Einzelnen abweichende Vorstellungen vom Glück haben, müssen sie, wenn die allgemeinen Vorstellungen es erfordern, auf sie verzichten, sie opfern. Nach Kant geht es in der Ethik gar nicht um Glück. Das Ethische ist im Gegenteil eben daran kenntlich, dass es schwerfällt, dass es dem Glück oder den ›Neigungen‹ entgegengesetzt ist, dass man sich zu einem Handeln genötigt sehen kann, das den eigenen Interessen in keiner Weise nützt, sondern nur ›aus Pflicht‹ geschieht, einer Pflicht, die die ›bloße Vernunft‹ vorschreibt. Es kommt dann auch nicht auf das Glück mit den andern oder unter den andern an.

Levinas stellt das Ethische ebenfalls dem Glück entgegen, doch ohne es aus ihm auszuschließen; er hebt es ebenso vom kantischen wie vom aristotelischen und utilitaristischen Paradigma ab. Darüber hinaus weist er auch hier die hegelsche Dialektik zurück, um es zu bestimmen. Er fährt im Text von *Signature* fort:

»Die – so beschriebene – Ausrichtung zur Höhe des Andern hin ist wie eine Abstufung im Sein selbst (un dénivellement dans l'être lui-même). Das Oberhalb (L'au-dessus) zeigt keine Tilgung (néantisation), sondern ein ›Mehr-als-Sein‹ (plus qu'être) an, Besseres als das Glück der sozialen Beziehung. Seine ›Herstellung‹ (production) wäre unmöglich ohne die

Trennung (séparation), die sich ihrerseits nicht auf ein dialektisches Pendant zur Beziehung zum Andern zurückführen läßt. Denn die Dialektik von Trennung und Vereinigung (union) vollzieht sich immer nur in einer Totalität. Das Prinzip der Trennung kommt nicht vom Unglück der Einsamkeit her, die schon dem Andern zugewandt ist, sondern vom Glück des Genusses (le bonheur de la jouissance). Nur dann wird es möglich, einen Pluralismus aufrechtzuerhalten, der sich nicht auf eine Totalität zurückführen läßt.«

In der ›*Neigung im Sein*‹, die die ethische ›*Ausrichtung zur Höhe des Andern hin*‹ bewirkt, ist das ›*Glück der sozialen Beziehung*‹ die untere Ebene, das weniger Gute. Es umfasst ebenso die (griechische) Autarkie des Stadtstaats wie den (englischen) Nutzen der Gesellschaft. Beide stellen ein Allgemeines dar, dem das Glück Einzelner, im äußersten Fall ihr Leben geopfert werden kann. Sie lassen, wie jedes Allgemeine, die ›*Tilgung*‹, Neutralisierung, Vernichtung Einzelner zu. Im Hinblick darauf ist die ethische Nötigung durch den Anderen, durch jeden einzelnen Anderen, das ›*Bessere*‹ und ›*Mehr-als-Sein*‹. Ihre Voraussetzung ist die ›*Trennung*‹, wie Levinas das ›Außerhalb-Sein‹ jetzt auch in *Signature* nennt, also dass die Einzelnen kein Allgemeines *a priori* verbindet. Levinas besteht darauf, dass die Trennung sich auch nicht dialektisch denken lässt.

Hegel verwendet am Ende des Abschnitts *Das Gewissen. Die schöne Seele, das Böse und seine Verzeihung* seiner *Phänomenologie des Geistes* einen Begriff, der Levinas' Begriff der Trennung nahekommt, den Begriff der ›absoluten Diskretion‹. Es ist sein Begriff für den ›Solipsismus‹ oder dafür, dass jeder Einzelne *seine* Vorstellungen von sich und der Welt und insbesondere seine eigenen *moralischen* Vorstellungen hat, auf die er auch ein moralisches Recht zu haben glaubt und die er darum mit Überzeugung vertritt. Gerade diese moralischen Vorstellungen sollen von der Welt im Ganzen gelten. Sie können jedoch mit den moralischen Vorstellungen anderer in dieser Welt ›hart‹ in Gegensatz stehen und bei ihnen ›höchste Empörung‹ hervorrufen. Eine Versöhnung ist dann nicht möglich. Denn man bezichtigt einander nun wechselseitig, ›böse‹ zu sein, und kann dann nicht einmal mehr miteinander sprechen – ›absolute Diskretion‹, vollkommene ›Trennung‹. Nach Hegel können dies beide Seiten jedoch einsehen und können dann auch nicht dabei stehen bleiben. Sie müssen erkennen, dass sie aus moralischen Gründen die andersartigen moralischen Vorstellungen des andern ›anerkennen‹ müssen. Sind sie dazu imstande, so ›erscheint‹ nach Hegel ›der Gott mitten unter ihnen‹. Die ›Verzeihung‹, dass jeder den andern für böse hielt, ist der Anfang der Religion. In ihr ist nach Hegel die ›absolute Diskretion‹ zugleich anerkannt und überschritten, ›*die Dialektik der Trennung und Vereinigung*‹ also vollzogen.

Es müsste eingehend untersucht werden, mit welchem Recht Levinas auch hier eine ›Totalität‹ von der Art sieht, dass sie den Anderen über die Trennung hinweg ›vereinnahmen‹ würde. Das ist hier nicht möglich, aber auch nicht notwendig. Zur Unterscheidung von Hegels und Levinas' Verständnis der Trennung reicht schon aus, dass Hegel von einer Gegenseitigkeit des Anerkennens ausgeht und in ihrem Zeichen die ›Vereinigung‹ möglich wird. Für Levinas dagegen bedeutet das ›*Prinzip der Trennung*‹ auch den Verzicht auf Gegenseitigkeit. Denn wo Gegenseitigkeit erwartet oder gar gefordert wird, hat man es schon mit einer Beziehung zu beiderseitigem Nutzen zu tun, einer ›Beziehung, von der beide etwas haben‹, also mit einer im weitesten Sinn ökonomischen Beziehung. Auf solche Beziehungen können dann auch wieder soziale Ordnungen, Normen und Werte begründet werden. Levinas dagegen besteht darauf, dass das Ethische, wie er im späteren Vorwort zu *Totalité et Infini* schreibt

(10), »außerhalb jeglicher Vermittlung, jeglicher Motivation aus einer gattungsmäßigen Gemeinschaft, außerhalb jeder vorgängigen Verwandtschaft und a priori gebildeten Synthese« seinen Ursprung hat.

›Trennung‹ ist für ihn darum ein positiver Begriff. Sie bedeutet nicht das ›*Unglück der Einsamkeit*‹. Einsamkeit ist nur ein Unglück, wenn sie vom ›Glück der sozialen Beziehung‹ her gedacht wird. Levinas verbindet sie stattdessen mit dem ›*Glück des Genusses*‹. Das Glück des Genusses ist das Glück vor der ethischen Beziehung zum Andern und ihre Bedingung. In *Signature* gibt Levinas nur das Stichwort, in *Totalité et Infini* dagegen widmet er dem Glück des Genusses ein ausführliches Kapitel. Er überschreibt es *Innerlichkeit und Ökonomie* und analysiert darin die »Beziehungen, die sich im Rahmen des Selben entfalten« (TI 82/151). Dabei rehabilitiert er den Genuss gegen seine Herabsetzung durch die ›Vernunft‹ und setzt ihn den düsteren Existenzialien aus Heideggers *Sein und Zeit* entgegen. Er ist die andere Seite seiner im Übrigen so herausfordernden Ethik. Wir gehen wenigstens kurz darauf ein.

Im Genuss zeigt sich die positive Seite des ›es gibt‹. Das Leben lebt, so Levinas, zuerst vom schlichten Genuss dessen, was ›es gibt‹. Das, was ›es gibt‹, ist nicht zuerst ›Zeug‹ zum Gebrauch für die ›Sorge‹ ums Dasein, wie Heidegger es nannte, sondern zunächst einmal, so Levinas, ›Element‹, in dem man sich aufhält. »Bevor die Welt ein System von Werkzeugen (système d'outils) ist«, schreibt Levinas in *Le temps et l'autre* (*Die Zeit und der Andere*), »ist sie eine Sammlung von Nahrungsmitteln (ensemble des nourritures).« (TA 45/36) Sie ›unterhält‹ das menschliche Leben im doppelten Sinn, versorgt es mit Nahrung, Wohnung, Arbeit, Mitteln zum Tausch und hält das Interesse an ihr wach, indem sie mit immer Neuem überrascht. Man lebt nicht nur, um zu überleben, sondern auch für das Glück dieses Genusses: »Das

Leben ist nicht nackter Seinswille (volonté nue d'être), ontologische *Sorge* um dieses Leben«, sondern ebenso »*Liebe des Lebens* (*amour de la vie*). [...] Das Glück ist kein Zufall des Seins (accident de l'être); denn das Sein riskiert sich für das Glück (se risque pour le bonheur).« (TI 84/155f.) »Leben heißt das Leben genießen. (Vivre, c'est jouir de la vie.)« (TI 87/160)

Schon in diesem Genuss, nicht erst aufgrund seiner Vernunft ist der Einzelne, das ›Seiende‹, ›autonom‹: »Man wird Subjekt des Seins nicht dadurch, daß man das Sein übernimmt (en assumant l'être), sondern indem man sich des Glücks erfreut (en jouissant du bonheur), indem man den Genuß, der auch eine Erhebung (exaltation), ein ›Über-dem-Sein‹ (›au-dessus de l'être‹) ist, verinnerlicht.« (TI 92/166) Die Autonomie im Genuss aber ist zugleich eine leibliche und sinnliche. Das Sinnliche wird nicht nur, wie Kant es ansetzte, als Material des Verstandes zur Objektivierung von Gegenständen erfahren, sondern als Vielfalt und Fülle, die die Sinne genussvoll unterhält, ihnen schmeichelt und Lust macht, immer noch mehr zu erfahren: »Das Sichtbare liebkost das Auge. Man sieht und hört, wie man berührt.« (DEHH 228/279) Das Sinnliche weist nicht nur über sich hinaus auf einen Verstand, der es ordnet. Es befriedigt selbst und unmittelbar und gibt von sich aus Halt (vgl. TI 108ff./191ff.). »Das Stück Erde, das mich trägt, ist nicht nur mein Gegenstand; es trägt meine Erfahrung des Gegenstandes.« (TI 111/195f.) Der sinnliche Genuss trägt und hält auch den Logos, der, so wie die europäische Philosophie ihn konzipiert hat, auf ihn herabsieht und ihn als flüchtig und haltlos verdächtigt.

Levinas setzt in *Totalité et Infini* alles daran, die Erniedrigung des Genusses zu revidieren. Er versteht auch das Ich, das Selbst aus dem Genuss: sofern nämlich Genuss immer Selbstbezug und der Selbstbezug immer auch Genuss ist. Als Genuss aber ist das Selbst nichts Festes und Bleibendes und braucht es auch nicht zu sein. Der Genuss ist sich selbst genug, er ist »das Genügen selbst« (TI 36/86). Er bedarf, um Genuss zu sein, nicht einmal der Vorstellung des Ich, die, wovon schon Kant ausging (vgl. KrV B 131 f.), nur gelegentlich auftaucht und verschwindet, wie ein ›Affekt‹. Die Vorstellung des Ich taucht im Gegenteil in der Regel dann auf, wenn der Genuss schal wird und verschwindet. So betrachtet konstituiert sich das Ich nicht abstrakt als ›Ich denke‹, sondern konkret als Versuch, von Fall zu Fall das Glück des erlebten Genusses zu erhalten. Damit bleibt es stets an das Leben gebunden.

Der Genuss, so Levinas weiter, organisiert sich im Leib und als Leib. Der Leib, den Sokrates in Platons Dialog *Gorgias* (493a) ein ›Grab‹ des Denkens nannte, ist der Halt des Genusses und damit des Selbstbezugs. Er ist ›sensibel‹, fähig, Erlebnissen nachzugehen und sie gesteigert zu erfahren, und darin ist er zugleich aktiv und passiv, ›Herr‹ und ›Sklave‹ (corps-maître – corps-esclave) (TI 138/236), und ein stetiges Umschlagen vom einen ins andere, von Abhängigkeit in Unabhängigkeit und umgekehrt (TI 87/159). Der menschliche Leib ist so gebaut, dass er lange auf die Befriedigung seiner Bedürfnisse verzichten und dadurch die Lust ihrer Erfüllung steigern kann; so wird er inmitten seiner Abhängigkeiten unabhängig, wird Herr seiner Abhängigkeiten und findet darin neuen Genuss: »Leben von ..., das ist die Abhängigkeit, die in Unabhängigkeit (souveraineté), in ein wesentlich egoistisches Glück umschlägt.« (ebd.) »Das Glück besteht nicht in einer Abwesenheit von Bedürfnissen, deren Tyrannei und Zwangscharakter man anklagt, sondern in der Befriedigung aller Bedürfnisse (satisfaction de tous les besoins). [...] Das Glück ist Erfüllung (accomplissement): Es ist in einer befriedigten Seele (âme satisfaite) und nicht in einer Seele, die ihre Bedürfnisse ausgelöscht hat, einer verstümmelten Seele (âme châtrée).« (TI 87 f./160) Eine besondere Form der Unabhängigkeit in der Abhängigkeit ist dann der ästhetische Genuss, in dem das Sinnliche aus der Distanz genossen wird, eine weitere der Genuss des gütigen Gebens und erotischen Sich-Hingebens ... Die jüdische Tradition hatte nie Schwierigkeiten, auch das Sinnliche, Leibliche, Erotische gelten zu lassen.

Durch den ›Aufschub‹ (ajournement) der Befriedigung der Bedürfnisse, den der Leib verschafft, gewinnt das Leben wiederum Zeit. Es ist diese Zeit des Aufschubs, durch die sich auch das Verhältnis zum Tod verändert. Vom Glück des Genusses her wird der eigene Tod nicht (wie für Heidegger) als die jedem eigene Möglichkeit erfahren, zum Eigentlichen seiner Existenz zu kommen, sondern als das zwar bevorstehende, aber eben noch ausstehende Ende des Genusses, das vorerst noch Zeit zum Genuss lässt. Und weil der Tod, solange er nicht eingetreten ist, immer noch Möglichkeiten des Genusses lässt, streben ihn auch so wenige wirklich an. Da der Tod weder denkbar noch erfahrbar ist, stellt er gar nicht vor »die Alternative von Sein und Nichts« (TI 209/340). Für Levinas hat er seine Bedeutung vielmehr wiederum vor allem in Bezug auf den Andern. Zum einen könnte der Tod von ihm, dem Anderen, kommen, als Totschlag oder Mord (TI 210/341), und dann ist »die Furcht um mein Sein, die meine Beziehung zum Tod ist, nicht die Furcht vor dem Nichts, sondern die Furcht vor der Gewalt (und damit verlängert sie sich in die Furcht vor dem Anderen, dem absolut Unvorhersehbaren)« (TI 212/344). Zum andern aber kann auch ich, kann mein Genuss dem Andern den Tod bringen – hier bricht das Ethische in den Genuss ein.

Levinas zieht die Horizonte des Genusses jedoch zunächst noch weiter. Danach erweitert sich der Genuss des Ich vom Leib aus zum Genuss eines ständigen Aufenthalts, einer ›Bleibe‹ (demeure) und eines ›Hauses‹ (maison). Das konkrete Ich, das seine ihm zufließende Welt genießt, sammelt sich (se recueille) in einem Vertrauten und Annehmlichen und flüchtet sich immer wieder dorthin (se réfugie). Die Bleibe, das Haus ist im doppelten Sinn ›diskret‹: unterschieden von der übrigen Welt und geschützt vor ihr, ein Ort bleibenden Glücks. Levinas setzt hier die Dimension der Weiblichkeit (féminité) an, was ihm viel Kritik, insbesondere von Luce Irigaray, eingetragen hat. Er versteht das Weibliche als das, was diskrete Orte des Glücks schafft und darin ›empfangen‹ kann (accueillir), ohne zu ›vereinnahmen‹ (recueillir) (TI 128 f./222 f.). Es schaffe als Raum eines bleibenden Genusses eine ›Innerlichkeit‹ (intériorité), die Gegensatz, aber auch Voraussetzung der Exteriorität (extériorité) und darum wiederum des Ethischen sei. Es ist, so Levinas, der Raum der Ökonomie im Sinn der ›Haushaltung‹ mit dem, was zum Leben gegeben ist. Diese Ökonomie schließt dann Besitz, Arbeit und Tausch ein. Durch Arbeit werden ›Werke‹ hergestellt, die als ›Dinge‹ bleiben; die Arbeit ist so der Anfang der ›Ontologie‹. Mit der Verfügung über die Dinge als eigener Werke aber steigert sich auch die Bewusstheit und Reflektiertheit des Lebens, tritt sie immer mehr in den Vordergrund. So konnte die objektivierende zur herrschenden Einstellung werden und sich ausweiten bis hin zur totalen Verfügung über die Dinge, in der alles durch alles austauschbar wird.

Bei alldem aber, dem Genuss, der Bleibe, der Arbeit, den Werken, setzt sich das Ich wiederum anderem aus. Der Genuss und die Arbeit vereinnahmen wohl das, was ›es gibt‹, und verfügen darüber. Doch zugleich lässt man sich, indem man anderes genießt und an ihm arbeitet, auf es ein und verändert dabei immer auch sich selbst. Am deutlichsten ist das an der Sprache. Sie ist eine Bleibe (nach Heidegger das ›Haus des Seins‹) und ein Werk, das man immer neu hervorbringt, sie ist am leichtesten auszutauschen und trägt zur Steigerung des Austauschs von allem

Übrigen bei. Aber durch sie setzt man sich auch am meisten anderen aus.

Mit der Sprache ist erneut die Grenze zum Ethischen berührt. Auch sie kann verletzen, Gewalt ausüben, gewollt oder ungewollt. Der Blick in das schutzlose Gesicht des Andern kann diese Gewalt aufhalten. Jenseits des Von-Angesicht-zu-Angesicht ist aber ebenfalls Genuss möglich. Levinas lässt in *Totalité et Infini* auf das Kapitel *Innerlichkeit und Ökonomie* ein Kapitel *Das Antlitz und die Exteriorität* folgen, auf dieses aber noch ein Kapitel *Jenseits des Antlitzes* Dort entwickelt er eine ›Phänomenologie des Eros‹, des Genusses des Anderen jenseits der Möglichkeit der Gewalt und des Mordes, deren man im Von-Angesicht-zu-Angesicht gewärtig wird. Levinas' Phänomenologie des Eros beginnt als Phänomenologie des Liebkosens und Liebkost-Werdens, in dem der eigene Leib vom Leib des Anderen her neu und überraschend, anders erlebt wird, als man ihn je selbst erleben kann, und sie schließt mit der Fruchtbarkeit, dem Zeugen von Kindern, in denen das Selbst wiederkehrt, aber wiederum als ein Anderer oder eine Andere von Angesicht zu Angesicht.

4.2.4 Unbedingtheit des Ethischen

Mit dem kurzen Hinweis auf das Glück des Genusses bringt Levinas seine Vorstellung von *Totalité et Infini* zu Ende. Er schließt sie mit einer neuerlichen Betonung der Ursprünglichkeit des Ethischen auch vor dem Theoretischen:

»Der Andere, der sich durch das Gesicht offenbart, ist das erste Intelligible, noch vor den Kulturen, vor deren Anschwemmungen (alluvions) und deren Anspielungen (allusions). Das bedeutet die Unabhängigkeit der Ethik von der Geschichte. Zu zeigen, daß die erste Bedeutung der

Moralität entspringt – der quasi-abstrakten Epiphanie des von jeder Qualität entblößten Gesichts – absolut – sich lösend (s'absolvant) von den Kulturen –, heißt, dem Begreifen des Wirklichen durch die Geschichte eine Grenze zu ziehen und den Platonismus wiederzuentdecken.«

Die Ursprünglichkeit des Ethischen, das soll am Ende deutlich sein, verändert nicht nur den Begriff des Ethischen, sondern auch die Begriffe des Einsehens, Erkennens und Begreifens, des ›*Intelligiblen*‹ überhaupt. Das Gesicht des Andern, so Levinas, ist die ›*erste Bedeutung*‹, die mir im anonymen und chaotischen ›es gibt‹ wie eine ›Epiphanie‹ aufgeht, wie eine Offenbarung, für die es keine Gründe mehr gibt, die mir ›etwas sagt‹, ohne dass und bevor ich Worte und Begriffe dafür habe. Wenn das so ist, dann gibt es eine Bedeutung ohne Begriffe und vor den Begriffen, und wenn es eine solche Bedeutung gibt, dann könnte dies eine Bedeutung nicht nur neben den Bedeutungen der Begriffe sein, auf die das europäische philosophische Denken sich konzentriert hat, sondern eine Bedeutung, aus der sich auch die Bedeutungen der Begriffe speisen. Sie wäre dann, so Levinas, eine ›*quasi-abstrakte*‹ Bedeutung, die am Anfang aller Abstraktionen steht. Abstraktion, wörtlich die Operation des ›Abziehens‹, ist eine Weise, Begriffe durch Begriffe zu ersetzen, das Absehen von konkreteren und ausführlicheren Begriffen zugunsten von allgemeineren und kürzeren Begriffen. Sie dient dazu, den anonym-chaotischen Umkreis der Dinge aufgrund von benennbaren ›Qualitäten‹ oder Prädikaten einsichtig und übersichtlich, ›intelligibel‹ zu machen. Je weiter die Abstraktion geht, je allgemeiner und, im Verständnis des europäischen Denkens, je ›höher‹ sie wird, desto ärmer, bedeutungsloser werden die Aussagen, bis hin zur allgemeinsten und bedeutungsärmsten Aussage, dass die Dinge ›sind‹ (und nicht ›nicht sind‹), zum völlig ›neutralen‹ Prädikat des ›Seins‹. Das ›Sein‹

hat im Übrigen keine benennbaren Qualitäten mehr. Darin gleicht ihm das Gesicht, und insofern ist es ebenso ›abstrakt‹ wie das ›Sein‹. Aber im Gesicht ist von den benennbaren Qualitäten nicht abstrahiert, es hat sie nicht ›nicht mehr‹, sondern es hat sie ›noch nicht‹, und darum ist es ›*quasi-abstrakt*‹. Alle Prädikate reichen nicht aus, um zu benennen, was es besagt, es entzieht sich immer neu den Prädikationen. Aber eben darum *provoziert* es unablässig Prädikationen und geht ihnen insofern voraus (vgl. TI 151 ff./256 ff.).

Das ›erste Intelligible‹ wäre so, jedenfalls in der alltäglichsten und zugleich spannungsvollsten, ereignisreichsten Erfahrung des Von-Angesicht-zu-Angesicht, eine nicht benennbare Quelle von Benennungen, das Gesicht des Andern. Alles Übrige käme dann nach, und das ›erste Intelligible‹ dürfte darum nicht auf es zurückgeführt werden, auf die ›Kulturen‹ mit ihren ›Sedimenten‹ und die ›Geschichte‹ mit ihren ›Totalitäten‹, von denen schon die Rede war und die beide auf ihre Weise einen Kosmos von Benennungen bereitstellen, der sich jedem zum ›*Begreifen des Wirklichen*‹ anbietet. Im Kosmos der Philosophie-Geschichte, wie ihn Levinas sich zurechtlegt, bedeutete dies den Rückgang vom ›Absoluten‹ Hegels, dem Absoluten des sich selbst in all seinen Bewegungen begreifenden Begriffs, auf das ganz andere ›Absolute‹ Platons, jenes ›Gute jenseits des Seins‹, ἐπέχεινα τῆς οὐσίας (Staat, 509 b), das »Gute«, wie Levinas am Ende seines Vorworts zur deutschen Übersetzung von *Totalité et Infini* schreibt (12), »in bezug auf welches das Sein selbst erscheint. Das *Gute*, von dem das Sein in seiner Darstellung erhellt wird und dem es seine ontologische Kraft verdankt. Das *Gute*, um dessentwillen ›jede Seele alles tut‹.« (Staat, 505e)

4.3 Revision der Systematisierung: *Jenseits des Seins oder anders als Sein geschieht*

1964, drei Jahre nach *Totalité et Infini*, erscheint Jacques Derridas kritischer Essay *Gewalt und Metaphysik*. Zehn Jahre später, 1974, legt Levinas sein neues Werk *Autrement qu'être ou au-delà de l'essence* vor, das er durch eine Reihe bedeutsamer Abhandlungen vorbereitet hat, darunter *La trace de l'autre* (*Die Spur des Anderen*) von 1963, *Langage et proximité* (*Sprache und Nähe*) von 1967 und *La substitution* (*Die Substitution*) von 1968 (beide in DEHH). 1976 ergänzt er *Signature* durch einen Abschnitt, in dem er die Revision andeutet, der er sein Denken inzwischen unterzogen hat. Das Wichtigste dazu ist oben, im zweiten Kapitel zur Übersicht über Levinas' Werk, schon gesagt worden.

»Seit *Totalité et Infini* konnte diese Beziehung zum Unendlichen als irreduzibel auf die ›Thematisierung‹ dargestellt werden. Das Unendliche bleibt immer ›Dritte Person‹, ›Es‹ (Il), trotz des ›Du‹ (Tu), dessen Gesicht mich angeht (concerne); das Unendliche affiziert (affecte) das Ich, ohne daß das Ich es beherrschen (dominer) könnte, ohne daß das Ich durch die *arché* des Logos das Unermeßliche des Unendlichen ›übernehmen‹ (›assumer‹) könnte, das auf diese Weise das Ich *anarchisch* affiziert (affectant), indem es sich als Spur (trace) in die absolute Passivität (passivité absolue) einprägt (s'imprimant), die aller Freiheit vorausgeht und sich als ›Verantwortung-für-den-Andern‹ (›Responsabilité-pour-Autrui‹) zeigt, die von dieser Affektion hervorgerufen wird. Der letzte Sinn einer solchen Verantwortung besteht darin, das Ich (Moi) in der absoluten Passivität des *Sich* (*Soi*) zu denken – als die schiere Tatsache, daß man für den Andern *eintritt* (se *substituer* à l'Autre), daß man dessen *Geisel* (*otage*) ist und daß man in dieser Vertretung nicht nur *anders ist* (*être autrement*), sondern, gleichsam befreit vom *conatus essendi*, *anders als Sein* (*autrement qu'être*). Die ontologische Sprache, von der *Totalité et Infini* noch Gebrauch macht, um eine nur psychologische Bedeutung der vorgelegten Analysen auszuschließen – wird von nun an vermieden. Und die Analysen selbst verweisen nicht auf die *Erfahrung* (l'*expérience*), bei der ein Subjekt immer das thematisiert, was ihm gleichkommt, sondern auf die *Transzendenz* (*transcendance*), wo es auf das antwortet, was seine Intentionen nicht ermessen haben.«

Den Anlass der Revision nennt Levinas am Anfang und am Ende des Abschnitts. Die philosophischen Erfahrungen, die Levinas in *Totalité et Infini* namhaft gemacht hatte, sollten Erfahrungen sein, die sich der ›*Thematisierung*‹ entziehen. Dennoch musste er ja über sie sprechen und konnte dies, wenn er überhaupt verstanden werden sollte, nur in der alten ›*ontologischen Sprache*‹ tun. Er hatte durch sie, im Anschluss an Husserl und Heidegger, die ›*psychologische*‹ Sprache vermeiden wollen, die die phänomenologischen Beschreibungen, die er versuchte, und die existenziellen Fragen, die er damit verband, zu bloßen Gegenständen des persönlichen Erlebens und Verhaltens gemacht hätte. Auf den Begriff ›*Erfahrung*‹ hatte er zurückgegriffen, um deutlich zu machen, dass der Andere nicht zuerst (aktiv) erkannt, sondern (passiv) erfahren, ›erlitten‹ wird.

Nun sieht er, dass auch im Gebrauch der ontologischen Sprache und im Rückgriff auf den Begriff der Erfahrung noch ein Vorgriff auf die Andersheit des Andern liegen könnte. Denn auch ›Erfahrung‹, die in Levinas' Sinn das Subjekt über sich selbst hinausführen, es transzendieren sollte, wurde im europäischen Denken, etwa bei Hume und Kant, so verstanden, dass das erfahrende Subjekt ›*immer das thematisiert, was ihm gleichkommt*‹: Es kann nicht anders, als alles, was es erfährt, in *seinen* Horizonten, *seinen* Vorstellungen und *seinen* Begriffen zu repräsentieren. Die Thematisierung selbst gleicht das Erfahrene dem Erfahrenden an. Levinas aber ging es um die ›Erfahrung‹ der Transzendenz eben dieser Horizonte, Vorstellungen und Begriffe, von der das Denken überrascht wird und für die nicht humesche oder kantische Erfahrungen, sondern die platonische Idee des Guten und die cartesische Idee des Unendlichen das Modell abgaben. So ersetzt er nun den Begriff der Erfahrung durch den der ›*Transzendenz*‹ selbst, die aber weiterhin als ›erfahrene‹, nicht nur gedachte Transzendenz zu denken ist, als Transzendenz, die alle ›*Intentionen*‹, alle aktiven ›Ausrichtungen‹ des Subjekts überschreitet und die Maßstäbe, die es von sich aus vorgibt.

Für diese Transzendenz galt es nun eine Sprache zu finden, die sie nicht ihrerseits ontologisch thematisiert, dadurch als ein theoretisch zu fassendes ›Sein‹ ausgibt und so vorgibt, über sie zu verfügen, sie zu ›*beherrschen*‹. ›Beherrschen‹ nicht nur, wie man eine Sprache ›beherrscht‹, d.h. alle ihre Bedeutungen und deren Verwendungsweisen kennt und sich auf diese Weise sicher in ihr bewegt, sondern ›dominieren‹. Levinas verbindet dieses Dominieren-Wollen mit einem Urbegriff der europäischen Philosophie, dem griechischen Begriff der *arché* (ἀρχή). ›Αρχή‹ ist zugleich ›Ursprung‹ und ›Herrschaft‹, Ursprung, aus dem alles entspringt und der darum alles beherrscht. Nach unterschiedlichen Vorschlägen, die ἀρχή zu bestimmen (Aristoteles stellt sie zu Beginn der *Metaphysik* zusammen), wurde sie von Sokrates und Platon auf den Logos (λόγος), die Rechenschaft gebende Rede, festgelegt und blieb so für die europäische Philosophie maßgeblich. Der Anfang konnte nicht irgendein Gegenstand der Bestimmung, sondern musste die Bestimmung selbst sein. Levinas setzt bei der ἀρχή als λόγος, darüber hinaus aber bei der griechischen Grundentscheidung für die ἀρχή überhaupt an und stellt ihr das ›*An-archische*‹ der Transzendenz entgegen, die den dominierenden Logos unterbricht.

In der Sprache müsste sich dieses An-archische als das erweisen, über dessen Sinn man nicht verfügt, als das, was man nicht abschließend bestimmen kann, sondern immer neu zum Sprechen nötigt. Ein Begriff dafür ist die ›*Spur*‹ (vgl. DEHH 199ff./

230ff.). Schon Heidegger hatte ihn in seinem Aufsatz *Der Spruch des Anaximander* gebraucht, den er 1950 in seiner Sammlung *Holzwege* veröffentlichte, und Derrida hatte ihn in den Mittelpunkt seiner *Grammatologie* gestellt. Levinas deutet durch ihn das Unendliche der Andersheit des Andern, die sich beim Blick in sein Gesicht zeigt. Das Gesicht ist Spur, sofern es ›etwas besagt‹, ohne etwas zu sagen, sofern es ›widersteht‹, indem es dem Widerstand den Boden entzieht, und sofern es eine Verantwortung für den Andern hervorruft, die man nicht gewählt, für die man sich nicht entschieden hat. Wie zuvor vom ›absoluten Widerstand‹ spricht Levinas jetzt von ›*absoluter Passivität*‹. Sie ist ›passiver als jede Passivität‹ (AQ 18/49 u.ö.), eben weil man sich nicht für sie entscheiden kann, weil man zu ihr die Alternative der Aktivität gar nicht mehr hat.

In *Autrement qu'être ou au-delà de l'essence* formuliert Levinas diese absolute Passivität so, dass das Ich nicht zuerst Ich, autonomer Selbstbezug, sondern ›*Sich*‹, heteronomer Selbstbezug, ist. Es erfährt sich selbst erst von der Wirkung her, die von seinem Blick in das Gesicht des Anderen ausgeht. »Zwischen dem Ich (moi) und dem Sich (soi)«, heißt es auch schon in *Le temps et l'autre*, »erscheint ein Intervall. Das identische Subjekt kehrt nicht unmittelbar zu sich selbst zurück.« (TA 45/36) Das Ich wird dann so verstanden, dass es sich erst in der Kommunikation mit anderen konstituiert. Es wird zu einem »anderen gegebenen Zeichen« (signe donné aux autres, AQ 217/370). In der unmittelbaren Kommunikation spricht das Ich in ein Gesicht, das es seinerseits schon angesprochen hat, ohne etwas zu sagen, und dadurch sein Sprechen ›*hervorruft*‹. Levinas akzentuiert dies nun scharf. Das Ich, sagt er nun, ist immer schon ›angeklagt‹ vom Anderen. Er verweist damit wiederum auf den griechischen Sprachgebrauch zurück. ›Anklagen‹ ist die ursprüngliche Bedeutung von ›χατηγορεῖν‹, aus dem sich ›Kategorie‹ ableitet. Levinas greift dies so auf, dass das sprechende, zum Kategorisieren ansetzende ›Ich‹ in der Transzendenz zum Andern in ein kategorisiertes, angesprochenes ›Mich‹ umgekehrt und, für einen Moment, ›sprachlos‹ wird – der Ursprung des Ethischen. Die erste Antwort auf dieses erste Angesprochen-Sein ist dann, so Levinas, das bloße ›Ja, ich höre‹. Dies ist wiederum ein Topos der hebräischen Bibel: in Gestalt des ›Hier bin ich‹ (hebr. ›hineni‹, frz. ›Me voici‹), mit dem Abraham (Gen. 22, 1), Jakob (Gen. 31, 11), Mose (Ex. 3, 4), Jesaia (6, 8) und andere antworten, wenn sie von Gott angesprochen werden, den sie nicht sehen und begreifen können. Levinas sieht im ›Me voici‹ die Antwort auf den Anspruch jedes Andern, der mich nötigt, mich ihm zu stellen (vgl. AQ 145/253 mit der Anm. des Übersetzers u. 186/320).

Auch dieses Sich-Stellen spitzt Levinas nun aufs Äußerste zu. Er steigert es zu einem ›*Eintreten-für-den-Andern*‹ und sogar zu einem ›*Zur-Geisel-des-Andern-Werden*‹. Dies sind starke Gegenbegriffe gegen das, was Spinoza ›*conatus essendi*‹ genannt hat, den unablässigen ›Versuch zu sein‹, die vorherrschende Anstrengung, sich in seinem Sein zu erhalten und seinen Genuss darin zu finden. Baruch de Spinoza (1632 – 1677), ebenfalls ein Jude und wohl der interessanteste und schwierigste jüdische Denker des Jüdischen vor Levinas, war auch ein Denker der ›Totalität‹, der bedeutendste vor Hegel und das wichtigste Vorbild für ihn. Er hatte strikte Folgerungen aus der Philosophie Descartes' gezogen und Gott nicht nur als Ursprung alles Seienden, sondern als das Ganze des Seins gedacht. In dieses göttliche Ganze hatte sich der Einzelne hineinzufinden, dies war die Situation und Aufgabe *seines* Seins. Aber dagegen steht, so Spinoza, eben der Drang des einzelnen Seienden, für sich zu stehen und auf der Erfüllung seiner eigenen Bedürfnisse zu bestehen. So komme alles darauf an, diesen Drang abzuarbeiten, und dies sei nur auf dem Wege möglich, dass man Zug um Zug Einsicht in das göttliche Ganze und dessen Notwendigkeiten gewinne. Finde man sich hinein, so werde man Teil der ›Liebe, mit der Gott sich selbst liebt‹, und werde in dieser Liebe vollkommen zufrieden und ruhig, was auch geschehen möge ... Manche dieser Gedanken kommen Levinas' Gedanken sichtlich nahe. Vor allem setzt Spinoza ebenso bei der Sorge für sich selbst an, um mit ihr zu brechen. Levinas hat sich gegen ihn jedoch hart abgegrenzt (vgl. DL 152-156/104-108). Auch hier sind gründliche Untersuchungen notwendig, um die Berührungen und Distanzen deutlich machen.

Halten wir hier nur fest, dass Levinas entschieden auf der ›Trennung‹ als der ›*Beziehung zum Unendlichen*‹ besteht und aus ihr alles Weitere zu verstehen versucht. Zu Beginn des Schlussabschnitts von *Signature* bringt er die Beziehung zum Unendlichen auf den Begriff der ›*Dritten Person*‹ oder des ›*Es*‹ (*Il*). Damit distanziert er sich von einem weiteren jüdischen Denker des Jüdischen, dem zu seiner Zeit so populären Martin Buber (1878 – 1965) (vgl. v.a. den Artikel *Einige Anmerkungen zu Buber* in HS 57-65/38-48). Auch er hatte, schon 1923, das Grundverhältnis im Sein nicht mehr als intentionales Subjekt-Objekt, sondern als nicht-intentionales Verhältnis unter Personen verstanden, was Levinas auch mehrfach gewürdigt hat. Im Unterschied zu Levinas verstand er das Verhältnis zum Andern jedoch als ›Dialog‹, als Zuwendung des ›Ich‹ und ›Du‹ zueinander in Gegenseitigkeit und auf gleicher Augenhöhe. Ein solches ›Du‹ sollte nicht nur ein anderer Mensch, sondern auch die Natur, vor allem aber Gott sein, Gott als ›ewiges Du‹, das anspricht und ansprechbar ist, dabei aber unaussprechlich bleibt. Von der Beziehung des Ich zum Du, in der es sich selbst vom Du her erfährt, unterschied Buber eine andere Art der Beziehung, die aneignende Beziehung des Ich zum ›Es‹, in der das Begegnende sein Gesicht und seine Stimme verliert und zum bloßen Gegenstand wird. Levinas durchkreuzt die ›nivellierende‹ Harmonie des ›Ich – Du‹, indem er das ›Es‹ in sie hineinträgt, das *er* nun als ›das Unendliche‹ versteht, das ›*trotz*‹ der Begegnung mit dem ›Du‹ auf Distanz bleibt, ohne sich ›thematisieren‹ zu lassen, und insofern eine ganz andere, fremd bleibende ›Dritte Person‹ im Andern ist. Um dieses fremd bleibende ›Unendliche‹ im Andern begrifflich kenntlich zu machen, nennt er es ›Il‹ und seine Unendlichkeit ›illéité‹ (vgl. DEHH 199-202/229-235 u. 21 f./255 f., AQ 15 f./45 f.). Sie erinnert an das anonym-chaotische Rauschen des anfänglichen ›Il y a‹, das ›Es‹ des ›Es gibt‹, das vor der ›ontologischen Sprache‹ liegt und sich ihr unentwegt entzieht.

Exkurs: Levinas' Sprache

Levinas spricht ungewohnt (und für viele unerträglich) pathetisch. Er lässt seine Gedanken mehr ausbrechen, als er sie ausführt, und lässt überall Brüche stehen, statt sie systematisch darzustellen. Er stellt Fragen, ohne sie abschließend zu beantworten, redet oft in unvollendeten, abbrechenden, sich auflösenden Sätzen. Er spricht mehr in Spuren, die affizieren und provozieren, statt in beherrschten, bestimmten, klaren Feststellungen. Er vermeidet Paradoxe nicht, er erzeugt sie. Er spricht selbst ›an-archisch‹. *Signature*, der Text, dem wir bis hierher gefolgt sind, ist ein Beispiel dafür und, als Beitrag zu einem Sammelband von Selbstdarstellungen, nur ein gedämpftes Beispiel. Doch Levinas' an-archisches Sprechen ist konsequent. Indem es mehr andeutet, als es sagt, indem es Spuren legt, statt Definitionen zu geben, begegnet es auch und gerade der Leserin, dem Leser als Anderen, fordert ihr eigenes Sprechen, ihre eigenverantwortlichen Deutungen heraus. Levinas' Texte tragen anders als die gewohnten wissenschaftlichen und philosophischen Abhandlungen keine Lehren vor, für die der Autor ebenso wie die Leserin und der Leser gleichgültig sein sollen. Seine Sprache ist derart anders als die gewohnte, dass er, auch wenn er nicht von sich selbst spricht, in ihr immer gegenwärtig bleibt. Und indem er selbst gegenwärtig bleibt, lässt er auch den Leser frei und macht ihn zum Gesprächspartner. »Die Beschreibung des Von-Angesicht-zu-Angesicht, die wir hier versucht haben«, schreibt er zum Beschluss von *Totalité et Infini* (271 f./428), »wird dem Anderen, dem Leser gesagt, der hinter meiner Rede und meiner Weisheit wieder erscheint. Die Philosophie ist niemals eine Weisheit, weil der Gesprächspartner, den sie in die Arme schließen wollte, ihr schon entkommen ist.« »Anarchie«, heißt es dann in *Autrement qu'être ou au-delà de l'essence* (149/259 Anm.), ist »Identität, die bis auf den Grund abgebaut wird, ohne im Anderen erneut zu entstehen.«

Levinas' Sprache will an-archisch auch im politischen Sinn sein. Sie braucht sich »dem Staat« nicht zu fügen, der in gesellschaftlichen Belangen für Einheit und Einheitlichkeit zu sorgen hat und darum in seiner Sprache auf Identität, Eindeutigkeit, Logik, Konsistenz und Kohärenz bestehen muss: »Durch den Staat erlangen die Vernunft und das Wissen Stärke und Wirksamkeit.« (AQ 216/369) Jeder »logische Rationalismus« hat auch einen »politischen Charakter«, entspringt einem »Bündnis der Logik mit der Politik« (AQ 217/370). In dieses »Bündnis zwischen Philosophie und Staat« wird, so Levinas in Anspielung auf Foucault, auch noch die Medizin einbezogen: »Der Gesprächspartner, der sich der Logik nicht beugt, wird mit Gefängnis oder Anstaltsaufenthalt bedroht oder muß sich dem Renommee der Lehrautorität beugen oder die Behandlung des Arztes über sich ergehen lassen.« (AQ 216/368) Die Philosophie aber braucht nicht staatstragend zu sein. Ihre Sprache kann stattdessen eine »Steigerung der Sprache« (exaltation du langage) sein, die dadurch, dass sie das Etablierte durchbricht, neue Anfänge ermöglicht, für die Religion, die Wissenschaft und die Technik (AQ 228/387) – und dann vielleicht auch für die Politik. Auch Kierkegaard und Nietzsche, der späte Wittgenstein und Heidegger hatten auf ihre Weise versucht, an-archisch zu sprechen, griffen zu ungewöhnlichen Formen philosophischer Schriftstellerei und gebrauchten die ihnen überlieferte philosophisch-begriffliche Sprache so, dass sie zugleich über sie hinausgingen. Sie kamen dabei ebenso zu einem unverkennbar persönlichen, eigenverantwortlichen Sprechen gerade in den allgemeinsten Dingen der Philosophie, und sie wurden dafür von Seiten einer Philosophie, die wissenschaftlich objektiv sprechen wollte, verständlicherweise für unhaltbar und untragbar erklärt. Levinas spricht offensiv eine eigene und eigenverantwortliche Sprache und lässt auch darin Heidegger zurück, dessen Diskurs, wie er schreibt, sich nicht hervorwage, sondern sich mit äußerster Umsicht »auf Zehenspitzen oder leisen Sohlen« fortbewege, um »das Wild nicht zu erschrecken« (AQ 230/389).

Er bringt sein Sprechen in *Autrement qu'être ou au-delà de l'essence* auf den bewusst paradoxen Begriff eines *Dire*, das zugleich ein *Dédire*, eines ›Sagens‹, das zugleich ein ›Weg-Sagen‹, eines ›Redens‹, das zugleich ein ›Weg-Reden‹ ist. Er *kann* als Philosoph nichts anderes als Allgemeines sagen, aber er kann es auf so unverwechselbar singuläre Weise sagen, dass immer deutlich bleibt, dass es sein Allgemeines ist, das er als Einzelner in eigener Verantwortung sagt. So *sagt* er das Allgemeine und stellt es zugleich infrage. Aber *jeder* Sprecher ist, ob er will oder nicht, als individueller Sprecher kenntlich, in seiner Stimme, seinem Ton, seinem Rhythmus, seinem Stil; selbst ein Mathematiker kann sein Sprechen in seinen Beweisen nicht so objektivieren, dass es für Kenner nicht noch charakteristisch bleibt. Das Individuelle erlischt nie im Allgemeinen, weil es immer Individuen sind, die das Allgemeine *sagen* müssen. Jedes Sagen, schreibt Levinas am Ende seines Aufsatzes *Sprache und Nähe*, sagt auch etwas über sich selbst, und »indem das Sagen sich sagt, bricht (rompt) es jeden Augenblick die Definition dessen, was es sagt, entzwei, und sprengt die Totalität, die es umfaßt« (DEHH 236/293f.).

5. Der schweigende Logos des Gesichts des Andern: ›Du wirst nicht töten‹

Emmanuel Levinas hat einen außerordentlich weitreichenden ethischen Ansatz auf eine schmale phänomenologische Basis begründet, deren Mitte wiederum nicht mehr als die Erfahrung einer momentanen Irritation ist, der Irritation beim Blick in das bloße Gesicht eines Andern. Diese Irritation deutet er mit großem Nachdruck so, dass das Gesicht des Andern schweigend sage: ›Du wirst nicht töten‹ (Tu ne tueras point, DEHH 173/198) oder ›Du wirst keinen Mord begehen‹ (Tu ne commettras pas de meurtre, TI 173/285), und stellt so den Übergang zur Ethik her. Er nennt das vom Gesicht des Andern ausgehende ›erste Wort‹ (TI 173/285) betont ›*logos*‹ (DEHH 173/198), hat jedoch nur wenige Hinweise gegeben, um seinen Sinn plausibel zu machen und die Weise, in der es die Ethik begründet. In *Signature* spart er selbst das ›Du wirst nicht töten‹ aus und deutet nur an, dass meine Freiheit ›sich als mörderisch (meurtrière) erweisen‹ könne. Er weist dort nur – und dies wiederum nur dort – auf zwei Beispiele aus der russischen Literatur hin, das Innehalten der Volkswut vor dem Gesicht eines Opfers, das ihm präsentiert wird, in Leo Tolstois historischem Roman *Krieg und Frieden* und das Verstummen des Volks vor den Verbrechen der Mächtigen am Ende von Alexander Puschkins historischer Tragödie *Boris Godunow*. Aber es ist wiederum nicht klar, worin sie beispielgebend sind; denn in beiden erfolgen die Morde dennoch. Darum werden die Beispiele in der Literatur zu Levinas auch kaum herangezogen. Deutlichere, wenn auch keineswegs eindeutige Beispiele gibt stattdessen die hebräische Bibel, die das ›Du wirst (oder: Du sollst) nicht töten‹ nicht nur als Gebot ausspricht, sondern auch immer wieder zeigt, wie es in Situationen des Von-Angesicht-zu-Angesicht unausgesprochen wirkt. Auf solche Beispiele bezieht sich wiederum nicht Levinas, wiewohl sie ihm vollkommen vertraut sein mussten.

Man wird nicht erwarten können, dass sich der andere ›Logos‹, den Levinas aufruft, der Logos, der unmittelbar aus dem Gesicht des Anderen spricht, mit den Mitteln des Logos der ›Logik‹, auf den sich die europäische Philosophie verlassen hat, diskursiv ›begründen‹ lässt. Man wird ihn nur aus Situationen plausibel machen können, aus denen er entspringt, und sehen müssen, *wie* plausibel er jemand wird, der sich auf diese Situationen einlässt. Er wird sich seinem Wesen nach weder verallgemeinern noch definieren lassen. Seine Plausibilität kann sich nur, wie Derrida in *Gewalt und Metaphysik* schreibt (129 Anm.), in der »ununterbrochenen Beharrlichkeit eines Wellenschlags gegen einen Strand« einstellen: »immerwährende Wiederkehr und Wiederholung derselben Welle gegen dasselbe Ufer, an dem sich jedoch alles wieder zusammenzieht und in unendlicher Weise erneuert und bereichert«.

Wir geben in diesem Kapitel die von Levinas genannten Beispiele wieder und fügen einige herausragende Beispiele aus der hebräischen Bibel an. Danach versuchen wir, den philosophischen Sinn des ›absoluten‹ oder ›ethischen Widerstands‹, den nach Levinas das ›nackte Antlitz‹ des Andern gegen den ›Mord‹ übt, durch seinen Begriff der Nicht-In-Differenz zu verdeutlichen. Diesen wiederum versuchen wir dadurch zu klären, dass wir ihn zum ethischen Denken Kants und Nietzsches in Beziehung setzen. Schritt für Schritt sollen sich dabei die Dimensionen abzeichnen, in die Levinas das Ethische stellt, extrem weite, schwer zu denkende, kaum zu ertragende Dimensionen. Zuletzt gehen wir zum Judentum über, in dem Levinas mit Rosenzweig eine ethische Bedingung des Menschseins erkennt.

5.1 Der Logos ›Du wirst nicht töten‹

Levinas macht die Situation des Von-Angesicht-zu-Angesicht zum Ausgangspunkt der Ethik, indem er den Tod in sie einträgt. In seiner letzten Vorlesung an der Sorbonne 1976 sagte er:

> »Wir begegnen dem Tod im Angesicht des Anderen.« (DMT 116/121)

Der Anfang des Ethischen wäre danach die Möglichkeit, dass der Andere stirbt und dass ich Schuld oder Mitschuld daran habe. Schuld daran hätte ich nicht nur, wenn ich, gewollt oder ungewollt, zur Ursache seines Todes würde, sondern auch schon, wenn ich nicht genug getan hätte, um seinen Tod zu verhindern oder wenigstens aufzuschieben. Ich kann, durch mein bloßes Dasein, immer den Tod des Andern bedeuten. Dies galt nicht nur in den Konzentrationslagern, in denen es extrem deutlich wurde. Positiv gesprochen wäre es dann das erste Ethische, das Leben des Anderen zu retten und vor Leid zu bewahren. Aber Levinas spricht nicht nur vom möglichen Tod des Andern, den ich auch durch bloße Fahrlässigkeit herbeiführen kann, sondern vom ›Mord‹ am Andern.

Dass ›meine Freiheit sich als mörderisch erweisen‹ kann, wie Levinas in *Signature* schrieb, ist das, *was* ich in den Augen des Andern sehe:

> »Der Tod öffnet für das Gesicht des Anderen, was Ausdruck des Gebots ist ›Du wirst nicht töten‹.« (DMT 122/117)

Man muss in letzter Konsequenz

> »[v]ersuchen, vom Mord auszugehen, als gebe dieser den vollen Sinn des Todes ein (comme suggérant le sens complet de la mort)« (DMT 122/117).

Diese Öffnung für das Gesicht des Andern ist zwiespältig und ›paradox‹ (paradoxale, ebd.). Sie lädt, wie Levinas in einem Gespräch von 1982 sagte, zum ›Mord‹ ein und hält ihn zugleich auf:

> »das Verhältnis zum Antlitz ist gleichzeitig das zu einem absolut Schwachen – zu dem, das absolut ausgesetzt, nackt und entblößt ist, es ist das Verhältnis zum Entblößtsein und folglich zu dem, der allein ist und die höchste Vereinzelung erleiden kann, die man den Tod nennt; es gibt folglich im Antlitz des Anderen immer den Tod des Anderen und so, auf irgendeine Art, Anstiftung zum Mord (incitation au meurtre), die Versuchung, bis zum Letzten zu gehen (la tentation jusqu'au bout), den andern vollkommen außer Acht zu lassen (négliger complètement autrui) – und gleichzeitig, und das ist das Paradoxe, ist das Antlitz auch das ›Du wirst nicht töten‹.« (EN 114/133f.)

Die Zuspitzung des Von-Angesicht-zu-Angesicht auf das Töten-Können und des Töten-Könnens auf den Mord hat die Interpreten vielfach in Verlegenheit gebracht. Sie suchten den Logos ›Du wirst nicht töten‹ abzuschwächen in ein »›Du sollst mir das Leben nicht erschweren, nicht unmöglich machen‹« (Peperzak, Einige Thesen zur Heidegger-Kritik von Emmanuel Levinas, 378) oder eine »positive Ergänzung« zu suchen »im Geheiß, dem Anderen zu geben, was er zum Leben braucht, ihn in seinem – lebenslangen – Sterben nicht allein zu lassen« (Wenzler, Nachwort,

75) und es so in das Gebot der – religiös oder nicht religiös verstandenen – Nächstenliebe übergehen zu lassen. Auch Levinas selbst scheint in dem zitierten Gespräch in diese Richtung zu weisen. Er fährt dort fort:

> »Das Du-wirst-nicht-töten kann man auch noch weiter entfalten; das ist die Tatsache, daß ich den andern nicht allein sterben lassen kann [...].« (ebd.)

Aber die Schwachheit des Andern, die den Logos des ›Du wirst nicht töten‹ hervorruft, ist auch danach nicht dessen Abschwächung. In einem anderen Gespräch aus derselben Zeit (1981/82) bekräftigt Levinas:

> »Das Antlitz ist exponiert, bedroht, als würde es uns zu einem Akt der Gewalt einladen (comme nous invitant à un acte de violence). Zugleich ist das Antlitz das, was uns verbietet zu töten.« (EI 80/65)

Levinas geht bis zum Mord, zum Töten-Wollen, weil erst da die Paradoxie des ›absoluten Widerstands‹, des Widerstands gegen jeden Widerstand, entsteht. Es ist nicht die unachtsame Verletzung, sondern der gewaltsame Übergriff, der vom Blick in die Augen des Andern aufgehalten wird (umgekehrt kann der Blick in die Augen des Andern zeigen, dass das, was nur unachtsame Verletzung schien, ein gewaltsamer Übergriff war). Aber nur die Paradoxie löst den anderen Logos des Ethischen vom gewohnten Logos der ›Ontologie‹, verhindert, ihn auf diesen zurückzuführen. Wenn das Ethische, wie Levinas postuliert, das Erste des Denkens ist, muss es ›irreduzibel‹ sein, und es ist nur dann nicht auf den gewohnten Logos rückführbar, wenn es sich durch eine Paradoxie selbst von ihm ausschließt. Das Ethische beginnt, fährt

Levinas in dem letztgenannten Gespräch fort, eben dort, wo der Andere aus dem gewohnten ›Kontext‹ heraustritt, wo er kein ›Inhalt‹ mehr ist, ›den unser Denken umfassen kann‹, wo er kein ›Korrelativ eines Wissens‹ mehr ist, wo er das gewohnte Denken und Wissen irritiert.

Levinas geht noch einen Schritt, einen noch schwierigeren Schritt weiter. Er formuliert die Paradoxie nun so:

> »Das Antlitz ist das, was man nicht töten kann [...].« (EN 81/66)

Das kann nicht bedeuten und bedeutet nicht, dass man den Andern nicht töten, nicht ermorden könnte. Niemandem konnte das deutlicher sein als Levinas:

> »Es stimmt, der Mord ist ein banales Faktum: Man kann den andern töten; die ethische Forderung (exigence éthique) ist keine ontologische Notwendigkeit (nécessité ontologique).« (ebd.; vgl. TI 173/285)

Dennoch kann man das Gesicht des Andern nicht töten, und gerade darin liegt sein ›absoluter Widerstand‹. Man kann dem Andern, so Levinas schon im Aufsatz *Ist die Ontologie fundamental?* von 1951, in all dem Gewalt antun, worin er dem ›Sein‹ zugehört, seinem Körper, seinem Besitz, seiner Stellung, seinem Ruf, seinen Empfindungen, und dazu fordert ›die Nacktheit des Antlitzes‹ – die, wie Levinas betont, keine ›Stilfigur‹ (figure de style) ist – auch beständig heraus (EN 22/SpA 117). Aber darin gehört der Andere eben dem ›Ontologischen‹ und dessen ›Logos‹ an und gleicht darin allem anderen. Anders als alles, was dem ›Sein‹ zugehört, ist er jedoch darin, dass

> »seine Negation nur als ganze geschehen kann: als Mord (ne peut s'annoncer que totale: un meurtre)« (EN 21/SpA 116).

Nur er hat ein Antlitz, das einlädt, es zum Schweigen zu bringen, weil es stört, lästig ist, in seiner Nacktheit um Schonung bittet, zur Verantwortung für ihn nötigt. Aber indem man ihn tötet, tötet man nicht das Antlitz, weil es anders als alles andere ist, das man töten kann. Es bleibt mit seiner Nötigung zurück und belastet das Gewissen. Und darin bleibt es anders, als man es nach gewohnter Logik denken kann, wahrt es den eigenen Logos (vgl. TI 172 f./284).

5.2 Beispiele

Als paradoxen kann man den Logos, der aus dem Gesicht des Andern spricht, nicht begründen, nur erfahren. Hier nun die Beispiele, aus denen man ihn erfahren kann, zuerst die beiden Beispiele, auf die Levinas selbst verweist, dann einige Beispiele aus der hebräischen Bibel.

5.2.1 Das Innehalten der Volkswut vor dem Gesicht des Opfers in Tolstois Krieg und Frieden

In Leo Tolstois Roman *Krieg und Frieden*, in dem der Krieg geschildert wird, den Napoleon gegen Russland führt und der ihn bis vor die Tore Moskaus bringt, sieht sich der Stadtkommandant Moskaus, Graf Rastoptschin, genötigt, die Stadt evakuieren zu lassen (Elfter Teil, Kap. 24 u. 25). Tolstoi zeichnet ihn als hitzigen, sanguinischen Menschen, der wenig vom Volk versteht, sich aber berufen fühlt, es zu leiten. Nun stellt sich, so stellt Tolstoi es dar, »die Rolle, die Rastoptschin erwählt hatte, auf einmal als sinnlos heraus. Er fühlte sich plötzlich vereinsamt, schwach und lächerlich; der Boden wankte ihm unter den Füßen.« Seine Aufgabe, seine Macht, sein Selbstvertrauen, sein ganzes Sein droht ihm verloren zu gehen. Außer sich, will er seine Unruhe irgendwohin loswerden, und er verfällt auf die Menge, die sich empört vor seinem Amtssitz drängt, um gegen die Franzosen loszuziehen. Als er gefragt wird, was mit den Gefängnisinsassen geschehen soll, lässt er einen von ihnen vorführen, um ihn der Wut des Volkes preiszugeben: Wereschtschagin, den man inhaftiert hatte, weil er Moskau habe ins Verderben stürzen wollen. Tolstoi gibt Wereschtschagin edle, leidende Züge, die Situation erinnert an die des von Pilatus vor das Volk geführten Christus. Als Wereschtschagin gebracht wird, sieht er Rastoptschin, so Tolstoi, »von unten her an, als wollte er etwas zu ihm sagen oder auch nur seinem Blick begegnen. Aber Rastoptschin sah ihn nicht an.« Er meidet seinen Blick und peitscht stattdessen die Menge auf, um sie zum Lynchmord zu treiben. Aber als Wereschtschagin auf die jetzt heftig andrängende, schon zum Mord entschlossene Menge blickt, »traurig und scheu«, hält, anders als Rastoptschin, diese Menge auf einmal inne und bleibt auf Minuten schweigend stehen:

»Schlagt ihn nieder! Möge der Verräter zugrundegehen, damit er den Namen eines Russen nicht mehr schändet!« schrie Rastoptschin. »Schlagt ihn nieder! Ich befehle es!«

Als die Menge zwar nicht die Worte, aber den wütenden Klang der Stimme Rastoptschins hörte, stöhnte sie auf und drängte vorwärts, blieb aber dann wieder stehen.

»Graf«, ertönte mitten in diesem erneuten, minutenlangen Schweigen die schüchterne und zugleich theatralische Stimme Wereschtschagins. »Graf, nur Gott allein, der über uns ist ...«, rief er mit erhobenem Kopf, und wieder füllte sich die breite Ader an seinem dünnen Hals mit Blut, und eine jähe Röte trat auf sein Gesicht, verflog aber sogleich wieder.

Aber er kam mit dem, was er aussprechen wollte, nicht zu Ende.

»Schlagt ihn nieder! Ich befehle es! ...«, schrie Rastoptschin, der plötzlich ebenso bleich geworden war wie Wereschtschagin.

»Die Säbel heraus!« schrie ein Offizier den Dragonern zu und zog selbst den Säbel aus der Scheide.« (Übersetzung von Marianne Kegel, München 1956)

Und nun stürzt sich auch die Menge, von den Soldaten aus ihrem Erstarren gelöst, auf Wereschtschagin, zertrampelt und zerfleischt ihn.

5.2.2 Das Verstummen des Volks vor den Verbrechen der Mächtigen in Puschkins Boris Godunow

Auch in Alexander Puschkins Stück *Boris Godunow. Die Komödie vom Zaren Boris und Grischka Otrepjew*, seinem ersten Drama, ist es das Volk, das ›still vor den von den Mächtigen begangenen Verbrechen‹ verharrt. Was Puschkin eine ›Komödie‹ nennt, ist ein Historiendrama im Stil Shakespeares. Es bringt ein dunkles – und dunkel gebliebenes – Stück der Zaren-Geschichte aus dem Anfang des 17. Jahrhunderts auf die Bühne, die Wirren um die Nachfolge Iwans des Schrecklichen, nach dessen Tod nominell sein schwachsinniger Bruder Fjodor die Regentschaft übernimmt, sein junger Sohn Dimitrij ermordet wird, die Schuld daran dem Schwager Fjodors und tatsächlichen Regenten Boris Godunow zugeschrieben wird, der, nach dem Tod des Zaren Fjodor, nach langem Zögern selbst den Thron besteigt, seinerseits aber von einem ›falschen‹ Dimitrij bedrängt wird, einem entlaufenen Mönch, der die Ermordung des Zarewitsch bestreitet, seine Identität übernimmt, mit von Polen geförderter militärischer Macht in Moskau einzieht und – für elf Monate – Zar wird. Boris Godunow stirbt kurz zuvor, seine Frau und sein Sohn, den er zum neuen

Zaren bestimmt hatte, werden vor der Thronbesteigung Dimitrijs erwürgt. Das Volk, das der eigentliche ›Held‹ von Puschkins Stück ist und das mit tiefer Gläubigkeit am rechtmäßigen Zaren hängt, wird nach diesem verwirrenden Spiel um die bloße Macht zu Ovationen für den neuen Zaren aufgerufen. Man sagt ihm, und damit schließt Puschkin sein Stück:

»Volk! Maria Godunow und ihr Sohn Fjodor haben sich vergiftet. Wir sahen die Leiber der Toten. (*Das Volk schweigt entsetzt.*) Was schweigt ihr denn? ruft: es lebe der Zar Dimitrij Iwanowitsch! (*Das Volk verharrt schweigend.*)« (Übersetzung Henry von Heiseler, 1911-1913, Neudruck Stuttgart 1961)

Die Szene spitzt sich hier nicht zu einem Von-Angesicht-zu-Angesicht zu, und in beiden Beispielen, die Levinas selbst gibt, wird der Satz ›Du wirst nicht töten‹ nicht ausgesprochen. Beide zeigen lediglich, was geschieht: das Innehalten des hier wie dort zu Leidenschaft und Wut fähigen einfachen Volkes vor dem Mord – für einen Augenblick.

5.2.3 Beispiele aus der hebräischen Bibel

In der hebräischen Bibel wird, auch auf Geheiß des Gottes der Hebräer, vielfach getötet – in seinen Motti zu *Autrement qu'être ou au-delà de l'essence* aus Ezechiel weist Levinas ausdrücklich darauf hin (9, 4-6: »Und der Ewige sagte zu ihm: [...] Greise, Jünglinge und Mädchen, Kinder und Frauen, tötet sie, macht sie nieder«). Und doch ist das Gebot, nicht zu töten, eines der zehn Gebote, die Gott durch Mose den Hebräern geben lässt. Die hebräische Bibel kehrt zugleich, anders als die europäische Philosophie, immer wieder zur Situation des Von-Angesicht-zu-Angesicht zurück und verknüpft sie an exponierten Stellen mit dem

›Du wirst nicht töten‹. Levinas hat sich in seinem philosophischen Werk nicht darauf berufen. Es muss ihm dennoch stets gegenwärtig gewesen sein. Wir geben drei Beispiele.

Abrahams Innehalten im Töten (Gen. 22)

Am ersten Beispiel, der Bindung Isaaks durch Abraham, der Akeda, hat Jacques Derrida in seinem Aufsatz *Den Tod geben* den Sinn der ethischen Verantwortung überhaupt expliziert, der in die drei ›abrahamischen‹ monotheistischen Religionen, das Judentum, das Christentum und den Islam, eingegangen ist. Er bewegt sich dabei im Horizont von Levinas' Denken des Ethischen, bezieht sich aber auch auf Sören Kierkegaard, der in *Furcht und Zittern* an der Akeda die Paradoxie des Glaubens erörtert. Sie liegt für ihn darin, dass der Glaube *als* Glaube durch kein ›Ethisch-Allgemeines‹ gerechtfertigt werden könne. Verantwortung ist für ihn, wie dann auch für Levinas, der Kierkegaard seinerseits hoch geschätzt hat, erst Verantwortung, wenn sie ohne allgemeine Rechtfertigung ist.

Die Akeda wird in der hebräischen Bibel als Probe auf den Gehorsam Abrahams gegen Gott dargestellt. Als Beweis seines Gehorsams wird von Abraham die Bereitschaft gefordert, seinen Sohn Isaak zu töten, aus dem doch das Volk Gottes hervorgehen sollte. Die Forderung ist unbegreiflich. Gott hatte mit Abraham einen Bund geschlossen, in dem er ihm Nachkommen so zahlreich wie die Sterne am Himmel und wie Staub auf der Erde zugesagt hatte. Schon dies war für Abraham unbegreiflich, da er damals noch keinen Sohn hatte und er und seine Frau Sara bereits in hohem Alter waren. Er wird als wohlsituierter, geschickter, vernünftiger Mann geschildert, und so musste es ihm schwerfallen, so Unbegreifliches hinzunehmen; die Bibel unterstreicht das dadurch, dass Sara und Abraham über die Verheißung nur lachen können. Doch Sara bekommt den Sohn, Isaak, worauf das noch Unbegreiflichere geschieht: Als Isaak herangewachsen ist, befiehlt Gott Abraham, mit ihm zum Ganzopfer zu gehen, und weil am bezeichneten Ort zum Opfer nichts da ist außer eben diesem Sohn, so dass nur er gemeint sein kann, gehorcht er und bindet ihn. Seine Verantwortung ist ungeheuer; er wird nicht nur töten, sondern seinen Sohn töten, aus dem das Volk Gottes hervorgehen sollte. Er ist mit dieser Verantwortung völlig allein. Er kann sich weder mit Sara noch mit Isaak noch mit anderen besprechen. Niemand sonst hat Gottes Geheiß gehört, niemand sonst würde ihn verstehen können. Er hat nichts, wodurch er sein Handeln rechtfertigen, es begreiflich machen könnte. Es ist allein seine Verantwortung, die ihm dennoch durch einen Andern auferlegt ist, einen Andern, von dem es kein hinreichendes Wissen geben kann. Sein Handeln ist, in Levinas' Sinn, heteronom. Entschlossen, Isaak zu schlachten, erhebt er die Hand, als ein, wie es heißt, ›Bote‹ oder ›Engel‹ Gottes ihn zurückhält, ihm untersagt, den Jungen zu töten. So tötet er ihn nicht, wiewohl er ihn schon, im Bewusstsein seines Entschlusses, getötet hat. Gott, der Abraham geheißen hat, Isaak und dadurch sein eigenes Volk zu töten, und ihn dann daran hindert, lässt ihn *im* Töten innehalten, und mit diesem Innehalten im Töten beginnt nach der hebräischen Bibel die Geschichte Israels, die auf physisch unbegreifliche Weise begonnen hatte, noch einmal, auf ebenso unbegreifliche Weise, als ethische Beziehung Abrahams zu Gott, als Gehorsam gegenüber einem unbegreiflich Anderen.

Abraham bleibt nach der hebräischen Bibel während des ganzen Geschehens fast stumm, er fragt nicht und rechtet nicht, er spricht nur, um zu antworten. Unter den Antworten, die er gibt, ist drei Mal dieselbe: ›Hier bin ich!‹, das Wort, das nach Levinas die Antwort auf den Logos des absolut Anderen ist.

Nach der Akeda, wird berichtet, opfert Abraham statt Isaak einen Widder, der sich hinter ihm in einem Gebüsch verfangen und den er bisher nicht gesehen hat. Gott, den er nicht sieht, nur hört, macht *ihn* sehend, und darum gibt er dem Ort den Namen ›Jahwe-Jire‹, ›Gott sieht‹. Es ist der Name eines sich allem Begreifen entziehenden, sein eigenes Volk zum Ganzopfer darbietenden Gottes, des Gottes, der ihn angesehen und angesprochen, dem er gehorcht und der die Tötung angehalten hat.

Jakobs Überleben im Kampf von Angesicht zu Angesicht mit Gott und mit seinem Bruder (Gen. 32-33)

Zwei Generationen später in der Geschichte der Erzväter kämpft Jakob, der Enkel Abrahams, in der Erwartung, von seinem Bruder getötet zu werden, von Angesicht zu Angesicht mit einem Mann, in dem er – später – Gott erkennt. Auch er sieht ihn nicht, er kämpft im Dunkel mit ihm, und vor dem Morgengrauen wird sich der Mann dem Kampf entziehen.

Jakob hatte sich mithilfe seiner Mutter Rebekka von seinem Bruder Esau das Erstgeburtsrecht und den Segen des sterbenden Isaak erschlichen, daraufhin vor dem Zorn Esaus fliehen müssen, sich lange Jahre bei fernen Verwandten aufgehalten, dort sich ein stattliches Vermögen erworben und eine große Familie aufgebaut und sich schließlich, auch er auf Geheiß Gottes, entschlossen zurückzukehren. Aber damit war er in Gefahr, selbst getötet zu werden, von Esau, der guten Grund dazu hatte. Er hatte darum Boten zu Esau gesandt, um seine Ankunft anzukündigen und ihn um Gnade und Versöhnung zu bitten. Aber Esau zieht ihm mit vierhundert Mann entgegen. Jakob, ebenso furchtsam wie listig, schafft Vorkehrungen, um dem Schlachten zu entgehen, sendet reiche Geschenke voraus, um Esau für sich einzunehmen, und sagt zu sich selbst: ›Bedecken will ich sein Antlitz mit der Spende, die vor meinem Antlitz geht, danach will ich sein Antlitz sehn, vielleicht hebt er mein Antlitz empor.‹ (Gen. 32, 21, Übersetzung von Martin Buber und Franz Rosenzweig). Jakob sucht das Von-Angesicht-zu-Angesicht zu vermeiden, von dem er den Tod zu erwarten hat; Esau soll zuerst auf die Geschenke sehen, auf ein ›neutrales‹ Drittes zwischen ihnen.

In der Nacht setzt Jakob seine Familie über den Fluss Jabbok und bleibt dann dort allein. Da ringt jener Mann mit ihm, unablässig bis zum Morgengrauen, und keiner kann den andern überwältigen; ihre Kräfte erweisen sich als ebenbürtig. Als der Mann dann vor dem Morgengrauen fordert, dem Ringen ein Ende zu machen und ihn loszulassen, verlangt Jakob von ihm, ihn zu segnen. Aber der Mann, der das auch tun wird und ihn sehr wohl zu sehen scheint, gibt ihm zuerst einen neuen Namen, ›Israel‹, ›Fechter Gottes, denn du fichtst mit Gottheit und mit Menschheit und übermagst‹ (Gen. 32, 29). Jakob seinerseits gibt daraufhin wiederum dem Ort einen Namen. Er nennt ihn nun ›Pniel‹, ›Gottesantlitz, denn: Ich habe Gott gesehn, Antlitz zu Antlitz, und meine Seele ist gerettet‹ (Gen. 32, 31). Er hat in einem Menschen, der mit gleichen Kräften mit ihm gerungen hat, ohne ihn im Licht zu sehen, Gott erkannt und ist dem Tod entgangen.

Am Tag rückt er dann an seinen mit den vierhundert Mann heranziehenden Bruder Esau mit aller gebotenen Vorsicht und allen Zeichen der Ehrerbietung heran. Der aber, heißt es dann, ›lief ihm entgegen, er umarmte ihn, fiel ihm um den Hals und küßte ihn‹ (Gen. 33, 4). Er denkt nicht daran, Jakob zu töten, wiewohl er Grund und auch die Macht dazu hätte. Auch die Geschenke, die Jakob ihm aufnötigt, will er nicht annehmen: er begegnet ihm ohne alle Vermittlung. So sagt Jakob, zugleich erstaunt und erleichtert, zu ihm: ›ich habe nun doch einmal dein Antlitz angesehn, wie man Gottesantlitz ansieht, und du warst mir gnädig‹ (Gen. 33, 10). Die Beziehung zu Gott, mit dem Jakob mit gleichen Kräften kämpft, kehrt in der Beziehung zu einem andern Menschen, seinem Bruder, wieder, von dem er den Tod erwarten muss. Aber im Von-Angesicht-zu-Angesicht wird der Tod aufgehalten und überraschend in Segen verkehrt. Segen lässt dem Gesegneten alles zum Guten ausschlagen. Nach der Erzählung von Jakob am Jabbok ist die Beziehung der Menschen zu Gott wie zu Menschen die Beziehung eines Kampfs mit gleichen Kräften, und die Beziehung zu Menschen wird dadurch eine Beziehung zu Gott, dass sie gerade dann, wenn sie den Tod bringen kann, überraschend in Segen umschlägt.

In dem Aufsatz *Die Philosophie und die Idee des Unendlichen* von 1957, in dem er auch (im IV. Abschnitt) den Begriff ›ethischer Widerstand‹ einführt, kommt Levinas zu dem überraschenden Schluss: ›Der Andere muß Gott näher sein als Ich.‹ (Il faut qu'Autrui soit plus près de Dieu que Moi; DEEH 174/200). Die hebräische Bibel nimmt dem Schluss das Überraschende: Der Andere muss Gott näher sein als Ich, weil ich Gott im anderen Menschen erfahre, wenn durch ihn Tod in Segen umschlägt, wenn er, wie Esau, nicht tötet, auch wenn er die Macht dazu hat und Grund dazu hätte.

Es ist hier das mögliche Opfer (Jakob), das im Von-Angesicht-zu-Angesicht seine Rettung erfährt *und das sagt*, ein Opfer allerdings, das selbst Täter war und weiter bereit ist, es (gegen Esau) zu sein. Niemand ist nur Opfer oder nur Täter, jeder kann stets beides zugleich sein. Nach Levinas sollte es jedoch der ›Täter‹ sein, der, der auf dem Sprung ist, sein Opfer zu töten, und innehält, wenn er in dessen schutzloses Gesicht sieht, also in der hebräischen Bibel Esau, der nicht darüber spricht. Aber das ist nicht das letzte Wort. In einem dritten Beispiel, das die hebräische Bibel gibt, spricht ein Mensch mit Gott *über* das Von-Angesicht-zu-Angesicht: Mose.

Moses Schutz vor dem Angesicht Gottes im Von-Angesicht-zu-Angesicht mit ihm (Ex. 32-34)

In einem Aufsatz über Franz Rosenzweig schreibt Levinas: »Die Offenbarung, die Liebe ist, erwartet die Antwort des Menschen. Diese Antwort geht nicht denselben Weg zurück, den die Bewegung gebahnt hat, die von Gott ausging: *die Antwort auf die Liebe, die Gott dem Menschen widmet, ist die Liebe des Menschen zu seinem Nächsten.*« (HS 79/110) Auch wenn die Beziehung zu Gott in der Beziehung von Menschen zu anderen Menschen erscheint, fallen die Beziehungen nicht miteinander zusammen, sie bleiben, für die hebräische Bibel wie für Levinas, deutlich getrennt. Die hebräische Bibel macht das an Mose deutlich, von dem gesagt wird, er rede mit Gott von ›Antlitz zu Antlitz, wie ein Mann zu seinem Genossen redet‹ (Ex. 33, 11; vgl. Dt. 5, 4). Mose kämpft *und* redet mit Gott wiederum mit wenn nicht gleichen, so doch vergleichbaren Kräften – so kann er Gott von bereits gefassten Entschlüssen abbringen – und er verlangt schließlich von Gott, sein Gesicht *sehen* zu dürfen.

Mose hat auf dem Berg Horeb (oder auch: Sinai) von Gott die Tafeln des Gesetzes empfangen und hören müssen, dass das Volk, unter Anleitung seines Bruders Aaron, ihm inzwischen untreu geworden ist und um das goldene Kalb tanzt. Er hat den Zorn Gottes darüber erfahren und seinen Entschluss, dieses Volk zu vertilgen. Er hat Gott mit der Erinnerung an seine alten Segensverheißungen davon abbringen können, hat, selbst ergrimmt vor dem Anblick des tanzenden Volkes, die Tafeln zerbrochen, auf die sich Gott eingeschrieben hatte, hat das goldene Kalb zerstört und auf Geheiß Gottes die von ihm Abgefallenen zu Tausenden umbringen lassen. Er ist hinaus vor das Lager in ein Zelt gezogen, in dem er mit Gott redet, der in einer Wolkensäule erscheint. Er wird erneut zum Berg Horeb hinaufsteigen, neue Tafeln hauen, in die Gott neu seine Gesetze einschreiben wird.

Da nun fordert er von Gott, selbst mit ihm das so schwer zu bewegende Volk zu dem Land zu führen, das er ihm verheißen habe, und sich ihm dazu neu zu erkennen zu geben, ›seine Herrlichkeit‹ sehen zu lassen. Gott antwortet ihm, er werde all seine ›Güte‹ an Mose Antlitz ›vorüberführen‹ und seinen ›Namen‹, den Namen Gottes, vor seinem Antlitz ›ausrufen‹. Aber er fügt hinzu: ›Mein Antlitz kannst du nicht sehen; denn nicht sieht mich der Mensch und lebt.‹ (Ex. 33, 19-20) Es bleibt dabei, dass ein Mensch das Gesicht Gottes nicht im Licht sehen kann, so wie man irgendetwas, irgendeinen Gegenstand, sehen kann. Stattdessen schlägt Gott Mose vor, wieder den Horeb hinaufzusteigen und sich dort in die Kluft eines Felsens zu stellen, wo er ihm die Hand vor Augen halten und an ihm vorüberziehen wird, so dass Mose, wenn Gott die Hand weggenommen hat, seine ›Herrlichkeit‹ von hinten, im Nachhinein, in der zurückbleibenden Spur sehen kann. Er soll ihn nur als einen sehen, der schon vorübergegangen ist, der sich bereits entzogen hat, der zur ›Spur‹ geworden ist (Levinas verweist darauf in DEHH 202/235), nicht so, wie man irgendeinen Gegenstand im vollen Licht ansehen und erkennen kann. Er wird in der Tat, wie dann berichtet wird (Ex. 34, 5), in einer ›Wolke‹ herabsteigen und sich ›bei ihm‹, ›neben ihm‹, in seiner ›Nähe‹ aufstellen.

Es ist nach der hebräischen Bibel Gott selbst, der darauf aufmerksam macht, dass auch ein Mose, mit dem er redet, ›wie ein Mann zu seinem Genossen redet‹, sein Gesicht nicht ansehen und mit dem Leben davonkommen kann. Er würde dadurch getötet. Gottes Gesicht weist alles Sehen-, Denken-, Erkennen-, Begreifen-Wollen als tödlich für den Sehenden und Begreifenden ab. Nach Levinas sollte das für das Gesicht jedes Andern gelten, dem ich begegne. Zwar tötet der Anblick des Gesichts eines andern Menschen nicht, sein Gesicht zeigt ihn nicht als übermächtig, sondern im Gegenteil als schutzlos, verwundbar, selbst der Tötung ausgesetzt. Und dennoch *sieht* man auch das Gesicht eines anderen Menschen nicht, wie man einen Gegenstand sieht, so wenig wie man, nach der hebräischen Bibel, Gott sieht. Man sieht *in* das Gesicht eines anderen Menschen, aber man sieht es nicht *an* wie einen Gegenstand, solange man mit dem anderen redet, man vermeidet beim Reden eben dieses *An*sehen des Angesichts. Beide, das Gesicht Gottes, das sieht, das man aber nicht sehen kann, und das Gesicht des anderen Menschen, *in* das man sehen, das man aber ebenfalls nicht *an*sehen kann, wie man irgendetwas ansieht, machen darauf aufmerksam, dass das Ansehen selbst, das Objektivieren als Gegenstand, für Menschen den Tod bedeuten kann. Nach der hebräischen Bibel sieht man das daran, dass man Gott nicht sehen kann, nach Levinas, dass man irritiert wird, wenn man *in* das Gesicht des anderen Menschen sieht. Schließt man aber beide Erfahrungen zusammen, so sieht man im Gesicht des Andern Gott. Der Blick in das Gesicht des Andern wird dann, so Levinas, gut und segensreich. Und der Tod kann dann seinerseits gut und segensreich werden, ohne dass man ihn will. In *Autrement qu'être ou au-delà de l'essence* fügt Levinas ein:

»Die Weisen Israels erzählen in einem Gleichnis, Moses habe die Seele ausgehaucht, als Gott ihn küßte. Sterben auf Gottes Gebot hin heißt im Hebräischen (Dtn 34,5) ›auf Gottes Mund‹. Das vollkommene Aushauchen – ›unter dem Kuß Gottes‹ – ist der Tod auf Geheiß – in der Passivität und im Gehorsam – in der Inspiration durch den Anderen für den Anderen.« (AQ 229/388)

Der Mund Gottes kann einen guten und segensreichen Tod bringen, ohne dass er vom Sterbenden gewollt ist, wie es Mose geschah.

Die hebräische Bibel lässt, nachdem Mose mit den neuen Tafeln vom Horeb herabgestiegen ist, ›die Haut seines Antlitzes strahlen‹, einen Glanz von ihm ausgehen. Mose weiß selbst nichts davon, dass seine ›Wange rot und röter glühte‹, sieht aber, dass die andern, selbst sein Bruder Aaron, dieses Strahlen nicht aushalten (Ex. 34, 29-35). Sie sind davon mehr betroffen als von den Tafeln, die er bringt. Sie sehen das Gesicht Gottes im Gesicht des Mose, der mit Gott von Angesicht zu Angesicht geredet hat, und auch in sein Gesicht können sie nun nicht mehr sehen. So legt Mose einen Schleier (oder eine Maske: hebr. masswe) auf sein Gesicht. Er nimmt ihn ab, wenn er mit Gott spricht, der ihn sehen kann und soll, und wenn er den andern berichtet, was ihm Gott gesagt hat. Er legt ihn aber an, wenn er danach anderes mit Menschen bespricht, die nicht sein Gesicht ansehen, sondern anhören sollen, was er ihnen zu sagen hat. Sie sollen ihn nicht ansehen, sondern die Worte Gottes, den anderen Logos, hören. Es sind die Worte Gottes, die strahlen, und sie strahlen so, dass sie das Ansehen abweisen. Die auf Leben und Tod gestellte Beziehung zu anderen Menschen, wenn Gott in ihr erscheint und sie zum Segen ausschlägt, ist eine Beziehung durch Worte, durch Reden, nicht durch Ansehen. Man muss das Ansehen in ihr zurücknehmen (vgl., mit anderem Akzent, Bruckstein, *Die Maske des Moses*, 109f.).

Es war und ist der Kern der europäischen Philosophie, die ›Schleier‹ von der ›Wahrheit‹ zu nehmen, um sie in vollem ›Licht‹ zu sehen. Sie war und ist auf das Sehen und Erkennen im vollen Licht ausgerichtet und wollte darin den ›Logos‹ sehen. Dabei hat sie, so Levinas, das vielleicht Bedeutsamste abgeblendet und übersehen, den Logos des bloßen Gesichts des anderen Menschen, das selbst ›leuchtet‹ – ›leuchtet‹, wie das ›Sein‹ bei Heidegger nicht leuchtet. Sie hat die paradoxe Beunruhigung, die von ihm ausgeht, in ihrem Denken ›neutralisiert‹, ›abgetötet‹.

5.3 Der philosophische Sinn des Logos ›Du wirst nicht töten‹: Nicht-In-Differenz

Der *philosophische* Sinn des Logos des Gesichts des Anderen kann nur von der Philosophie selbst her deutlich gemacht werden, durch sie aber nur so, dass sie sich selbst infrage stellt. Levinas gebraucht dazu den Begriff ›Nicht-In-Differenz‹ (non-in-différence). Mit ihm bringt er seine Kritik des Logos der europäischen Philosophie auf den Punkt, und an ihm lässt sich darum am besten zeigen, worin Levinas an die europäische Philosophie anschließt und wo er, auf der Spur der jüdischen Tradition, von ihr abzweigt. Aus Anlass einer Würdigung Gabriel Marcels bestimmt er ihn so:

> »Was ich die Nicht-In-Differenz des Sagens nenne, ist in seiner doppelten Negation die Differenz, hinter der sich nichts Gemeinsames erhebt an der Stelle, die [sonst] eine Entität einnimmt (derrière laquelle rien de commun ne se lève en guise d'entité).« (EN 74/85)

›Nicht-In-Differenz‹ ist ein bewusst doppelsinniger Begriff. Er soll mit seinem Doppelsinn einen Spielraum eröffnen, in dem seine Bedeutung sich verschieben und schließlich umschlagen kann. Man muss ihn von rechts lesen. ›Differenz‹ ist die sprachlich-begriffliche Unterscheidung, die der Logos der europäischen Philosophie voraussetzt, mit der er arbeitet und an deren Eindeutigkeit er arbeitet. ›In-Differenz‹ ist dann die Negation jeder sprachlich-begrifflichen Unterscheidung, die Nicht-Unterscheidung oder Nicht-Anwendung von Unterscheidungen. Die Indifferenz (indifférence) ist aber nicht nur die logische Negation der Differenz, sondern auch ihre psychologische Wirkung. Von ihr war schon mehrfach die Rede. Jede sprachlich-begriffliche Unterscheidung ›nivelliert‹ und ›neutralisiert‹ die Andersheit dessen, was ›unter sie fällt‹. Sie *ist* gleichgültig gegen sie und *macht* gleichgültig gegen sie, macht ›indifferent‹ gegen das Einzelne und immer Andere. Sie ist also indifferent, gleichgültig in einem theoretischen und in einem ethischen Sinn. Die Negation der ›Differenz‹ bewirkt auf diese Weise (im Französischen wie im Deutschen) eine Bedeutungsverschiebung und Bedeutungsverzweigung der eindeutigen ›Differenz‹ zur doppelsinnigen ›Indifferenz‹.

Die zweite Negation ›Nicht-In-Differenz‹ nimmt die erste dann nicht einfach zurück, hebt sie wiederum nicht ›logisch‹ auf. Die Differenzen des ›Sagens‹, der Sprache, zurückzunehmen, weil sie gegen die Andersheit dessen, was unter sie fällt, gleichgültig machen, würde bedeuten, auch die allgemeinen Ordnungen zurückzunehmen, die sie möglich machen und auf die das soziale Leben der Menschen längst überall angewiesen ist. Levinas liegt das fern. Und dennoch nötigt die Andersheit des Anderen, auf den Differenzen ›angewendet‹ werden, nicht bei der In-Differenz stehen zu bleiben. Es kann nicht gleichgültig sein, ob und welche Differenzen auf jemanden angewendet werden (ob er zum Beispiel als Jude oder Christ oder Moslem oder als Weiße oder Schwarze kategorisiert wird). Negiert wird dann aber nicht die Allgemeinheit der begrifflichen Differenzen selbst, sondern die Gleichgültigkeit, mit der sie ›angewendet‹ werden. ›Nicht-In-Differenz‹ ist dann also nicht ›Nicht-Nicht-Unterscheidung‹ und in einer Konsequenz, die die europäische Philosophie daraus gezogen hat, totale Unterschiedenheit und Bestimmtheit, vollkommene Gemeinschaft im Blick auf ein, wie Kant es nannte, ›transzendentales Ideal‹ (vgl. KrV A 571 ff./B 599 ff. u. dazu DMT 70/70), sondern sie ist ›Nicht-Gleichgültigkeit‹ in einem nur noch ethischen Sinn. Die zweite Negation lässt nur den ethischen Sinn zurück, getrennt vom theoretischen.

Das Ethische der Nicht-Gleichgültigkeit ist die ungewollte Nötigung durch den Andern, für seine Andersheit, für sein Nicht-Aufgehen in den allgemeinen Ordnungen Verantwortung zu übernehmen. Levinas fährt an der oben zitierten Stelle fort:

> »Die Nicht-In-Differenz ist somit sowohl Beziehung (rapport) als auch Bruch (rupture) und somit Aufmerksam-Werden (éveil): Aufmerksam-Werden des Ich durch den Andern, des Ich durch den Fremden, des Ich durch den Heimatlosen, das heißt durch den Nächsten, der nur Nächster ist (prochain qui n'est que prochain). Aufmerksamkeit, die weder Reflexion über sich selbst noch Universalisierung ist; Aufmerksamkeit, die eine Verantwortung bedeutet für den Andern, ihn zu nähren und zu kleiden, mein Eintreten für den Andern (ma substitution à autrui), meine Sühne für das Leiden und, sicher, auch für die Schuld des Andern (faute d'autrui). Sühne, mir auferlegt ohne die Möglichkeit, mich zu entziehen (sans dérobade possible), [Sühne], für die, unersetzbar, meine Singularität außer sich gerät (à laquelle s'exalte, irremplaçable, mon unicité de moi).
>
> Aber in diesem Bruch und diesem Wachen und dieser Sühne spielt sich die Göttliche Komödie einer Transzendenz jenseits der ontologischen Feststellungen (positions ontologiques) ab.« (EN 74/85 f.)

Das Ethische wäre so, von den Begriffen der europäischen Philosophie her gedacht, zuerst Aufmerksamkeit auf die Begriffe und Unterscheidungen, die man gegen andere gebraucht und auf sie anwendet, Erinnerung an die eigene Verantwortung im Gebrauch allgemeiner Begriffe, Sensibilität im Urteilen:

> »Die Nicht-Indifferenz – das Sagen – die Verantwortung – die Annäherung – ist die Freilegung des einzig Verantwortlichen – meiner selbst.« (AQ 177/304)

Sensibilität im Urteilen aber ist das Ethische des Theoretischen, das Ethische *vor* dem Theoretischen:

»Wir nennen ›ethisch‹ (éthique) eine Beziehung zwischen Termini, in der der eine und der andere weder durch eine Verstandessynthese (synthèse de l'entendement) noch durch die Beziehung von Subjekt zu Objekt vereint sind und in der dennoch der eine Gewicht für den andern hat, ihm wichtig ist, für ihn bedeutsam ist (l'un pèse ou importe ou est signifiant à l'autre), in der sie durch eine Intrige verstrickt (liés par une intrigue) sind, die das Wissen weder ausschöpfen noch entwirren könnte.« (DEEH 225/274)

Das Ethische *vor* dem Theoretischen ist ein Ethisches noch ohne Werte, Normen und Gesetze und die ›ethische Beziehung‹ keine Beziehung des Erkennens und Wissens. Sie übergeht die Autonomie des Bewusstseins und hintergeht es wie in einer ›Intrige‹. Das Ethische vor dem Theoretischen lässt sich darum nicht definieren. Levinas' Definition des Ethischen ist eine Anti-Definition, er definiert es so, dass es sich nicht definieren lässt.

Man kann sich fragen, und Levinas *hat* sich gefragt, warum sich die europäische Philosophie nicht oder nur in geringem Maß für dieses Ethische vor dem Theoretischen offengehalten haben sollte. Levinas' Antwort ist wiederum schwierig, sie verweist auf den Krieg:

»Es ist nicht sicher, daß der Krieg am Anfang stand. Vor dem Krieg waren die Altäre. (Avant la guerre, étaient les autels.)« (DEEH 234/291)

Altäre sind Orte, um an die Beziehung zu Gott und ihren Vorrang zu erinnern, zu Gott, der sich im jüdisch-christlichen Europa allem Erkennen und Wissen entzieht. Die Philosophie trat mit ihrem Streben nach Wissen, das Aristoteles im Auftakt der *Metaphysik* zum Wesen des Menschen erklärte (›Alle Menschen streben von Natur aus nach Wissen‹), gegen die ›Altäre‹, gegen den Vorrang der ›Religion‹ an. ›Krieg‹ war ein bedeutsamer Begriff in der europäischen Philosophie. Er stand bekanntlich am Anfang (einem der Anfänge) der antiken griechischen Philosophie als ›Vater aller Dinge‹ nach Heraklit und am Anfang (einem der Anfänge) der neuzeitlichen europäischen Philosophie als ›Krieg aller gegen alle‹ nach Thomas Hobbes. Heraklit nennt ›Krieg‹ in einem denkbar weiten Sinn das, was erkennbare Unterschiede entstehen, das Unterschiedene sich auseinandersetzen und immer neue Verbindungen eingehen lässt. So in den berühmten Fragmenten B 53 und B 80:

»Krieg ist aller Dinge Vater, aller Dinge König. Die einen erweist er als Götter, die andern als Menschen, – die einen lässt er Sklaven werden, die anderen Freie.« – »Zu wissen aber tut not: Der Krieg führt zusammen, und Recht ist Streit, und alles Leben entsteht durch Streit und Notwendigkeit.« (Übersetzung Bruno Snell)

Hobbes fasst ›Krieg‹ im engeren, politisch-militärischen Sinn und verbindet mit ihm, dass alle, um nicht in einem ›Krieg aller gegen alle‹ unterzugehen, sich auf einen Souverän einigen, eine Übermacht, die über alle unbeschränkt entscheiden und sie so alle zum Frieden zwingen kann. Für beide, Heraklit und Hobbes, bleibt der Krieg dauernde Daseinsbedingung der Dinge und Menschen, für beide erzeugt er Einheit aus den Unterschieden und bedroht diese Einheit zugleich. Er lässt sie, wenn er nicht beherrscht wird, wieder zerfallen. Wenn aber unablässig politisch-militärischer Krieg droht, wie es unter den griechischen Stadtstaaten der Fall war und erneut unter den religiösen Konfessionen der Frühen Neuzeit, ist der heraklitische Fluss aller Dinge kaum zu ertragen, sucht man nach Einheit, Festigkeit, Beständigkeit, allgemeiner Verbindlichkeit nach innen und außen, und in der Philosophie, sofern sie dabei mithilft, nach der ›Neutralität‹ eines über alle Parteien erhabenen ›Seins‹. Man kann die Heraufkunft und den bleibenden Vorrang der Theorie im europäischen Denken, der Idee eines bloßen ›Zuschauens‹, das ›neutral‹ bleibt und sich nicht am Geschehen beteiligt, als Ergebnis dieser Suche verstehen. Die Theorie wäre dann ein Versuch gewesen, den Krieg zu beherrschen.

In der Antike hatte man den Krieg wohl als unvermeidliche Lebensbedingung hingenommen, als Weise des Sich-Messens der Dinge und Menschen aneinander, dem wiederum ein ethisches Maß gegeben werden konnte. Dennoch wurde er zu der Zeit, als Aristoteles der Theorie ihren festen Grund in der Metaphysik gab, auch für Athen zerstörerisch. Er wurde es noch mehr, als er in der Neuzeit um unaufgebbare religiöse und moralische Überzeugungen geführt wurde. Nun musste der Krieg vollständig beherrscht werden, das neutrale Dritte, der Souverän, der Staat, das im Theoretischen seinen Garanten hatte, musste nach Hobbes unbeschränkte Macht erhalten. So überschritt das Theoretische im Namen des Politischen das Ethische. Es könnte, um den Krieg zurückzudrängen, das Ethische verdrängt haben.

Wenn Levinas sagt: ›Vor dem Krieg waren die Altäre‹, verweist er auf das Ethische (in seinem Sinn) vor dem Theoretischen und auf die ältere jüdische Tradition, die (in seinem Sinn) stets das Ethische vor das Theoretische gesetzt hat. Sie ging darin über die europäische Philosophie hinaus. Sie tat das, so Levinas, im Namen der Heiligkeit. ›Heiligkeit‹ (sainteté) ist sein Begriff für die Unberührbarkeit des Ethischen durch das Theoretische (vgl. AQ 76/140 f.); das hebräische Wort für ›Heiligkeit‹, ›keduscha‹, hat auch die Bedeutung von ›Trennung‹ (séparation), der Trennung des Göttlichen vom (nur) Natürlichen. In einem

Gespräch von 1985 bestimmt Levinas den Menschen unmittelbar von der Heiligkeit her, die im Gesicht des Andern aufgeht:

> »Der Mensch ist das Seiende, das die Heiligkeit anerkennt und das Vergessen seiner selbst (oubli de soi).« (AT 181 f.)

5.4 Nicht-In-Differenz in der modernen europäischen Philosophie: Kant und Nietzsche

Levinas' Anfang bei der Andersheit des Anderen oder der Singularität, den er auf den Begriff der Nicht-In-Differenz bringt, war kein absolut neuer philosophischer Anfang und sollte es auch nicht sein. Die europäische Philosophie hat schon früher das Recht des Neutralen, Allgemeinen, Theoretischen begrenzt und dem Ethischen den Vorrang gegeben, so schon bei Platon, auf dessen ›Jenseits des Seins‹ sich Levinas ebenso wie auf Descartes' ›Idee des Unendlichen‹ immer wieder berufen hat. Am wirkungsvollsten aber haben in der Moderne Kant und Nietzsche das Theoretische durch das Ethische begrenzt, auch wenn sie nicht immer so verstanden wurden und vielleicht erst Levinas es vollends ermöglicht hat, sie so zu verstehen. Schon Kant hat, worauf erst jüngst Josef Simon aufmerksam gemacht hat, von ›fremder Vernunft‹ gesprochen und Nietzsche von der ›Unfähigkeit zum Widerstand‹, die ›zur Moral‹ werde. Levinas hat sich auf beide, auf Kant emphatisch, auf Nietzsche zurückhaltender bezogen.

Als Levinas zum ersten Mal die ›kaum geahnte Sphäre von Beziehungen‹ umreißt, die ›das Bedeuten des Antlitzes‹ eröffne, fügt er hinzu:

»Indes, was wir davon ahnen, scheint uns durch die praktische Philosophie Kants, der wir uns besonders verwandt fühlen, nahegelegt.« (DEEH 98/118)

Er findet bei Kant ›bewundernswert phänomenologische Formulierungen‹ (AQ 43/86) und stellt ihn noch in seiner letzten Vorlesung gegen Heidegger: ›Die radikale Frage: Kant contra Heidegger‹ (DMT 67/67). Heidegger sei noch durch das Problem der Onto-Theo-Logie, Kant schon durch das Problem der Ethik beunruhigt gewesen, die er ›ohne Bezug auf das Sein‹ (sans référence à l'être) ansetze (DMT 70/70). Auch Kant zeige

»die Existenz von Bedeutungen im Denken, die ihren Sinn haben, ohne auf das Epos des Seins zurückzugehen (l'existence dans la pensée de significations qui ont leur sens sans se réduire à l'épopée de l'être)« (DMT 71/71).

Levinas umschreibt damit, was Kant in der Vorrede zur 2. Auflage der *Kritik der reinen Vernunft* geschrieben hatte: Er habe ›das *Wissen* aufheben‹ müssen, ›um zum *Glauben* Platz zu bekommen‹ (B XXX). Mit ›Glauben‹ ist dabei nicht erst der religiöse Glauben, sondern jeder Glauben gemeint, jedes ›subjektiv zureichende Fürwahrhalten‹, auf das hin man in einer Situation handelt, ohne dass man von ihr jemals ein ›objektiv zureichendes‹ Wissen haben könnte (KrV A 822/B 850). Man kann die Situation immer nur einschätzen, und man kann sie immer auch falsch einschätzen. Man handelt, so Kant, stets auf ein ›Fürwahrhalten‹ hin, das man selbst zu verantworten hat. Vom ›Sein‹ ist, wie die *Kritik der reinen Vernunft* im Ganzen zeigen sollte und Levinas immer wieder bekräftigt (vgl. TI 51 f./109, 109/192 f., 171/281), überhaupt kein ›objektives‹ Wissen möglich, da das Denken dabei auf sinnliche Wahrnehmung angewiesen bleibt, die immer ›subjektiv‹ ist. Beim moralischen Handeln geht es jedoch gar nicht um Erkennen und einen ›Bezug auf das Sein‹. Die Vernunft nötigt nach Kant hier von sich aus zum Handeln und ist ihrerseits nur darin wirklich erkennbar, nur darin ›Faktum‹ (*Kritik der praktischen Vernunft*, § 7, A 56), ein Faktum eigener, nicht sinnlich wahrnehmbarer Art. In der Nötigung zum moralischen Handeln erkennt schon Kant das eigentliche Vermögen der Vernunft, und Vernunft ist für ihn darum eigentlich ethische Vernunft (vgl. AQ 74/138). Die Philosophie Kants findet auf diese Weise, so Levinas, ›einen Sinn für das Menschliche, ohne ihn durch die Ontologie zu bemessen‹ (AQ 166/287).

Die Wendung zum Ethischen bei Kant wird durch die Beschränkung des theoretischen ›Bezugs auf das Sein‹ auf den Bereich der sinnlichen Wahrnehmung nur vorbereitet. Vollzogen wird sie, was Levinas noch stärker hervorhebt, durch den Bruch mit dem theoretischen Bezug auf den anderen Menschen und auf Gott. Beim Handeln gegenüber anderen Menschen ist nicht ihre sinnliche Erscheinung wesentlich, sondern dass ich ihnen ebenso Vernunft unterstelle. Ihre Vernunft ist für mich ihrerseits nicht wahrnehmbar. Stattdessen mache ich die irritierende Erfahrung, dass sie mit ihrer Vernunft anders urteilen können als ich. Die Vernunft ist also nicht eine einzige und gemeinsame, sondern in der ›allgemeinen Menschenvernunft‹ hat, so Kant (KrV A 752/B 780), ›ein jeder seine Stimme‹, die individuell und charakteristisch ist. Kant verabschiedet eine ›materiell‹ gleiche Vernunft aller und geht vom Gegensatz von ›eigener‹ und ›fremder Vernunft‹ aus (vgl. KrV A 821/B849 u.ö.). Von den drei ›Maximen der Aufklärung‹, die er formuliert, ist die erste, sich nicht auf ›fremde Vernunft‹ zu verlassen, sondern ›selbst zu denken‹, sich ›seines eigenen Verstandes zu bedienen‹. Die zweite fordert gleichwohl dazu auf, sein eigenes Urteil an dem Urteil einer ›fremden Vernunft‹ zu überprüfen, um dadurch ermessen zu können, wieweit es nur ›subjektiv‹ und ›privatgültig‹ ist (vgl. KrV A 821/ B 849). Nach der dritten Maxime aber hat man wiederum selbst zu entscheiden, wieweit man das ›fremde‹ Urteil in sein eigenes Denken einbeziehen will; denn man könnte, so Kant, ja ›doch vielleicht recht haben‹ (Logik A 83). Das Kriterium dafür ist nur ein ›formales‹: die ›Konsequenz‹ oder ›Bündigkeit‹ des eigenen Denkens.

Auch in Bezug auf das moralische Handeln kann es nach Kant nur eine ›formale‹ Vorgabe geben, den kategorischen Imperativ. In ihm spricht meine Vernunft die unbedingte Nötigung aus (›Handle so, dass du ...‹), die ›Maximen meines Willens‹ daraufhin zu überprüfen, ob sie ›jederzeit zugleich als Prinzip einer allgemeinen Gesetzgebung gelten‹ können. Auch nach Kant *sagt* die Vernunft etwas, wiewohl sie, wie das Gesicht, keine Worte hat, um etwas zu sagen, und sie sagt mir etwas, wie ein anderer etwas zu mir sagt, sie trennt mich von mir als einem auf Glück und Genuss bedachten ›Sinnenwesen‹ und appelliert an mich als ›Vernunftwesen‹. Sie sagt als meine Stimme der Vernunft etwas in Bezug auf die ›Maximen meines Willens‹, auf die Handlungsregeln, die *mir* meine Lebensbedingungen nahegelegt haben; andere werden unter anderen Bedingungen andere Maximen haben und zu anderen Pflichten kommen.

Es geht also nicht darum, wie oft angenommen wird, und kann nicht darum gehen, meinen Maximen, sofern sie der Überprüfung standhalten, Geltung auch für andere zu verschaffen, sondern im Gegenteil darum, diese Geltung, die ich spontan unterstelle (was ich für gut halte, müssen doch auch andere für gut halten!), einzuschränken. Meine Maximen können *für mich* als ›Prinzip einer allgemeinen Gesetzgebung‹ gelten, wenn *ich* denken kann, dass auch jeder andere ihnen zustimmen könnte. Aber dafür gibt es wiederum nur ein ›formales‹ Kritierium, die Widerspruchsfreiheit der in ihnen enthaltenen Begriffe (ansonsten müsste ich alle Übrigen wirklich fragen). Ist die Widerspruchsfreiheit, so wie ich die Begriffe denke, gegeben, kann ich der Maxime folgen, andernfalls nicht, dann muss ich sie verwerfen. Auch hier geht es nur um ›Konsequenz‹ im Gebrauch der Begriffe, deren Allgemeinheit ich wiederum nur unterstellen kann.

Andere könnten hier weiterhin anders denken, ›fremde Vernunft‹ könnte sich hier weiterhin befremdend äußern – das habe ich nach Kant zu respektieren. Jede Vernunft hat nach Kant beim Handeln ihren eigenen ›Horizont‹, und ›man muß‹, wie er in der Einleitung zu seiner *Logik* sagt,

> »den Horizont anderer nicht nach dem seinigen messen, und nicht das für unnütz halten, was *uns* zu nichts nützt: Es würde verwegen sein, den Horizont anderer bestimmen zu wollen, weil man teils ihre Fähigkeiten, teils ihre Absichten nicht genug kennt.« (A 57)

Kant hat, so Levinas, ›das Denken in der unaufhebbaren Endlichkeit der Existenz gründen‹ lassen, und Heidegger habe mit seiner Daseinsanalytik daraus lediglich die Konsequenzen gezogen (DEEH 102 f./72-74). Levinas verweist insbesondere auf Kants ›berühmten Artikel *Was heißt: Sich im Denken orientieren?*‹, auf den wir oben schon eingegangen sind, und betont besonders, dass die Orientierung stets von einem individuellen Standpunkt ausgeht, dem Standpunkt, an dem der Leib, so Levinas, ›*sich* auf den Beinen hält‹ und ›eine Einstellung zu ... einnimmt‹ (DEEH 119/96). Man handelt auch nach Kant nicht erst als Verstand, sondern schon als sinnlicher Leib, ist darin aber elementar ›getrennt‹ von anderen, zu denen sich Beziehungen immer erst ergeben müssen.

Am bedeutsamsten ist für Levinas jedoch die Brücke, die schon Kant von hier aus zu Gott geschlagen hat. Gott, sofern er sich aller sinnlichen Wahrnehmung entzieht, kann, so Kant, kein Gegenstand objektiver Erkenntnis sein. Er muss darum stattdessen Sinn und Bedeutung für das moralische Handeln haben, als, wie wir oben dargestellt haben, Gegenstand eines ›Vernunftglaubens‹, des Glaubens, dass ein Gott die ›Glückswürdigkeit‹, die ich mir durch moralisches Handeln erwerbe, dereinst, in einem Leben nach dem Tod, jenseits des ›Seins‹ und jenseits der Zeit, durch ›Glückseligkeit‹ belohnt. Eben dies, sich mit seiner Vernunft an diese Hoffnung zu halten, jenseits alles Sehens, Erkennens und Begreifens Gottes, ist für Kant die Antwort auf die Frage, was es heißt, sich im Denken zu orientieren. Auch Kants ›radikale Frage‹ ist darum für Levinas die Frage nach dem ganz Anderen, der ›Beziehung zu etwas *ohne Maß*‹ (la relation avec quelque chose de *démesure*) (DMT 67-79/67-78).

Nietzsche, der Kant geschätzt, aber auch scharf kritisiert hat, kommt auf andere, nicht weniger überraschende Weise Levinas nahe. Statt wie Kant noch bei der theoretischen Philosophie setzt er unmittelbar beim Ethischen an, hier aber bei dem, was er ›Moralen‹ (im Plural) nennt. Unter Moralen versteht er die Summe dessen, was Kant Maximen genannt hat, die ›Wertschätzungen‹, wie Nietzsche nun sagt, mit denen jemand lebt und die ihm seine Lebensbedingungen nahelegen. Man ist nicht, wie Kant noch unterstellt, ohne Weiteres frei, sie aufzugeben, sondern braucht sie, um unter den gegebenen Bedingungen überhaupt leben zu können. Jeder beurteilt, so Nietzsche, seine Lebensbedingungen danach, worunter er leidet, und seine Moral ist das, was ihm sein Leiden, sein ›Schlechtweggekommen‹-Sein erträglich macht. So werde jeder *die* Wertschätzungen hochhalten, unter denen er am wenigsten am Dasein leide, nach denen er ›selbst gut wegkommt‹ (KSA 12, 152). Er wird auch, dies ist Nietzsches Aufklärung der Aufklärung, im Horizont dieser Moral *denken*. Jeder *werte* nicht nur so, sondern *denke* auch so, dass er selbst möglichst gut dabei wegkommt. Nietzsche vermutet die Moral am Grund des Denkens, ortet sie dort, wo jemand nicht anders denken kann und sich darum gegen anderes Denken empört. Hinter jeder theoretischen Differenz ist dann eine moralische Differenz zu erwarten, jede theoretische Differenz ist dann ursprünglich eine moralische Differenz. Nietzsche fragt methodisch bei jeder theoretischen Differenz nach den Wertschätzungen, denen sie entspringt, und nach den Leiden, denen wiederum diese Wertschätzungen entspringen.

Dies führt ebenfalls auf so etwas wie ›Trennung‹ hin. Das schwerste Leiden ist nach Nietzsche für die meisten das, was er ›das Alleinstehn‹ nennt, die Nötigung, Individuum sein und auf eigene Verantwortung leben zu müssen. Dagegen richtet sich der Drang der meisten, sich dem ›Genius der Gattung‹ zu ergeben, dem Gemeinsamen und Allgemeinen, das sie von ihrer eigenen Verantwortung entlastet, der ›Herdenmoral‹ (die Heidegger dann auf den Begriff des ›Man‹ gebracht hat). Auch Nietzsche geht hier auf die Sprache zurück (vgl. *Fröhliche Wissenschaft*, Nr. 354). Sofern man sie mit andern teile, könne sie nur mitteilen, was alle teilen können, nicht aber die individuellen Erlebnisse und Erfahrungen. Dadurch aber verführe sie beständig zur ›Herdenmoral‹ und über die ›Herdenmoral‹ zu einer ›moralischen Ontologie‹ (KSA 12, 265), einer moralischen Lehre vom Sein, die ihr entspreche und sie stütze. Die Begriffe der europäischen Philosophie seit Sokrates, der den ›theoretischen Menschen‹ auf den Weg gebracht habe, seien insgesamt dieser moralischen Ontologie zugeordnet.

Danach ist das ›neutrale‹ Sein, dem sich die Einzelnen zuordnen, um in Ordnung miteinander leben zu können, schon ein ›moralisch‹ besetztes Sein, und um so schwerer ist es, sich von ihm zu distanzieren. Es braucht, so Nietzsche, ›Mut zum Alleinstehn‹, um dies auch nur sehen zu wollen. Doch dies sehen zu können ist, so Nietzsche, der Anfang alles ›redlichen‹ Philosophierens. Aus ihm leitete Nietzsche *seine* ethischen Tugenden ab, das ›Pathos der Distanz‹, für andere nicht dasselbe gelten zu lassen wie für sich, die ›Vornehmheit‹, von ihnen nicht dieselbe Moral und darum auch nicht Gegenseitigkeit zu erwarten, die ›Gerechtigkeit‹, anderen Moralen, die anderen Lebensbedingungen entsprechen, individuell gerecht zu werden, und schließlich die ›Güte‹, die Moralen anderer *als* andere gutheißen zu können. Sie alle sind darauf ausgerichtet, dass man die eigene Moral nicht anderen zumutet, also auch für die eigene Moral noch Verantwortung übernimmt, dass man jenseits allgemeiner Moralen ein ›freier Geist‹, ein ›souveränes Individuum‹ wird, das offen ist für andere und ihre anderen Moralen.

Auch Nietzsche hat schon gesehen, dass der Einzelne mit dieser Offenheit für andere Moralen den Ansprüchen dieser anderen Moralen ungeschützt ausgesetzt ist. Nietzsche lässt Zarathustra, dem er die ›Lehren‹ vom ›Übermenschen‹, vom ›Willen zur Macht‹ und von der ›ewigen Wiederkehr des Gleichen‹ zuordnet, zugleich schwer leiden. Er lässt ihn am ›Mitleid‹ mit den ›höheren Menschen‹ leiden, die erfahren müssen, dass sie vom ›Geist der Rache‹ und der ›Schwere‹, vom Bedürfnis nach einer Moral nicht freikommen, die ihnen zwar ihre Leiden erträglich macht, dadurch aber zugleich andere Moralen unerträglich macht. Nietzsche setzt ihnen *und* Zarathustra zuletzt in *Der Antichrist* den ›Typus Jesus‹ entgegen und schreibt ihm eine ›Unfähigkeit zum Widerstand‹ zu, die bei ihm zur ›Moral‹ geworden sei (Nr. 29). Christus ging nach den Evangelien zu den am meisten Verachteten, den Huren und Zöllnern, er wies nicht zurück, was allgemein als schlecht und böse galt, er stellte nichts Drittes zwischen sich und die Welt, um sich vor ihr zu schützen, sondern löste alles in Zeichen und Gleichnisse auf. Sein Evangelium war, so Nietzsche, ›evangelische Praktik‹ (Nr. 33), ›*nicht* ein Glauben, sondern ein Thun, ein Vieles-*nicht*-thun vor Allem, ein andres *Sein* …‹ (Nr. 39), ein Sein jenseits jeder moralischen Ontologie.

Zuvor, wiederum in *Also sprach Zarathustra*, hatte Nietzsche die Gerechtigkeit als ›Liebe mit sehenden Augen‹ bestimmt (Za I, Vom Biß der Natter). Liebe, die sieht, sieht die Differenzen, anerkennt die Unausweichlichkeit begrifflicher Unterscheidungen und Festlegungen. Aber als Liebe ist sie ihnen gegenüber nicht gleichgültig, sieht sie auch, dass solche Unterscheidungen und Festlegungen aus Lebensnotwendigkeiten kommen, die ihre Zeit haben, und ist darum immer bereit, sie immer wieder in Bewegung zu bringen. Gerechtigkeit ist danach auch für Nietzsche ›liebende‹ Gerechtigkeit für andere Individuen, die Tugend,

> »die eigenen Tugenden […] aus- und wieder einzuhängen« und dabei »die *nothwendige* Ungerechtigkeit in jedem Für und Wider begreifen [zu] lernen, die Ungerechtigkeit als unablösbar vom Leben, das Leben selbst als *bedingt* durch das Perspektivische und seine Ungerechtigkeit« (*Menschliches, Allzumenschliches*, Vorrede, Nr. 6).

Dies scheint dem zumindest sehr nahe, was Levinas als Nicht-In-Differenz gefasst hat.

5.5 Dostojewski, Nietzsche und Levinas: Unbegrenzte ethische Verantwortung

Nietzsche hat wie Levinas das Ethische ins Extrem getrieben. Beide haben sich emphatisch zu Dostojewski bekannt, der den vielleicht extremsten ethischen Satz formuliert hat:

> »Ein jeder von uns ist vor allen an allem schuldig, ich aber bin es mehr als alle anderen.«

Schuldig ist jemand, den andere verantwortlich machen oder der sich selbst verantwortlich fühlt. Man kann darum auch übersetzen:

> »Jeder von uns trägt vor allen für alles Verantwortung, ich aber bin mehr verantwortlich als alle andern.«

Levinas zitiert den Satz mehrfach und zustimmend (in variierenden Übersetzungen: AQ 186/320, DMT 220/200, EN 115/134, EI 95/76 u. 98/79 u. ö.). Dostojewski sagt ihn nicht selbst, als Autor, sondern lässt ihn in seinem Roman *Die Brüder Karamasow* (II. Teil, 6. Buch, 2. Kap.) eine vom Geschehen weit entrückte Figur aussprechen und ihn wie ein fernes Ereignis durch eine Kette außerordentlicher Menschen überliefern. Er legt ihn dem noch jungen, auf den Tod erkrankten älteren Bruder des späteren Staretz' Sossima in den Mund, der ihn zu seiner Mutter sagt, die erstaunt und überrascht ist, ihn von ihm zu hören, und zugleich ›weint und lächelt‹, als sie ihn hört, lässt den Staretz Sossima in Aufzeichnungen von ihm berichten und diese Aufzeichnungen von Aljoscha Karamasow, dem Schüler des Staretz' und unschuldigen unter den drei Brüdern, herausgeben, die er, Dostojewski, schließlich in den Roman einrückt (oder einzurücken vorgibt). Als ob der Satz unglaubwürdig und unerträglich wäre, wenn jemand unmittelbar sich zu ihm bekennen würde.

Levinas tut das. Wenn das Ethische als Verantwortung gedacht wird, die der Andere mir für sein Leid aufbürdet, indem er mich ungewollt nötigt, für es einzustehen, lässt es sich, lässt sich die Verantwortung nicht begrenzen, wird sie unbegrenzt. Sie umfasst dann auch Verantwortung für Andere, für die ich ›nicht zuständig‹ bin, die mir fernstehen, die mir nicht einmal bekannt sind, und damit, in der Konsequenz, für die ganze Welt. Levinas geht noch weiter. Der Mensch soll nicht nur verantwortlich für das Leid sein, das er von sich aus anderen zufügt, sondern auch für das Leid, das ihnen ohne sein Zutun zugefügt wurde. Und schließlich soll die unbegrenzte Verantwortung so weit gehen, dass sie nicht nur einschließt, was Andere, auch fernste Andere *betrifft*, sondern auch, was sie *tun* und *nicht tun*, worin sie selbst ethisch versagen, und dies alles unter Ausschluss aller Gegenseitigkeit. Jeder, so Levinas' ebenso knappe wie ›extreme Formulierung‹, ›trägt die Welt‹ (soutient le monde) (EI 94/74, 96/77).

So formuliert, scheint das Ethische völlig überzogen. Aber Levinas vertraut darauf, dass es eben in dieser Weise alltäglich erfahren wird oder doch erfahren werden kann. Es ist immer spürbar in der Regung, dass man, was auch an Leid auf der Welt geschieht, wen es auch betrifft, von wem es auch ausgeht, vielleicht hätte, direkt oder indirekt, helfen können, es zu verhindern oder doch zu lindern, kurz, dass es kein Leid auf der Welt gibt, das einen nichts angeht. Nur so ist die Bedrückung verständlich, die die täglichen Nachrichten von Leid, Gewalt und Mord, von wo immer sie kommen mögen, bei Menschen, wo immer sie leben, auslösen. Das nicht immer wache, aber immer wieder erwachende Bewusstsein einer Verantwortung für die Anderen, wer immer es sei, könnte, so sehr man sich sträubt, es zu denken, universal sein.

Auch der Grund dieses extremen ›ethischen Bewusstseins‹, den Levinas angibt, ist unschwer nachzuvollziehen. Man kann wohl dem eigenen Leid einen Sinn geben, es ethisch rechtfertigen und gutheißen, aber niemals das Leid eines andern. In einem kurzen Aufsatz von 1982, der zu seinen eindringlichsten gehört und der wiederum auf den Begriff der Nicht-In-Differenz hinausführt, *Das sinnlose Leiden* (*La souffrance inutile*), schreibt Levinas ›am Ausgang eines Jahrhunderts von namenlosen Leiden‹ über die ›ethische Perspektive des Zwischen-Menschlichen‹:

»In dieser Perspektive entsteht ein radikaler Unterschied zwischen dem *Leiden im Anderen* (*souffrance en autrui*), wo es für *mich* (pour *moi*) unverzeihlich ist und mich wachrüttelt und aufruft, und dem Leiden *in mir* (la souffrance *en moi*), meinem eigenen Leidensabenteuer (ma propre aventure de la souffrance), dessen mit meiner Verfassung oder meiner Geburt gegebene Sinnlosigkeit (l'inutilité constitutionelle ou congénitale) einen Sinn bekommen kann, den einzigen, den das Leiden erhalten kann, sofern es nämlich ein Leiden am Leiden eines andern wird, sei es auch unerbittlich. Aufmerksamkeit auf das Leiden des Andern, die durch die Grausamkeiten unseres Jahrhunderts hindurch – trotz dieser Grausamkeiten, wegen dieser Grausamkeiten – sich als eigentlicher Knoten der menschlichen Subjektivität (le nœud même de la subjectivité humaine) bestätigen kann, bis dahin, daß sie sich zu einem höchsten ethischen Prinzip (suprême principe éthique) erheben läßt – dem einzigen, das zu bestreiten nicht möglich ist – und die Hoffnungen und Tätigkeiten großer menschlicher Gruppen bestimmt (commander les espoirs et la discipline pratiques de vastes groupements humaines).« (EN 103f./120f.) [...] »die Rechtfertigung des Schmerzes des Nächsten ist mit Gewißheit die Quelle aller Unmoral (la justification de la douleur du prochain est certainement la source de toute immoralité).« (EN 109/126)

In den Talmud-Auslegungen macht Levinas die unbegrenzte ethische Verantwortung für das Judentum geltend, ohne sie dort mit Dostojewski zu verknüpfen. Dort heißt es zunächst:

»Verantwortung für Verfehlungen, die man nicht begangen hat, Verantwortung für die anderen.« (QLT 182/159)

Dann, ausführlicher:

»Der Mensch ist in die schon ganz geschaffene Welt gekommen, der Mensch ist der erste, der die Strafe erhält. Er steht für das ein, was er nicht getan hat (C'est lui qui répond de ce qu'il n'a pas fait). Der Mensch ist verantwortlich für die Welt (responsable de l'univers), Geisel des Geschöpfs (otage de la créature). [...] Außerordentliche Würde (Dignité extraordinaire). Unbegrenzte Verantwortung (Responsabilité illimitée) ... Der Mensch gehört nicht zu einer Gesellschaft, die ihren Mitgliedern eine begrenzte Verantwortung (responsabilité limitée) überträgt. Er ist Mitglied einer Gesellschaft mit unbeschränkter Verantwortung (responsabilité illimitée).« (DSS 136- 139/134-137)

Nietzsche hat sich ebenso wenig gescheut, die ethische Verantwortung ins Unbegrenzte und ins Extrem zu treiben. An einer zentralen Stelle der *Genealogie der Moral* (II 2) spricht er vom ›ausserordentlichen Privilegium der *Verantwortlichkeit*‹, dem Privilegium eines ›autonomen übersittlichen Individuums‹ oder ›souverainen Menschen‹, der sich auf keine allgemeine Rechtfertigung und auch auf keinen Gott beruft, und fügt hinzu, der souveräne Mensch nenne dies Privilegium ›sein *Gewissen*‹ und nehme nichts davon aus. Kurz bevor er dies schrieb, hatte er mit großer Überraschung Dostojewski entdeckt und Overbeck berichtet:

»Der Instinkt der Verwandtschaft (oder wie soll ich's nennen?) sprach sofort, meine Freude war außerordentlich: [...] ein Geniestreich der Psychologie, [...]« (23. Februar 1887)

Der Satz Dostojewskis war ihm vertraut, bevor er ihn kannte. In *Menschliches, Allzumenschliches* (*Der Wanderer und sein Schatten*, Nr. 81) hatte er den Aphorismus eingerückt:

»*Die weltliche Gerechtigkeit.* – Es ist möglich, die weltliche Gerechtigkeit aus den Angeln zu heben – mit der Lehre von der völligen Unverantwortlichkeit und Unschuld Jedermannes: und es ist schon ein Versuch in gleicher Richtung gemacht worden, gerade auf Grund der entgegengesetzten Lehre von der völligen Verantwortlichkeit und Verschuldung Jedermannes. Der Stifter des Christenthums war es, der die weltliche Gerechtigkeit aufheben und das Richten und Strafen aus der Welt schaffen wollte. Denn er verstand alle Schuld als ›Sünde‹, das heisst als Frevel an *Gott* und *nicht* als Frevel an der Welt, andererseits hielt er Jedermann im grössten Maassstabe und fast in jeder Hinsicht für einen Sünder. Die Schuldigen sollen aber nicht die Richter ihres Gleichen sein: so urtheilte seine Billigkeit. *Alle* Richter der weltlichen Gerechtigkeit waren also in seinen Augen so schuldig wie die von ihnen Verurtheilten, und ihre Miene der Schuldlosigkeit schien ihm heuchlerisch und pharisäerhaft. Ueberdiess sah er auf die Motive der Handlungen, und nicht auf den Erfolg, und hielt für die Beurtheilung der Motive nur einen Einzigen für scharfsichtig genug: sich selber (oder wie er sich ausdrückte: Gott).«

Die ›Lehre von der völligen Unverantwortlichkeit und Unschuld Jedermannes‹, die Nietzsche selbst vertritt, hat ethisch dieselbe Konsequenz wie die ›entgegengesetzte Lehre von der völligen Verantwortlichkeit und Verschuldung Jedermannes‹, die er bei Jesus findet: Sie hebt das ›Richten‹ auf, das Recht, andere moralisch verantwortlich zu machen. Wenn alle ohne Ausnahme schuldig sind, hat niemand ein Recht, andere zu richten, auch und gerade nicht unter Berufung auf allgemeine moralische Normen. Jesus richtet, so Nietzsche, das Richten, weil kein Richter seiner Gerechtigkeit sicher sein kann.

Wie er zuletzt, in *Der Antichrist*, den ›Typus Jesus‹ weiterdachte, haben wir oben dargestellt. Dort, in *Der Antichrist*, nennt er

Jesus, scheinbar verletzend, ›Idiot‹ (Nr. 29). Damit spielt er offenbar wiederum auf Dostojewski an, seinen Roman *Der Idiot.* Dieser ›Idiot‹, Fürst Myschkin, den Dostojewski als geistig Behinderten einführt (und wie zum Beleg am Anfang des Romans aus einer fünfjährigen Therapie zurückkehren lässt), könnte ein Beispiel abgeben für das, was unbegrenzte ethische Verantwortung im Sinn von Nietzsche und Levinas bedeuten kann.

Jeder nennt dort Fürst Myschkin einen ›Idioten‹, und auch er selbst nennt sich so. Zugleich aber machen sein Auftreten und seine Wirkung in der St. Petersburger Gesellschaft unentwegt fraglich, ob er ein Idiot ist. Er wirkt auf ganz erstaunliche Weise auf die Menschen, mit denen ihn der Roman zusammenführt. Es sind Menschen mit Bildung, Interessen, Leidenschaften, Geltungsdrang, Eifersucht, Hass, Grausamkeit. Aber Fürst Myschkin entwaffnet sie, sehr merkwürdig, durch Unbildung einerseits und eine rückhaltlose Offenheit andererseits und, wo immer es um Geld geht, durch Großzügigkeit (er ist überraschend Erbe eines großen Vermögens geworden). In seiner Gegenwart verlieren die andern – das ist der eigentliche Gegenstand des Romans – alles Dürftige, Feindselige, Harte, Böse, auch für sie selbst, sie werden anders durch ihn, ohne dass man sagen könnte, sie würden gut – sie entziehen sich, ohne es zu wissen und zu wollen, der Beurteilung nach Gut und Böse. Fürst Myschkin seinerseits kann sich keinem von ihnen entziehen. Er fühlt sich auf eine ganz unbefangene Art für alle verantwortlich und sucht allen beizustehen, selbst wenn sie ihn schwer beleidigt und geschädigt haben. Er kann dennoch nichts verhindern, noch nicht einmal das Schlimmste, den Mord an Nastasja Filipowna, die ihn geliebt und die ihr Mörder (Rogoschin) darum getötet hat. Am Ende des Romans bleibt Fürst Myschkin gemeinsam mit dem Mörder bei der Ermordeten und darüber wird er wirklich zum ›Idioten‹, er wird stumpfsinnig und in die Heilanstalt zurückgebracht. Er verändert, ohne irgendwelche moralischen Gebote ins Feld zu führen, das Leben der anderen und geht selbst daran zugrunde.

Gemessen an einem solchen Leben in der Wahrnehmung unbegrenzter ethischer Verantwortung erscheinen alle allgemeinen moralischen Normen und alle sozialen Institutionen als Entlastung, als Begrenzung der Verantwortung. Allgemeine Normen ermöglichen, Gegenseitigkeit einzuklagen. Ich habe dann dem Andern nur in dem Maß Leistungen zu erbringen, wie ich sie auch von ihm erwarten kann; was man von mir verlangt, kann ich auch von andern verlangen. Soziale Institutionen schaffen ›Zuständigkeiten‹ auch im Moralischen. Wenn es Waisen- und Frauenhäuser gibt, brauche ich mich um die Waisen und die Frauen nicht mehr zu kümmern; ich bin dann nicht zuständig (›nicht für alles verantwortlich‹), nicht der Nächste, der Verantwortung zu übernehmen hat und der sie nicht mehr an andere abgeben kann (was in Dostojewskis Sinn wohl heißt: ›ich aber mehr als alle andern‹). Sicher wird niemand ohne solche Entlastung von der unbegrenzten ethischen Verantwortung leben können, sicher wird niemand die unbegrenzte ethische Verantwortung ohne eine solche – wenigstens zeitweise – Entlastung ertragen. Auch Dostojewski, Nietzsche und Levinas gestehen das ohne Weiteres zu. Aber dennoch hebt ihre Unerträglichkeit die ethische Nötigung nicht auf. Sie bleibt spürbar, selbst wenn man einander gegenseitig Begrenzung und Entlastung zusichert. Und zuletzt, so Dostojewski, Nietzsche und Levinas, ist das Ethische nur verständlich, wenn es als Extrem verstanden wird, als Extrem der Verantwortung jedes Einzelnen für alles andere und alle andern. Denn ohne Verantwortung des Einzelnen, das wird von niemandem bestritten, ist das Ethische unverständlich. Aber jede Entlastung von dieser Verantwortung, die Abtretung der Verantwortung an andere oder an allgemeine Normen und Institutionen, ist offenkundig eine Verkehrung des Ethischen und seine größte Gefahr. Im Namen allgemeiner moralischer Normen, Institutionen und ›Bewegungen‹, denen sich die Einzelnen unterordneten, konnten, eben weil sie sich unterordneten und damit ihre eigene Verantwortung aufgaben, die schwersten Verbrechen begangen werden. So könnte die unbegrenzte ethische Verantwortung des Einzelnen ethisch plausibler sein als alle ihre Begrenzungen.

Von den moralischen Normen sind jedoch die rechtlichen Normen klar zu unterscheiden. Darauf hat Nietzsche ebenso wie Levinas (und auch schon Kant) bestanden. Levinas hat sich dazu unter anderem auch in einem der Gespräche geäußert, in dem er den Satz Dostojewskis zitiert. Er grenzt sich dort seinerseits vom christlichen Evangelium ab und dessen ›Logoi‹ ›Widerstehet nicht dem Bösen‹ (Mt. 5, 39) und ›Richtet nicht, auf daß ihr nicht gerichtet werdet‹ (Mt. 7, 1):

»Wenn ich von der Gerechtigkeit spreche, führe ich die Idee des Kampfes mit dem Bösen ein (l'idée de la lutte avec le mal), trenne mich von der Idee, dem Bösen nicht zu widerstehen (l'idée de la non-résistance au mal).« (EN 115/134)

Das Böse soll nicht durch Moral, durch moralische Empörung, Bezichtigung und Beschämung, sondern muss mit dem Recht und seiner rechtlich legitimierten Gewalt bekämpft werden (vgl. NLT 28/25). Am Recht, so Levinas, hat meine moralische Verantwortung durchaus eine Grenze, zumindest soweit es hinreichend anerkanntes und bewährtes Recht ist:

»Es gibt ein gewisses Maß notwendiger Gewalt (violence nécessaire) von seiten der Justiz; aber wenn man von Justiz spricht, muß man Richter zulassen, muß man Institutionen samt dem Staat zulassen; in einer Welt von Staatsbürgern (monde de citoyens) leben und nicht nur in der Ordnung des Von-Angesicht-zu-Angesicht (ordre du face à face).« (EN 115/134 f., vgl. AT 174)

Auch die Gerechtigkeit gegenüber den Einzelnen braucht das Recht. Sie braucht es spätestens dann, wenn neben dem Andern, der mein Eintreten für ihn beansprucht, ein weiterer Anderer und noch weitere auftauchen. Aber diese weiteren Andern sind natürlich immer schon da. Also verlangt die Gerechtigkeit gegenüber den Einzelnen selbst, die Verantwortung zu begrenzen. Dies, aber auch nur dies, ist für Levinas die ethische Rechtfertigung des Rechts. Diese Rechtfertigung ist dann ihrerseits begrenzt. Sie ist begrenzt dadurch, dass das Recht stets zur Gerechtigkeit für den Einzelnen verpflichtet ist. Das geschieht, zumindest im Prinzip, dadurch, dass individuelle Fälle, wenn sie streitig sind, von individuellen Richtern entschieden werden und diese Richter die Betroffenen in Angelegenheiten von Belang unmittelbar, von Angesicht zu Angesicht, vor sich laden. Levinas fährt an der oben zitierten Stelle fort:

»Doch im Gegenzug kann man nur von seiten der Beziehung zum Angesicht oder des Ich vor dem Andern von der Legitimität des Staates (légitimité de l'État) oder seiner Nicht-Legitimität sprechen. Ein Staat, in dem die interpersonelle Beziehung (la relation interpersonelle) unmöglich ist, wo sie von vornherein durch den dem Staat eigenen Determinismus (déterminisme propre de l'État) dirigiert wird, ist ein totalitärer Staat. Es gibt also eine Grenze für den Staat (limite à l'État). Während man in der Vision von Hobbes – in der der Staat nicht aus der Begrenzung der Liebe (limitation de la charité), sondern aus der Begrenzung der Gewalt (limitation de la violence) hervorgeht – für den Staat keine Grenze festsetzen (fixer) kann.« (EN 115/135)

Die Justiz und ihre Gewalt dürfen ihrerseits nicht aus der Verantwortung der Einzelnen entlassen werden (vgl. NLT 28 f./25 f.), der Verantwortung, die zuletzt immer eine Verantwortung Einzelner für Einzelne ist:

»Die Liebe muß immer über die Gerechtigkeit wachen. (L'amour doit toujours surveiller la justice).« (EN 118/137)

Levinas' Ziel, »das Zusammenleben (socialité) als unabhängig von der ›verlorenen‹ Einheit zu denken« (EN 122/143), der Einheit des ›Seins‹, wird von der Gewalt des Rechts nicht berührt, solange diese Gewalt nicht ontologisch, sondern ethisch begründet wird. Die Gewalt des Rechts lässt sich rechtfertigen, aber nur als Gewalt zur »Verteidigung des Anderen« (défense de l'autre), als »Gewalt für jemanden« (violence pour quelqu'un, AT 174). So aber entlastet die Begrenzung durch die juridische Gewalt die ethische Verantwortung nicht, sondern steigert sie noch. Denn mit der Institution der juridischen Gewalt bezieht sich die Verantwortung aller, die befugt sind, von ihr Gebrauch zu machen, auch auf ihren Gebrauch in jedem einzelnen Fall:

»*Das Unendliche der Verantwortung (infini de la responsabilité) bedeutet nicht ihre aktuelle Unermeßlichkeit (immensité actuelle), sondern ein Anwachsen der Verantwortung in dem Maße, in dem sie übernommen wird*; die Pflichten erweitern sich in dem Maße, in dem sie erfüllt werden.« (TI 222/360)

Nietzsche, einer der schärfsten philosophischen Kritiker des Staates, ist Levinas auch hier sehr nah. Auch er entlässt das Recht nicht aus der Verantwortung der Einzelnen, um es sich nicht im Staat verselbständigen zu lassen. Auch für ihn bleiben die Bedürfnisse der Einzelnen der einzige Grund der Legitimität des Rechts. ›Rechtszustände‹, schreibt er wiederum in der *Genealogie der Moral* (II, 11), dürfen immer nur ›*Ausnahme-Zustände*‹, Rechtsordnungen immer nur Rechtsordnungen auf Zeit sein, und der Gesichtspunkt ihrer Festlegung müssen die Lebensnotwendigkeiten und ihre Erneuerbarkeit unter neuen Lebensnotwendigkeiten sein.

Die Scheidelinie zwischen Nietzsche und Levinas im Blick auf die unbegrenzte ethische Verantwortung verläuft an anderer Stelle, zwischen dem Bestehen auf der ethischen Souveränität und dem Bruch mit ihr. Wenn Kant das Ethische noch auf ›Autonomie‹ im Sinn der Selbstgesetzgebung der Vernunft begründet hatte, so gibt Nietzsche wohl den Rekurs auf Vernunft auf. Er ersetzt ihn jedoch durch den Rekurs auf Souveränität, die ethische Souveränität des ›autonomen übersittlichen Individuums‹. Levinas greift auch sie noch an, sieht den Anfang des Ethischen gerade darin, dass die ethische Souveränität zerbricht. Auch hier ist sein Grund unschwer nachzuvollziehen. Im Bestehen auf meiner ethischen Souveränität behalte ich mir vor, mich dem Leid eines Andern zuzuwenden oder nicht, ich entscheide von mir aus, für wen und wann ich für jemanden eintrete, der leidet, ob ich ihn also leiden lasse oder nicht ... Aber das ist ethisch sichtlich nicht zu vertreten.

Wenn es nicht wie für Kant die autonome Sittlichkeit noch wie für Nietzsche die autonome Übersittlichkeit ist, die zum moralischen Handeln nötigt, sondern der unmittelbar Andere, Nächste, dann kehrt sich die ethische Souveränität in, wie Levinas wieder mit provozierender Härte formuliert, ethische ›Unterwerfung‹ (sujétion), Geiselschaft (condition d'otage), Besessenheit (obsession), Verfolgung (persécution) um. Aber dies ist nur die eine Seite. Die andere ist die, dass ich, wenn ich vom Andern in Anspruch genommen werde, ›Subjekt‹ (sujet) der Verantwortung werde. Im Ansatz beim Ethischen vor dem Theoretischen kann ich nur so Subjekt sein, nur Subjekt einer ethischen Verantwortung. Levinas gibt so zuletzt auch der Subjektivität, dem Leitbegriff der modernen Philosophie und nach Heidegger der europäischen Philosophie im Ganzen, einen ethischen Sinn und eine ethische Begründung. Er nennt dieses Zum-ethischen-Subjekt-Werden durch den Andern auch eine ›Erwählung‹ (élection), eine Erwählung, die eine Heimsuchung, aber auch Auszeichnung ist. Spätestens dieser Begriff der Erwählung oder der Auserwähltheit verweist auf das Judentum.

5.6 Judentum als ethische Bedingung des Menschseins: Franz Rosenzweig

Heimsuchung und Erwählung sind aus der jüdischen und christlichen Religion vertraute Begriffe. Der Austausch zwischen Philosophie und Religion war denkbar eng, seit die Philosophie, im Zug der Christianisierung Europas, sich der Religion verpflichtet hatte. Erst im 18. Jahrhundert hatte die europäische Aufklärung durchgesetzt, dass die Philosophie von der Religion gelöst und streng von ihr getrennt wurde. Seither ist die Abgrenzung für beide Seiten selbstverständlich geworden.

Mit Philosophen wie Kant, Hegel, Kierkegaard und Nietzsche, denen Levinas in seinem ethischen Denken nahe ist, wurde jedoch die Grenze der Philosophie zur Religion wieder durchlässig, ohne dass dadurch die Aufklärung aufgegeben worden wäre. Kant, der strengste Aufklärer, zog sie scharf, um sie, gestützt auf die Vernunft, zugleich entschieden zu überschreiten. Hegel bezog die Religion in die Bewegung des Zu-sich-Kommens des Geistes ein und ließ aus ihr, der Religion, zuletzt die Philosophie hervorgehen. Kierkegaard, der sich selbst einen ›religiösen Schriftsteller‹ nannte und zum Ahnherrn der gottverlassenen Existenzphilosophie werden sollte, bewegte sich bewusst auf dem schmalen Grat zwischen Philosophie und Religion. Für Nietzsche schließlich, der sich als Aufklärer der Aufklärung verstand und hinter die Vernunft zu den Leiden zurückging, deren Apologie sie diene, konnte einen Religionsstifter, Zarathustra, zu seiner Zentralfigur machen und sich für sein Philosophieren selbst einen neuen Gott, Dionysos, erfinden.

Die jüdische Tradition hatte, seit sie von der Philosophie Kenntnis hatte, zwar immer wieder die Berührung mit ihr gesucht, sich zugleich aber auch entschieden von ihr abgegrenzt. Das jüdische Volk hatte sich in seiner Zerstreuung nach der Zerstörung des Zweiten Tempels durch die Römer im Jahr 70 u. Z. auch dadurch als Volk bewahrt, dass es an der Abgrenzung seiner Religion von einer Philosophie festhielt, die zu einer Philosophie der christlichen Völker geworden war. Nach der bürgerlichen Emanzipation und Assimilation der west- und mitteleuropäischen Juden im 19. Jahrhundert begann jedoch auch hier die Grenze durchlässig zu werden. Markantestes Zeichen dafür war, dass ein Jude, der in seiner Jugend zum Rabbiner bestimmt gewesen war, Hermann Cohen, zu einem führenden Professor der Philosophie in Deutschland und Hauptvertreter des Kantianismus werden konnte. Er hatte sich dann jedoch, nach seiner Emeritierung, leidenschaftlich wieder dem Judentum zugewandt, Kants spätem Werk zur Religionsphilosophie *Die Religion innerhalb der Grenzen der bloßen Vernunft* sein bis heute maßgebliches Werk *Religion der Vernunft aus den Quellen des Judentums* (postum 1919) entgegengestellt, in dem er nicht mehr die Vernunft als Quelle und Rechtfertigung der Religion, sondern das Judentum als Quelle und Rechtfertigung der Philosophie der Vernunft an den Anfang stellte. So war das Judentum zum Gegenstand der Philosophie und ihre bedeutsamste Quelle geworden.

Die Philosophie des Judentums in diesem Sinn hatte am entschiedensten Franz Rosenzweig fortgeführt. Wie Cohen hatte er sich zunächst vom Judentum entfernt, herausragende Forschungsergebnisse zum Deutschen Idealismus und insbesondere zu Hegel vorgelegt, sich entschlossen, sich taufen zu lassen, sich dann aber doch zuletzt für sein Judentum entschieden. In kritischer Auseinandersetzung mit Hegel hatte er zu einer großen philosophischen Zusammenschau des Judentums, Christentums und der

Philosophie angesetzt, die er in seinem Hauptwerk *Der Stern der Erlösung* (1921) ausarbeitete. Judentum, Christentum und Philosophie werden darin nicht auf hegelsche Weise ineinander aufgehoben, sondern als eigenständige und durcheinander unersetzbare Ursprünge und Bedingungen des Menschseins ausgewiesen und anerkannt. Leitfiguren für Rosenzweigs Philosophieren sind Kierkegaard und Nietzsche. In der Einleitung zum *Stern der Erlösung* hob er besonders Nietzsche emphatisch als Anfang eines neuen Philosophierens hervor, bei dem der Philosophierende maßgeblicher sei als die Philosophie, das Individuum bedeutsamer als die Lehre. Nietzsche, dessen Lehre Rosenzweig für nebensächlich hielt, war für ihn der in keine Identität zu fassende Philosoph der Individualität und dadurch der Anstoß zu einer Revolution der Ethik. Das ›von Nietzsche dem Denken erschlossene Neuland‹ sei die ›Jenseitigkeit der neuen Frage allem gegenüber, was unter dem Begriff Ethik bisher allein verstanden war.‹ (11 f.)

Levinas achtet seinerseits Rosenzweigs *Stern der Erlösung* wie kein anderes Werk der Philosophie des Judentums. Er findet in ihm seinen wichtigsten Vorgänger oder, wie er bescheidener sagt, ›unseren großen Zeitgenossen‹ (HS 73/103). Rosenzweigs Leitsätze lesen sich in der Tat wie Programmsätze für Levinas. In *Einige nachträgliche Bemerkungen zum ›Stern der Erlösung‹*, die Rosenzweig *Das neue Denken* überschrieb (in: F. R., *Die Schrift*, hg. v. Karl Thieme, Königstein/Ts. 1984, 186-211), heißt es, das Neue dieses neuen Denkens liege »im Bedürfnis des andern und, was dasselbe ist, im Ernstnehmen der Zeit«. Es sei der Übergang vom einsamen Denken zum Sprechen zu andern, die immer ganz bestimmte Andere sind (200):

»Die theologischen Probleme wollen ins Menschliche übersetzt werden und die menschlichen bis in Theologische vorgetrieben.« – »Gott hat eben nicht die Religion, sondern die Welt geschaffen.« – »Die Sonderstellung von Judentum und Christentum besteht grade darin, daß sie, sogar wenn sie Religion geworden sind, in sich selbst die Antriebe finden, sich von dieser ihrer Religionshaftigkeit zu befreien und aus der Spezialität und ihren Ummauerungen wieder in das offene Feld der Wirklichkeit zurückzufinden.« (201-203)

Jenseits des Buches, dort, wohin das Buch nur zeigen könne, im »Nichtmehrbuch«, sei

> »die entzückt-erschrockene Erkenntnis, daß in diesem Schauen des ›Weltgleichnisses im Gottesantlitz‹, in dieser Ergreifung alles Seins in der Unmittelbarkeit eines Augenblicks und Augen-blicks die Grenze der Menschheit betreten ist« (209).

Levinas hat Rosenzweigs Philosophieren mehrfach gewürdigt (vgl. v.a. DL 253-281/129-154 [1959], HS 67-89/99-122 [1965]) und ein Vorwort zu Stéphane Mosès' Monografie *System und Offenbarung. Die Philosophie Franz Rosenzweigs* verfasst (1982). Für Rosenzweig war, wie Mosès herausarbeitet, »ein bleibendes Charakteristikum des Judentums [...] sein Widerstand gegen jeden Versuch, es in irgendeinem System aufzulösen«, »in der abendländischen Kultur und ihrer Totalitätsauffassung des Allgemeinen aufzugehen«, und diesen Widerstand spiegele Rosenzweigs Widerstand gegen Hegels Philosophie wider (21 f.; vgl. Levinas, DL 277/151 u. HS 87/119).

Rosenzweig erwartete Inspiration und Erneuerung der Philosophie durch die Religion, von der er wiederum, wie Levinas, einen *philosophischen* Begriff hatte, einen Begriff, der wesentlich von dem unterschieden war, unter dem die Aufklärung die Religion bekämpft hatte. Levinas bestimmt sie, im Blick auf Rosenzweig, so:

»Das Leben, das die Unbeweglichkeit der Begriffe und Grenzen überschreitet (surmonte l'immobilité des concepts et des frontières) – lebendiges Leben in diesem genauen Sinn – ist Religion.« (HS 75/106)

Religion erscheint so ›in der Ökonomie des Seins‹ (dans l'économie de l'être) auf demselben Niveau wie das philosophische Denken (DL 262/137), als eine andere Weise des Denkens, aber als Denken. Sie hat, wie Levinas in einer Talmud-Auslegung sagt, nichts zu tun

»mit dem mythologischen Infantilismus einer quasi räumlichen Trennung, der Hinterwelt von Himmeln (arrière-monde des cieux), die von ›großformatigen‹ Wesen (êtres ›de grand format‹) bewohnt sind, einer Verbindung mit dem Jenseits, die als Informationsaustausch verstanden wird, mit einem Gott, der nur eine Macht unter den Mächten (puissance d'entre les puissances) wäre, imstande, den Erfolg oder das Scheitern des Menschen zu gewährleisten (assurer la réussite ou l'échec des hommes).« (NLT 30 f./27)

Die Religion hält der Philosophie vielmehr, soweit diese ein Prinzip zu definieren und alles auf dieses Prinzip zu reduzieren sucht, die Erfahrung des Irreduziblen (irréductible, DL 262 f./137) entgegen. Dabei hält sie sich ihrerseits im ›Element‹ (élément) der Ethik (NLT 30/26). In dieser Sicht aber *darf* die Philosophie sich nicht von der Religion abtrennen, wenn sie nicht Gefahr laufen will, selbst im Dogmatismus zu erstarren, sie *bedarf* der Religion zu ihrer Kritik: Die

»Philosophie, die Leben wird, statt Politik zu werden, ist die Religion (philosophie qui devient vie au lieu de devenir politique, c'est la religion). Sie geht der Philosophie nicht voraus, sie folgt ihr. [...] [Dabei ist] die Religion keine gesonderte Realität, die zur Realität hinzukäme. Ihr primäres Sein ist, für Rosenzweig, auf eben die Art, *wie das Sein ist* (Son essence première est ... dans la *façon même dont l'être est*).« (DL 260/135 f.)

Rosenzweig selbst gebraucht den Begriff der Religion nicht, um, wie Levinas betont, Missverständnisse zu vermeiden. Nichtsdestoweniger führt er theologische Begriffe als ontologische Kategorien in die Philosophie ein (DL 265/140), Schöpfung (Gott und Welt), Offenbarung (Gott und Mensch) und Erlösung (Mensch und Welt), um so an der Welt, an der menschlichen Existenz und an Gott deren ursprüngliche Heteronomie für das Denken herauszustellen. Welt, Existenz und Gott entziehen sich schon für Rosenzweig den Begriffen und werden durch sie verfälscht, sind heterogene, ›getrennte‹ Bedingungen des Daseins, dessen Einheit nicht das ›Sein‹, sondern das ›Leben‹ und die ›Zeit‹ ist (DL 264/139). Wie Heidegger den Begriff des Seins, so hat Rosenzweig (parallel zur Phänomenologie Husserls) den Begriff der Zeit entformalisiert und erst als konkretes Ereignis verständlich gemacht (EN 128 f./150 f.). Er verstand auch Vergangenheit, Gegenwart und Zukunft aus Schöpfung, Offenbarung und Erlösung und fand in deren Zusammenwirken die »anfängliche Verständlichkeit« (intelligibilité initiale), die »Quelle allen Sinns« (la source de tout sens). Die anfängliche Verständlichkeit zeigt sich nicht in den Begriffen, sondern in den Singularitäten und in den Beziehungen der Singularitäten; Beziehungen sind auch für Rosenzweig Beziehungen von zwei Einzelnen, nicht Spezifizierungen eines Dritten, Allgemeinen (DL 264 f./139). So tritt für ihn die »Idee eines erlösenden Menschen« (l'idée de l'homme rédempteur), die auch eine Idee Nietzsches war, an die Stelle der Idee »eines erlösenden Gottes« (un Dieu rédempteur, DL 269/143)

Vor allem aber ist, so Levinas, *Der Stern der Erlösung*,

»dieses Buch über allgemeine Philosophie (livre de philosophie générale), ein jüdisches Buch (un livre juif), das das Judentum auf eine neue Weise begründet: das Judentum ist nicht mehr nur eine Lehre (un enseignement), deren Thesen wahr oder falsch sein mögen, *die jüdische Existenz* [...] *selbst ist ein wesentliches Ereignis des Seins (un événement essentiel de l'être), die jüdische Existenz ist eine Kategorie des Seins (une catégorie de l'être).*« (DL 256/131)

Rosenzweig komme »zum Judentum vom Universalen und Menschlichen aus«, und dadurch sei er zum »Lehrmeister und Anreger einer jüdischen Erneuerung« (maître et l'inspirateur d'un renoveau juif, ebd.) geworden. Levinas ist in seinen Schriften zum Judentum ebenso vorgegangen und ist nach der Shoa mit weit größerer Wirkung zum neuen Lehrmeister und Anreger einer jüdischen Erneuerung geworden.

6. Schwierige Freiheit: Anderer Anfang der Philosophie nach der Shoa

6.1 ›Die jüdische Lebensform‹: ›Moral ohne Institutionen‹

In einem kurzen Text von 1966, mit dem er später seinen Band *Noms Propres* (*Eigennamen*) beschloss und den er *Sans nom* (*Namenlos*) überschrieb, hat Levinas seinem Denken des Jüdischen und dem Hintergrund dieses Denkens in der Erfahrung der Shoa den bündigsten und zugleich ergreifendsten Ausdruck gegeben. Wir geben den Text hier im Ganzen ohne weiteren Kommentar wieder (NP 141-146/101-106):

Namenlos (Sans nom)

»Seit Ende des Krieges hat das Blut nicht aufgehört zu fließen. Rassismus, Imperialismus, Ausbeutung bleiben erbarmungslos. Die Nationen und die Menschen liefern sich dem Haß, der Verachtung aus, fürchten Elend und Zerstörung.

Doch die Opfer wissen wenigstens, wohin sie ihre erlöschenden Augen wenden sollen. Ihre verwüsteten Räume gehören einer Welt an. Es existieren wieder eine unbestrittene Meinung, unbestreitbare Institutionen und eine Gerechtigkeit (une Justice). In den Diskursen, den Schriften und den Schulen hat, was als gut gilt, wieder Anschluß an *das* Gute aller Breitengrade gefunden (le bien a rejoint le Bien de toutes les latitudes), und was als böse gilt, ist wieder *das* Böse aller Zeiten geworden (le mal est devenu le Mal de tous les temps). Die Gewalt (violence) wagt nicht mehr ihren Namen zu nennen. Was zwischen 1940 und 1945 einzigartig war, war die Verlassenheit (le délaissement). Immer stirbt man allein und überall ist das Unglück verzweifelt. Und unter den Alleingelassenen und den Verzweifelten sind die Opfer der Ungerechtigkeit überall und immer die am meisten Verzweifelten und Alleingelassenen. Aber wer kann sagen, was die Einsamkeit der Opfer bedeutete, die in einer Welt starben, die durch die hitlerschen Triumphe (triomphes hitlériens) in Frage gestellt war, bei denen das Böse noch nicht einmal die Lüge nötig hatte, weil es seiner Überlegenheit sicher war? Wer kann sagen, was die Einsamkeit derer bedeutete, die dachten, daß die Gerechtigkeit (la Justice) zugleich mit ihnen stirbt, zu der Zeit, als die über Gut und Böse unschlüssigen Urteile (les jugements vacillants sur le bien et le mal) kein Kriterium fanden außer in den verborgenen Winkeln des subjektiven Gewissens (les replis de la conscience subjective), als kein Zeichen von draußen kam?

Interregnum oder Ende der Institutionen oder als ob sich das Sein selbst suspendiert hätte (comme si l'être même s'était suspendu). Nichts mehr war amtlich (officiel). Nichts mehr war objektiv. Nicht das kleinste Manifest für die Menschenrechte. Kein ›Protest der linken Intellektuellen‹! Verschwunden das ganze Vaterland, keine Spur mehr von ganz Frankreich! Völliges Schweigen aller Kirchen! Unsicherheit jeder Kameradschaft. Das war es, was die ›Bedränger-Aufreihungen‹ (les défilés étroits) des ersten der *Klagelieder* [der hebräischen Bibel] bedeuteten: ›Kein Tröster‹, und die Klage der Yom-Kippur-Liturgie: ›*Kein Hoher Priester, um Opfer darzubieten, kein Altar, um unsere Ganzopfer (holocaustes) niederzulegen!*‹

Vor mehr als einem Vierteljahrhundert wurde unser Leben und wohl auch die Geschichte selbst unterbrochen. Kein Maß (mesure) konnte die maßlos gewordenen Dinge (choses démesurées) mehr umfassen. Hat man diesen Tumor einmal im Kopf, können zwanzig Jahre nichts daran ändern. Der Tod wird wohl bald das ungerechtfertigte Privileg annullieren, sechs Millionen Tote überlebt zu haben. Wenn aber während dieser Gnadenfrist die Beschäftigungen und Unterhaltungen des Lebens aufs neue das Leben erfüllen, wenn alle entwerteten – oder vorsintflutlichen – Werte wieder in Geltung kommen, wenn alle Worte aus Sprachen, die man für tot gehalten hatte, in den Journalen und Büchern wieder erscheinen, wenn viele verfallene Rechte aufs neue Institutionen finden und eine Staatsgewalt, die sie schützt, – nichts hat den klaffenden Abgrund auffüllen oder auch nur zudecken können. Von den Schlupfwinkeln unserer täglichen Zerstreuung kehrt man kaum weniger häufig zu ihm zurück, und der Schwindel (vertige), der einen an seinem Rand ergreift, ist immer derselbe.

Soll man darauf beharren, eine Menschheit, deren Gedächtnis an ihren eigenen Erinnerungen nicht leidet (une humanité dont la mémoire n'est pas malade de ses propres souvenirs), in diesen Schwindel hineinzuziehen? Und unsere Kinder, die nach der Befreiung geboren wurden und schon zu dieser Menschheit gehören? Werden sie überhaupt diese Empfindung von Chaos und Leere (sensation de chaos et de vide) verstehen können?

Abgesehen vom inkommunikablen Gefühl dieser Passion (incommunicable émotion de cette Passion), in der alles vollbracht wurde (où tout fut consommé), was soll man und was kann man zwanzig Jahre danach als Lehre weitergeben (transmettre ... sous forme d'enseignement)? Aufs neue an das schwierige jüdische Schicksal (le difficile destin juif) und die Unbeugsamkeit unseres Nackens (le raidissement de notre nuque) erinnern? Eine leidenschaftslose strafrechtliche Ahndung ohne Verjährung (une justice sans passion ni prescription) fordern und einer Menschheit mißtrauen, für die allein die Institutionen und die Techniken den Fortschritt ausmachen? Sicherlich. Aber man kann, vielleicht, aus der Erfahrung der Konzentrationslager (l'expérience concentrationnaire) und dem jüdischen Leben in Verstecken (clandestinité juive), das ihr Allgegenwärtigkeit (ubiquité) verlieh, drei Wahrheiten (vérités) ziehen, die man den neuen Menschen (hommes nouveaux) weitergeben kann und die für sie unabdingbar sind.

[I] Um menschlich zu leben, brauchen die Menschen unendlich viel weniger Dinge als die großartigen Zivilisationen (magnifiques civilisations), in denen sie leben – das ist die erste Wahrheit. Man kann verzichten auf Essen und Ruhe, auf Lächeln und persönliche Dinge, auf Anstand und das Recht, seinen Zimmerschlüssel im Schloß zu drehen, auf Bilder und Freunde, auf Landschaften und auf Freistellung vom Dienst krankheitshalber, auf In-sich-Gehen (introspection) und Beichte jeden Tag (confession quotidiennes). Man braucht keine Reiche (empires), keinen Purpur, keine Kathedralen, keine Akademien, keine Amphitheater, keine Wagen und Streitrosse – das war schon unsere alte Erfahrung als Juden. Der rasche Verschleiß aller Formen zwischen 1939 und 1945 erinnerte mehr als alle anderen Symptome an die Zerbrechlichkeit unserer Assimilation (fragilité de notre assimilation). In jener Welt-im-Krieg (monde en guerre), die selbst das Kriegsrecht vergessen hatte, wurde schlagartig die Relativität all dessen deutlich, was seit unserer Aufnahme als Bürger (depuis notre entrée dans la cité) unverzichtbar schien. Wir sind in die Wüste (désert) zurückgekehrt, einen Raum ohne Landschaft (espace sans paysage) oder einen Raum, der – wie das Grab – nur dazu dient, uns aufzunehmen (espace tout juste fait – comme le tombeau – pour nous contenir); wir sind in den Einschluß-Raum (espace-réceptacle) zurückgekehrt. Das Ghetto ist auch dies und nicht nur Trennung von der Welt (séparation d'avec le monde).

[II] Doch, zweite Wahrheit – und auch sie schließt an eine alte Gewißheit (antique certitude) und eine alte Hoffnung (antique espoir) an – in den Augenblicken der Entscheidung (aux heures décisives), in denen die Hinfälligkeit so vieler Werte (caducité de tant de valeurs) offenbar wird, besteht die ganze menschliche Würde (toute la dignité humaine) darin, an ihre Rückkehr zu glauben. Wenn ›alles erlaubt ist‹, besteht die oberste Pflicht (suprême devoir) darin, sich schon verantwortlich zu fühlen für jene Werte des Friedens (valeurs de paix). Wenn die ganze Welt im Krieg ist (dans l'univers en guerre), nicht zu schließen, die Kriegstugenden (les vertus guerrières) seien die einzig gewissen; in der tragischen Situation nicht Gefallen zu finden an den virilen Tugenden des Todes und des verzweifelten Mordes (vertus viriles de la mort et du meurtre désespéré), nur gefährlich zu leben, um die Gefahren zu bannen (ne vivre dangereusement que pour écarter les dangers) und um zum Schatten seines Weinstocks und seines Feigenbaums zurückzukehren.

[III] Doch – dritte Wahrheit – wir müssen künftig in der unvermeidlichen Wiederaufnahme der Zivilisation und der Assimilation die neuen Generationen die notwendige Kraft lehren, in der Isolierung stark zu sein, und all das, was ein zerbrechliches Bewußtsein (fragile conscience) [dafür] enthalten sollte. Wir müssen – indem wir das Gedächtnis derer bewahren, die, ob Nicht-Juden oder Juden, selbst ohne sich zu kennen oder zu begegnen, in völligem Chaos (en plein chaos) sich zu verhalten wußten, als ob die Welt nicht aus den Fugen geraten (désintegré) wäre, indem wir an die Résistance-Kämpfer erinnern (la Résistance des maquis), das heißt an genau die, die aus keiner anderen Quelle schöpfen konnten als aus ihren eigenen Gewißheiten (ses propres certitudes) und ihrem Inneren (son intimité) – wir müssen anhand dieser Erinnerungen einen neuen Zugang zu den jüdischen Texten (textes juifs) eröffnen und dem inneren Leben (vie intérieure) wieder den Vorrang geben. Das *innere Leben* – man schämt sich fast, angesichts so vieler Realismen und Objektivismen (réalismes et d'objectivismes), dieses lächerliche Wort auszusprechen.

Die jüdische Lebensform (La condition juive)

Solange die Tempel stehen, solange die Fahnen über den Palästen flattern und die Magistratsbeamten ihre Schärpen umlegen – solange bringen die Stürme unter den Hirnschalen (tempêtes sous les crânes) keine Gefahr eines Schiffbruchs mit sich. Es sind dann vielleicht nur Wellenschläge, wie sie die Brisen der Welt um wohlverankerte Seelen in ihren Häfen hervorrufen. Das wahre innere Leben ist kein frommes oder revolutionäres Denken, das uns in einer wohlsituierten Welt (monde bien assis) kommt, sondern die Verpflichtung, die ganze Menschlichkeit des Menschen in der allen Winden offenstehenden Laubhütte des Gewissens unterzubringen (l'obligation d'abriter toute l'humanité de l'homme dans la cabane, ouverte à tous les vents, de la conscience). Und sicher ist es verrückt, den Sturm um seiner selbst willen zu suchen, so als ›wohnte im Sturm die Ruhe‹ (Lermontow). Aber daß die wohleingerichtete Menschheit (l'humanité installée) in jedem Moment der gefährlichen Situation ausgesetzt sein kann, in der ihre Moral ganz in einer ›inneren Festung‹ (›for intérieur‹) standhalten muß, in der ihre Würde (dignité) auf das Murmeln einer subjektiven Stimme (murmures d'une voix subjective) angewiesen ist und sich in keiner objektiven Ordnung (ordre objectif) mehr spiegelt und bestätigt findet – das ist das Risiko, von dem die Ehre des Menschen abhängt (voilà le risque dont dépend l'honneur de l'homme). *Aber vielleicht verweist die Tatsa-*

che, daß sich in der Menschlichkeit die jüdische Lebensform konstituiert, gerade auf dieses Risiko (Mais c'est peut-être ce risque que signifie le fait même que dans l'humanité se constitue la condition juive). Das Judentum ist die Menschlichkeit an der Schwelle zur Moral ohne Institutionen (Le judaïsme, c'est l'humanité au bord de la morale sans institutions).

Wir sagen nicht, die jüdische Lebensform sei auch schon eine Versicherung gegen jenes Risiko (une assurance contre ce risque). Ein Volk wie alle Völker, das ebenso gern wie sie die Stimmen seines Gewissens (voix de sa conscience) in einer unvergänglichen Zivilisation eingetragen wüßte; ein älteres, skeptischeres, suchenderes Volk, das sich, früher als die andern, fragte, ob diese Stimmen nicht schon das Echo einer geschichtlichen Ordnung (ordre historique) sind, die über sie hinausreicht. Ein Volk, angetan vom Glück, wie alle anderen Völker, und vernarrt in die Süße des Lebens. Aber durch eine befremdliche Erwählung auch ein Volk, das so angetreten und so unter den Nationen situiert ist – ist das Metaphysik oder ist das Soziologie? –, daß es [dem Risiko] ausgesetzt ist, sich von heute auf morgen und ohne Vorwarnung in der Trostlosigkeit seines Exils, seiner Wüste, seines Ghettos oder seines Lagers wiederzufinden, aller Glanz des Lebens in Fetzen weggefegt, der Tempel in Flammen, die Propheten ohne Vision, zurückverwiesen auf die innere, von der Welt geleugnete Moralität (réduit à la moralité intérieure – par l'univers démentie). Ein Volk, das – selbst mitten im Frieden – dem antisemitischen Gerede (propos antisémite) ausgesetzt ist, weil es in diesem Gerede ein für gewöhnliche Ohren unhörbares Zischen (sifflement inaudible à l'oreille commune) wahrnehmen kann. Und schon geht ein Eiswind durch die noch anständig oder luxuriös eingerichteten Räume, reißt die Wandteppiche und Bilder los, löscht die Lichter, bricht die Mauern auf, zerfetzt die Kleider und trägt das Gebrülle und Gekreische erbarmungsloser Massen (les hurlements et les hululements d'impitoyables foules) herein. Antisemitisches Wort (Verbe antisémite), keinem andern gleich, ist es eine Beschimpfung (injure) wie die anderen Beschimpfungen? Austilgungswort (Verbe exterminateur), durch das das Gute, das sich rühmt, das Sein zu sein (le Bien se glorifiant d'Être), zur Irrealität zurückkehrt und sich zusammenkauert am Grunde einer Subjektivität (au fond d'une subjectivité), eine vor Kälte erstarrte und zitternde Idee. Wort, das der ganzen Menschheit durch die Vermittlung eines Volkes, erwählt, um es zu hören, eine nihilistische Trostlosigkeit (désolation nihiliste) offenbart, die kein anderer Diskurs auch nur andeuten könnte. Diese Erwählung (élection) ist sicher ein Unglück.

Aber diese Lebensform (condition), in der die menschliche Moral (la morale humaine) nach so vielen Jahrhunderten wie zu ihrer mütterlichen Form (matrice) zurückkehrt, zeugt (atteste) – durch ein sehr altes Testament (d'un testament très ancien) – von ihrem Ursprung innerhalb der Zivilisationen. Zivilisationen, die diese Moral möglich macht (rend possibles), einfordert (appelle), entstehen läßt (suscite), begrüßt (salue) und segnet (bénit), wobei sie sich selbst nur bewährt (s'éprouve) und rechtfertigt (se justifie), wenn sie sich aufrechterhalten kann in der Zerbrechlichkeit des Gewissens (fragilité de la conscience), in den [engen] ›vier Ellen [der Laubhütte] der Halacha‹ (dans les ›quatre coudées de la Halacha‹), in dieser unsicheren und göttlichen Bleibe (dans cette demeure précaire et divine).«

6.2 Levinas' philosophische Aktualisierung der jüdischen Tradition

Die Erfahrung des Antisemitismus und der Shoa hat gleiches Gewicht im Philosophieren von Emmanuel Levinas wie die ›philosophischen Erfahrungen‹, von denen er in *Signature* spricht, vielleicht sogar ein schwereres. In jedem Fall hat sie schwereres ethisches Gewicht. Levinas sah in der Shoa die Verpflichtung, Hitler den Triumph nicht zu lassen und mit der staatlich organisierten und industriell durchgeführten Ermordung so vieler Juden und Nicht-Juden nicht auch das Judentum untergehen zu lassen. Das jüdische Denken, wie er es dachte, war ein Denken, das das europäische Denken nicht ertrug, weil es seine Grundvoraussetzungen infrage stellte. So wurde es von ihm ausgegrenzt. Man wird nicht beweisen, aber auch nicht ausschließen können, dass diese Ausgrenzung im Denken, je volkstümlicher und völkischer sie wurde, tatsächlich dazu beitrug, mitten im aufgeklärten und zivilisierten Europa des 20. Jahrhunderts die Juden erneut der physischen Verfolgung und schließlich der massenhaften Vernichtung auszusetzen. Doch schon dann, wenn es nur möglich, nur wahrscheinlich wäre, dass es dazu beitrug, wäre es für das ›westliche‹ Denken unabweisbar, nun selbst seine Grundvoraussetzungen infrage zu stellen, und zwar von dem her, was es so lange ausgegrenzt hatte, dem jüdischen Denken. Levinas war derjenige, der dies am entschiedensten und konsequentesten versuchte.

Auch er hat erst allmählich die philosophische Aktualität der jüdischen Tradition entdeckt und in seinem Werk herausgestellt. Mit seinen öffentlichen Talmud-Auslegungen begann er 1957. Von da an werden auch in seinen philosophischen Abhandlungen die Bezüge auf die jüdischen Quellen deutlicher und expliziter. In *Totalité et Infini* sind unmittelbare Verweise auf die hebräische Bibel und den Talmud jedoch noch selten. In *Autrement qu'être ou au-delà de l'essence* werden sie zahlreich, in den späteren Abhandlungen unübersehbar. *Autrement qu'être ou au-delà de l'essence* hat Levinas ausdrücklich »dem Gedenken der nächsten Angehörigen unter den sechs Millionen der von den Nationalsozialisten Ermordeten« gewidmet, »neben den Millionen und Abermillionen von Menschen aller Konfessionen und aller Nationen, Opfer desselben Hasses auf den anderen Menschen, desselben Antisemitismus«. Er ließ die Widmung zuerst in hebräischer Sprache und Schrift drucken.

Die jüdische Tradition war für ihn vor allem die Auslegung der hebräischen Bibel – Jahrtausende hindurch. Er hat, neben seinem philosophischen Werk, viele Artikel verfasst, Vorträge gehalten, Gespräche geführt, um auf sie über die Kreise hinaus aufmerksam zu machen, die sich ihr traditionell widmeten, und unermüdlich daran gearbeitet, sie in der Gegenwart neu lebendig werden zu lassen. Es ist ihm gelungen. Er hat maßgeblich zu einem ›renouveau juif‹ in der Gegenwart beigetragen, zu einer Erneuerung des jüdischen Bewusstseins jüdischer Intellektueller in Frankreich und von da aus in Europa und in der Welt.

Er erneuerte das jüdische Bewusstsein, indem er ihm einen *philosophischen* Begriff von sich selbst gab, einen philosophischen Begriff, der nicht nur Juden erreichte, die ein religiöses Judentum in der Gegenwart für definitiv überholt gehalten hatten, sondern mehr noch – und dies in einem inzwischen überwältigenden Maß – Nicht-Juden, die größtenteils wenig vom Judentum wussten, sich ihm gegenüber aber auf eine vage Weise schuldig fühlten. Das gilt sicherlich besonders für Deutsche, auch solche, die erst nach dem Dritten Reich geboren wurden. In den jüngeren Generationen tritt nun auch dieses Schuldbewusstsein zurück, und Levinas kann nüchtern, weniger moralisch als philosophisch, gelesen werden.

Levinas hat sich nicht gesträubt, als Apologet des Judentums aufzutreten. Er fürchtete nicht um seinen Ruf als Philosoph, der er auch und zuerst war, weil er in der europäischen Philosophie selbst eine Art von Apologie erkannte, eine Apologie der Vernunft gegen das, was sie als irrational ausschloss:

»Ich frage mich, ob es jemals einen Diskurs in der Welt gab, der nicht apologetisch war, ob der Logos als solcher nicht Apologie ist (si le logos comme tel n'est pas apologie), ob das erste Bewußtsein unserer Existenz (première conscience de notre existence) ein Bewußtsein des Rechts ist (conscience de droit), ob es nicht überhaupt ein Bewußtsein von Verantwortlichkeiten (conscience de responsabilités) ist, ob wir nicht überhaupt Angeklagte (accusés) sind, statt bequem und ohne um Entschuldigung zu bitten in die Welt wie ins eigene Haus einzutreten (entrer confortablement et sans demander pardon dans le monde comme chez soi). Ich denke, ein wenig auf diese Art versucht man Jude zu sein (on essaie d'être juif), ein wenig auf diese Art verdient man, sich ein menschliches Wesen zu nennen (on mérite de s'appeler être humain).« (QLT 175 / 153f.)

Das Irrationale für eine Vernunft, die das Wahre im Allgemeinen sucht, sind zuletzt die Einzelnen, die sich durch kein Allgemeines mehr fassen lassen und die sich als Einzelne zueinander verhalten, die singulären Individuen. Bei ihnen, so Levinas in einem programmatischen Artikel aus dem Jahr 1980, *Assimilation et culture nouvelle* (*Assimilation und neue Kultur*), setzt die jüdische Tradition an. Danach gab es neben und vor der ›griechischen Universalität‹ eine ›jüdische Singularität‹ (singularité juive) (ADV 234). Im Verhältnis zu ihr konnte und musste die ›griechische Universalität‹ neu gedacht werden. Levinas sah darin eine Pflicht des Denkens, nachdem selbst erstrangige europäische Philosophen dem Faschismus nicht widerstanden hatten. Er formulierte dazu einen kompromisslos hohen, auch Juden herausfordernden Begriff des Judentums, den rein ethischen Begriff eines Judentums, das einstehe für die Gerechtigkeit der Welt, was immer es auch dafür zu erleiden habe.

In einer Zeit der »jüdisch-christlichen Dialoge« wandte er sich gegen »Synkretismus« (syncrétisme) und allzu bequeme »gemeinsame Abstraktionen« (abstractions communes) (DL 231/124). Die jüdische Tradition als eine eigenständige Tradition des Denkens (pensée juive) zu verstehen bedeutete für ihn einen »Kampf gegen die Assimilation« (ADV 234). Die Assimilation, sonst der normale soziale Prozess, müsse im Fall des unter die Nationen verstreuten Volkes der Juden deren »Entjudaisierung« (dé-judaïsation) zur Folge haben (ADV 229). Wenn die Trennung von ›jüdischem‹ und ›griechischem‹ Denken, wie Levinas sie apostrophierte, ihnen nicht äußerlich war, musste die Erneuerung beider aus ihrer Trennung heraus gedacht werden, und beide mussten ihre Erneuerung auf ihre eigene Weise und nach ihren eigenen Maßstäben vollziehen. Der Talmud konnte für eine neue, aktuelle Konzeption der Philosophie, die Philosophie für ein neues, aktuelles Verständnis des Talmud die Orientierung vorgeben, doch nur, wenn beide auseinandergehalten wurden. Dann erst konnten sie andere und nicht-gleichgültig füreinander sein.

Dies hat seinerseits eine politische Bedingung. Nachdem der Staat Israel, führt Levinas in *Assimilation et culture nouvelle* aus (ADV 229-234), die Juden vom politischen Zwang zur Assimilation befreit habe, mache er es nun möglich, Begriffe zu entwerfen und auszuarbeiten, »deren Wurzeln bis in die Tiefen der jüdischen Seele (profondeurs de l'âme juive) hinabreichen«. Dabei sei die »Universalität« (universalité), für die die »westliche Kultur« (culture occidentale), das »europäische Leben« (vie européenne) stehe, durchaus zu begrüßen, als bewundernswerte Universalität der Philosophie und der Wissenschaft, der Kunst, der modernen Technologie und der Demokratie und Menschenrechte. Europa habe durch sie eine Sprache geschaffen, der sich jeder, auch außerhalb Europas, anschließen könne. Auch Israel, als Volk und Staat, müsse ihm dafür dankbar sein, könne es hochschätzen und brauche sich dem, wofür Europa stehe, nicht zu verschließen. Doch nachdem sich dessen Doktrinen und Institutionen durch die Shoa so schwer kompromittiert hätten, nachdem sich grausam erwiesen habe, dass der ›westliche‹ Universalismus keine ausreichenden Mittel habe, die »Anonymität des Gesellschaftlichen« (anonymat du social), die er konstituiert habe, zu »kontrollieren«, könne der Kampf gegen die Assimilation zu einem Kampf für Wege und Mittel werden, die »universellen Prinzipien und das, was sich aus ihnen in guter Logik deduziert« (les principes universels et ce qui s'en déduit en bonne logique), von ihrem »monströsen Niedergang« (descendance monstrueuse) zu unterscheiden und dadurch zu bewahren. Der Kampf gegen die Assimilation wäre dann auch ein Kampf für die Wahrung der Gerechtigkeit.

Das jüdische Denken hat nach Levinas die Mittel, eine andere Universalität zu denken, »die angeborene Universalität des jüdischen Geistes« (l'universalité congénitale de l'esprit juif), die in den Reichtümern der »Schrift«, der Thora, und der rabbinischen Literatur niedergelegt sei. Das »unabbildbare Moment der Absonderung und Distanznahme« (moment ineffaçable d'isolement et de prise de distance), das ihr zugehöre und das gewöhnlich als archaischer Partikularismus betrachtet werde, müsse in seinem philosophischen Sinn erst noch verstanden werden. Die »jüdische Singularität« sei offen für die »griechische« Universalität, nehme sie auf, gehe aber über sie hinaus, setze »jenseits« (au-delà) ihrer an. *Nach* der Emanzipation könne und müsse dieses ›Jenseits‹ der ›griechischen‹ Universalität, das sich in der rabbinischen Literatur ausspreche, in der Sprache der europäischen Philosophie formuliert werden, die man sich durch die Emanzipation angeeignet habe: Seit der Emanzipation sei dies jedoch nicht mehr versucht worden. Levinas stellt die Aufgabe danach so:

»Wir haben die große Aufgabe, auf Griechisch die Prinzipien auszudrücken, die Griechenland nicht kannte. Die jüdische Singularität wartet auf ihre Philosophie (La singularité juive attend sa philosophie). Die servile

Nachahmung europäischer Modelle reicht nicht mehr aus. Die Suche nach Bezugnahmen auf die Universalität in unseren Schriften und in den Texten des Mündlichen Gesetzes ist noch vom Prozeß der Assimilation abhängig. Diese Texte haben, zweitausend Jahre ihrer Kommentierung hindurch, noch etwas anderes zu sagen.« (ADV 233f.)

Wir gehen zunächst auf Levinas' philosophische Auslegungen des Talmud, seinen ›Sonntags-Talmudismus‹ (6.3), dann, zum Abschluss, auf seine These einer anderen Universalität, der ›jüdischen Singularität‹ jenseits der ›griechischen Universalität‹, ein (7.).

6.3 Levinas' ›Sonntags-Talmudismus‹: Philosophische Auslegungen des Talmud

›Griechisch‹ steht, so Levinas, für die moderne universitäre Sprache der Wissenschaft (HN 63, 156 u. 203, TIn 42ff.), nicht für die historische griechische Philosophie. Mit der jüdischen Tradition unterscheidet er zwischen ›griechischer Sprache‹ (langue grecque) und ›griechischer Weisheit‹ (sagesse grecque) (Traktat Baba Qamma 83a [VII, 278], vgl. HN 64/87). Die ›jüdische Weisheit‹ kann und soll in der ›griechischen‹ Sprache formuliert werden, ohne dadurch in der ›griechischen Weisheit‹ aufzugehen. Dennoch muss man, um die ›griechische‹ Sprache zu beherrschen, die ›griechische Weisheit‹ studieren. Levinas hat sich, dank der ›litauischen Aufklärung‹, am einschlägigen Verbot des Talmud nicht gestört. Dort heißt es im Kontext der Gesetze für die Tierhaltung:

> »Nirgends aber darf man Schweine züchten. [...] Verflucht sei der Mann, der Schweine züchtet, und verflucht sei der Mensch,

der seinen Sohn griechische Weisheit lehrt.« (von Levinas zitiert HN 64/87)

Der Zusammenhang ist folgender: Während einer Belagerung Jerusalems werden mit den Belagernden täglich Opfertiere für Geld eingetauscht. Ein Greis, der in der griechischen Weisheit kundig ist, verrät, dass die Belagerten so lange durchhalten, wie sie den Opferdienst aufrechterhalten können. Eines Tages wird ein Schwein geliefert und in einem Korb an der Außenmauer hochgezogen. Als es die Mitte der Mauer erreicht hat, erbebt die Mauer. Darauf folgt der zitierte Fluch. Der Zusammenhang ließ zu, das ausgesprochene Verbot unter anderen Umständen infrage zu stellen. Schließlich ließ man es mit Einschränkung gelten: »Dem Hause R. Gamliéls haben sie erlaubt, sich mit der griechischen Weisheit zu befassen, weil es der Regierung nahe stand.« (ebd., 279)

In seinen Talmud-Auslegungen, den *lectures talmudiques*, die Levinas im Rahmen der *Colloquien der Jüdischen Intellektuellen französischer Sprache* vortrug, wandte er sich nicht an Talmudisten, auch wenn solche zum – zunächst bescheidenen, dann immer weiter wachsenden – Publikum gehörten, sondern an Intellektuelle, berufsmäßig Denkende überhaupt, an jüdische Intellektuelle, denen durch die Assimilation das Judentum fremd geworden war. Levinas' Part war es, zu dem aktuellen Thema, das jeweils vorgegeben war, einen Text aus dem Talmud auszuwählen – er wählte immer aus dem Babylonischen Talmud –, um in ihm Antworten auf die aktuellen Fragen zu finden. Sein Zugang zum Talmud war neu. Er blieb dem Talmud zwar darin treu, dass er ihn, der ihm gestellten Aufgabe gemäß, auf konkrete Fragestellungen für konkretes Handeln hin auslegte und dabei konsequent dem Text folgte. Er brach jedoch mit dem Talmudismus, indem er den ausgewählten Text nicht durch den Talmud selbst auslegte, dessen hinreichende Kenntnis er weder bei seinen Hörern noch, wie er stets betonte, bei sich selbst voraussetzen konnte. Er konnte und wollte auch nicht fortsetzen, was er den »absoluten Talmudismus« nennt, sondern beschied sich damit, ein »sehr relativer Talmudist« (DSS 129), ein »Sonntags-Talmudist« (talmudiste du dimanche) zu sein (ADV 144). Noch mehr als mit Mordechai Chouchani (vgl. Kap. 1) lehnte er jeden Vergleich mit den Meistern des Talmud ab (vgl. TIn 67).

Dennoch – oder deshalb – kam er zu erstaunlichen, kühnen Deutungen. Dies geschah wiederum in guter talmudischer Tradition. Levinas nahm für seine Auslegungen in Anspruch, was schon für den Talmud selbst gelte, dass er nämlich stets an den Buchstaben der Schrift anknüpfe, ihn aber zugleich radikal übersteige, »um trotz offensichtlicher Gewaltsamkeiten (apparentes violences) den bleibenden Sinn (sens permanent) wiederherzustellen, den die Buchstaben (lettres) tragen« (QLT 86/76). Er sagt von Rav Eleazar, der im Traktat Makkoth 23b (IX, 232f.) angeführt wird, er spreche »im Namen einer souverän wagemutigen Auslegung (exégèse souverainement audacieuse), aber wohl auch im Namen eines kühnen Denkens« (pensée hardie), nennt dieses Denken überzogen und überspannt (outrance) und fügt dann, mit humorvoller Genugtuung, hinzu, dass nach dem Talmud es Rav Eleazar ist, der dessen Sinn bewahre (ADV 140).

Levinas' bewusst ›riskantes‹, ›abenteuerliches‹, ›outriertes‹ Denken in seinen Talmud-Auslegungen entspringt auch bei ihm einem tiefen Vertrauen in die Wahrheit der Thora und den Reichtum des Talmud, der sie erschließt. Sein Denken artikuliert sich jedoch philosophisch, ist ein philosophisches Denken. In seinen Auslegungen ist jederzeit die Philosophie wiederzuerkennen, die er in seinen philosophischen Werken vorträgt, seine Philosophie, die sich einer anderen Tradition, der ›griechischen‹ Tradition, verdankt und auch verdanken soll.

Levinas steht jedoch nicht an – und damit erweitert und kompliziert er den Begriff der Philosophie –, dem Talmud selbst ein philosophisches Denken zu unterstellen. Die jüdische Religion, sofern bei ihr überhaupt von Religion gesprochen werden könne, spreche sich selbst, so Levinas, schon philosophisch aus, ja, die

> »Philosophie leitet sich (dérive) nach meiner Ansicht aus der Religion ab. Sie wird hervorgerufen von der Religion-auf-Abwegen (la religion en dérive), und wahrscheinlich ist die Religion immer auf Abwegen.« (DSS 155f./155)

Es sei – das liegt nahe – die Aggada, die Verdeutlichung der Thora auf Probleme der Zeit hin, in der »im talmudischen Denken sich philosophische Ansichten darstellten«. Sie sei »das eigentlich religiöse Denken Israels«. Doch die Aggada sei von der Halacha, der Auslegung der Thora auf das für alle verbindliche Gesetz hin, nicht getrennt. Die eine könne sich, ohne dass eigens darauf aufmerksam gemacht würde, in die andere verwandeln, und so hätten auch die Regeln der Halacha

> »einen philosophischen Hintergrund (un prolongement philosophique), häufig verdeckt von den Problemen, was ›zu tun‹ oder ›nicht zu tun‹ sei, die die Gelehrten scheinbar ausschließlich interessieren.« (QLT 12/9)

Die Philosophie des Talmud ist danach erst zu entdecken.

»Wenn der Talmud auch nicht Philosophie ist, so bergen seine Traktate doch eine Fülle jener Erfahrungen, die das Material der Philosophie sind«, schreibt Levinas in der Einleitung zu seiner ersten Sammlung von Talmud-Auslegungen. Die »Erneuerung«

(renouveau) der Talmud-Studien, die er erhofft, müsse zu jenen von den heutigen Talmudisten seit langem vergessenen philosophischen Problemen zurückkehren (QLT 12/10; vgl. DL 101/69).

Ist der Talmud aber Philosophie, so ist er dennoch eine andere Art von Philosophie, mit der auf andere Weise umzugehen ist. Was »der moderne Mensch« abtue als »Ideenassoziationen, die anstelle von Beweisen vorgetragen werden«, und als »Texte, die miteinander in Verbindung gebracht werden (textes rapprochés), aber nichts miteinander zu tun haben (restant sans rapport)« (DSS 25/25), scheine nur dem Unkundigen beliebig. Es handele sich dabei um »Forschung« (recherche). In der »Vereinbarkeit von Versen« und den »Übereinstimmungen zwischen Texten« erkenne der Kundige »eine Verkettung von Ideen in ihren vielfältigen Möglichkeiten« (DSS 141/139). Die streng vorangehende Gedankenbewegung, die ein Laie auch mit Mühe nicht sehe, könnten die Meister aufgrund bloßer Anspielungen leicht nachvollziehen (vgl. DSS 36 f./35 f.). Und wenn die Texte nicht zu Resultaten kämen – was für Europäer besonders schwierig sei, weil sie Resultate liebten (QLT 134/116) –, so deshalb, weil es hier gar nicht um Resultate, sondern um etwas anderes gehe, um Freiheit, Erfindung und Kühnheit im Denken (QLT 14/11), um souveräne Ausübung der Intelligenz (QLT 22/18).

Das Wissen, um das es nach Levinas im Talmud geht, das er in seinen Auslegungen herauszuarbeiten und philosophisch zu formulieren sucht, ist ein Wissen zur Orientierung im Handeln. Die »jüdische Lektüre« (la lecture juive) der Bibel betone, »auf Kosten der Theologie und Theosophie, die darin enthalten sein mögen«, das Verhalten, das Tun, das Ritual, die ethischen und sozialen Aspekte (HS 175 ff./174 ff.). Für die Orientierung als Wissen zum Handeln aber haben ›Resultate‹ in Gestalt von definitivem Wissen in der Tat wenig Sinn. Orientierung muss sich im Gegenteil so organisieren, dass sie zum einen stets für das Ganze der Handlungssituation und zum andern für immer wieder andere Handlungssituationen offen ist. Das heißt zum einen: In der Situation des Handelns muss alles berücksichtigt, kann aber nicht alles genau und abschließend geprüft werden. Es geht in der Orientierung nicht um ein vollständiges und systematisches Wissen, sondern um Aufmerksamkeit auf das, was jetzt, in dieser Situation, von Bedeutung sein könnte, und das können unter Umständen auch unscheinbarste Details sein. Zum andern aber darf diese Aufmerksamkeit sich an nichts ganz und auf Dauer binden. Sie muss sich offen und beweglich halten für immer andere Anhaltspunkte, die für das weitere Handeln von Bedeutung sein könnten. Sie muss übergehen können von einem Anhaltspunkt zum andern, ohne in ihnen je mehr zu sehen als Anhaltspunkte für das Ganze der Situation, das selbst niemals ganz zu erfassen ist. Und dazu braucht sie sicherlich ›Freiheit‹, ›Erfindung‹ und ›Kühnheit‹ im Denken, ›souveräne Ausübung der Intelligenz‹.

Der Talmud würde sich danach wie die Orientierung überhaupt organisieren, und die ›jüdische Lektüre der Bibel‹ wäre eine zum Handeln orientierende Lektüre der Thora, deren Name selbst ›Orientierung‹ bedeutet (nach einer Tradition, die ›Thora‹ auf ›lehorot‹, ›lehren‹, ›zeigen‹, ›weisen‹, zurückführt; eine andere Tradition führt ›Thora‹ auf ›leharot‹, ›schwängern‹, ›besamen‹, ›inspirieren‹ oder auch ›Pfeile schießen‹, zurück). Sie dient der Orientierung, indem sie, so Levinas, nie abstrakt und nie beliebig wird, indem sie immer an konkrete Situationen anknüpft und Begriffe stets »im Austausch mit Beispielen« hält (en communication avec les exemples, ADV 127; vgl. NLT 17 f./15 f.):

»Talmudisches Leben oder Schicksal der Thora (Vie ou destinée talmudique de la Thora), das [...] in der Auslegung in mehreren Stufen eine unaufhörliche Rückkehr zu den besonderen Fällen ist (un retour incessant, dans l'interprétation à plusieurs degrés, aux cas particuliers), zur Konkretheit der Wirklichkeit (à la concrétude de la réalité), zu Analysen, die sich nie in Allgemeinheiten verlieren (à des analyses qui ne se perdent dans les généralités), sondern zu den Beispielen (exemples) zurückkommen [und] den unveränderlichen begrifflichen Entitäten widerstehen (résistent aux entités conceptuelles invariables); Analyse, deren freie Diskussion immer aktuell ist (analyse dont la discussion libre est toujours actuelle).« (HN 71/95)

Es dient der Orientierung zum Handeln auch, wenn die Auslegung auf unscheinbarste Details achtet und stets viele Deutungen bereitstellt (vgl. ADV 136). Denn nur so kann sie ihre Deutungen für das Ganze der Schrift offenhalten, das Ganze, das erst Orientierung gibt und doch nicht als Ganzes zu erfassen ist. Hinreichende Eindeutigkeit kann aber dort, wo sie gefordert ist, wo es angezeigt ist, Regeln und Gesetze zu formulieren, jederzeit dadurch hergestellt werden, dass andere, von ihnen unabhängige Stellen dieses Ganzen herangezogen werden, die bestimmte Deutungen unabhängig bekräftigen können. Nicht anders verfährt auch die alltägliche Orientierung. Und zur Vergegenwärtigung des Ganzen der Schrift kommt es schließlich auf die Aufmerksamkeit eines jeden an, jedes Einzelnen, der sie auf wieder neue, vielleicht für das Handeln bedeutsame Weise verstehen kann. Auch dies gilt ebenso für die alltägliche Orientierung zum Handeln. Im Talmud werden die Ausleger in der Regel mit ihren Namen genannt:

»Im Talmud kommt es immer sehr darauf an, wer was gesagt hat: Die Lehre (l'enseignement) ist eine wahre Lehre, bei der die Universalität der verkündeten Wahrheit weder den Namen noch die Persönlichkeit (la personne) dessen, der sich aussprach, zum Verschwinden bringt. Die Talmudgelehrten sind sogar der Auffassung, der Messias werde in dem Moment kommen, wo jeder das, was er lernt, im Namen dessen, der es ihm beigebracht hat, zitieren wird.« (ADV 105/125)

Das talmudische Denken ist so »ein Denken, das bereits Diskurs ist (Lesen und Lernen der *Thora*)« (ADV 108/132), ein Diskurs von Einzelnen, die Einzelne bleiben.

Danach wären im Talmud, was Defizite in der Organisation von Wissen zu sein scheinen, Tugenden in der Organisation der Orientierung. Levinas nennt die Mischna, den Grundstock des Talmud, »das Ungeschriebene« (le non-écrit) der Thora »mit all seinen Möglichkeiten« (HN 79/105). Sie deutet die Orientierung, die in der Thora niedergelegt ist, auf die Erfahrung konkreter Situationen hin zu konkreteren Orientierungen aus, reichert sie an, ohne sie je erschöpfen zu können und erschöpfen zu wollen. Ein Text aber, der dies hergibt, der immer noch anderes bedeuten kann, als er jetzt, auf einem bestimmten Stand der Auslegung, bedeuten zu können scheint, muss – und darauf legt Levinas besonderes Gewicht – ein Text sein, der »mehr enthält, als er enthält« (contient plus qu'il ne contient): Sein »Sagen-Können übersteigt sein Sagen-Wollen« (son pouvoir-dire dépasse son vouloir-dire, ADV 135). Seine Zeichen sind »Metaphern eines das, was es denkt, überschreitenden Denkens« (métaphores d'une pensée dépassant ce qu'elle pense, NLT 33/29). Er ist wie die Andersheit des Anderen im paradoxen Sinn ›unendlich‹:

> »Der biblische Kanon, ausgestattet mit außerordentlicher Autorität, enthielte, ohne neue Offenbarungen notwendig zu machen, für den, der seine Verse zu interpretieren weiß, eine Antwort auf alles (réponse à tout).« (NLT 32/28)

Widersprüche, die unter den Auslegungen entstehen, »kompromittieren« darin die kommentierten Wahrheiten nicht, sondern werden im Gegenteil »als der wilden, ungezähmten Wirklichkeit, die jedes System sprengt, angemessen empfunden« (HS 177/176 f.) Da das Leben nicht einheitlich und systematisch organisiert ist, kann ihm auch ein Wissen nicht gerecht werden, dessen Ideal es ist, einheitlich und systematisch organisiert zu sein. Und schließlich ist dann auch – und auch das gilt ebenso für die alltägliche Orientierung – die Zeit nichts Bedrohendes mehr, nichts, vor dem man etwas Zeitloses zu retten hätte. Sie ist dann in erster Linie ein Gewinn, die Eröffnung, so Levinas, einer »fortgesetzten Offenbarung« (révélation continuée), in der sich immer mehr »der unendliche Reichtum des noch nicht Gesagten« (l'infinie richesse de son non-dit) herausstellen kann (ADV 136).

In seinem Willen zum Wissen des Guten ist das ›griechische‹, ›westliche‹ Denken dagegen in beständiger ›Versuchung‹ (tentation), über die Verantwortung des Einzelnen hinwegzugehen, die Verantwortung des Einzelnen, wie sich nun zeigt, nicht nur für das Ethische, sondern auch für das Theoretische, für das Allgemeine, das er in den Diskurs einbringt und das dort seine Wirkung entfaltet. 1964, im zweiten Jahr der *Colloquien*, hat Levinas dazu eine philosophisch besonders bedeutsame Vorlesung gehalten. Er widmete sie dem Traktat *Sabbath* (88a-88 b) des (Babylonischen) Talmud und gab ihr den Titel *Die Versuchung der Versuchung* (*La tentation de la tentation*, in: QLT 65-109/57-95). Er beschreibt es dort als spezifische »Versuchung« des europäischen Denkens, das Ganze übergreifend beurteilen zu wollen, ohne sich auf das Einzelne einzulassen. In seiner »universellen Neugier« (curiosité universelle), seiner »unbegrenzten, vorgreifenden Indiskretion« (indiscrétion illimitée et anticipatrice) halte sich das europäische Denken stets in sicherer Distanz zum Geschehen. Es beginne »in der Selbstsicherheit« (dans la certitude de soi), »in der Übereinstimmung mit sich selbst« (dans la coïncidence avec soi-même), von deren sicherer Warte aus es »sich Zeit lassen« (se donner le temps) und »eine provisorische Moral« (une morale provisoire) geben könne, um »alles zu versuchen und sich von allem versuchen zu lassen« (tout tenter et se laisser tenter par tout). So sei »der von dieser Versuchung versuchte Europäer« (l'Européen tenté par la tentation) »zugleich Abenteurer und ein Mensch, der auf höchster Sicherheit bestehe« (à la fois aventurier et homme de suprême sécurité). Er sei sich stets

> »zumindest seiner Rückzugsmöglichkeit als Subjekt in seine extra-territoriale Subjektivität sicher, seiner Trennung in Bezug auf alles andere (und ganz andere) und einer Art Unverantwortlichkeit in Bezug auf das Ganze (sûr du moins de sa retraite de sujet, dans sa subjectivité extra-territoriale, de sa séparation à l'égard de tout autre et ainsi d'une espèce d'irresponsabilité à l'égard du Tout).« (QLT 78/69)

Das Paradigma ist Odysseus, der den Gesang der Sirenen hörte, ohne die Heimfahrt zu gefährden:

> »Was hier die Versuchung ausmacht, ist die Situation, in der das Ich unabhängig bleibt, in der diese Unabhängigkeit es aber nicht ausschließt von dem, was das Ich verschlingen (absorber) müßte, um es zu begeistern (exalter) oder zu verderben (perdre); in der es gleichzeitig außerhalb von allem (hors de tout) ist und an allem teilnimmt (participant à tout).« (QLT 74/65)

Ist dies, das Sich-Heraushalten aus dem Geschehen in der ›universellen Neugier‹, die – mehr oder weniger – alltägliche ›Versuchung‹, so ist die ›Versuchung der Versuchung‹ eine Versuchung der Philosophie. Sie ist die Versuchung, der die europäische Philosophie erlegen ist, indem sie von jener alltäglichen Versuchung her ihre Prinzipien genommen und der Distanz des theoretischen Wissens vor der Nötigung zum ethischen Handeln »Priorität« eingeräumt hat (priorité du savoir, QLT 76/67). Sie hat, so Levinas, den Glauben genährt, man könne sich aus dem gelebten, immer gefährlichen, immer folgenreichen Leben ausnehmen, »sich darüber erheben«, um sich in einem verantwortungsfreien

Raum der bloßen Theorie widmen, um »gefährlich, aber abgesichert in der Welt der Wahrheiten leben« zu können (vivre dangereusement – mais assuré – dans le monde des vérités).

> »Mut in der Sicherheit, der solide Sitz unseres alten Europa (Courage dans la sécurité, solide assiette de notre vieille Europe).« (QLT 76/66)

Die Versuchung der Versuchung ist, so Levinas, die Philosophie selbst. Sie ist in diesem spezifischen Sinn unverantwortlich, sofern sie sich dadurch, dass sie sich auf einen theoretischen Standpunkt begibt, auf dem das Allgemeine Vorrang hat, über die Andersheit der Einzelnen erhebt und die Verantwortlichkeiten, die ungewollt von ihnen ausgehen. Das Erkennen des Allgemeinen hat das »Verkennen des Anderen als Anderen, als jedem Kalkül fremd Bleibenden« (méconnaissance d'autrui comme autrui, comme étranger à tout calcul, QLT 77/67) zur Kehrseite. Aber im Genuss ihrer Versuchung ist die Philosophie für dieses Verkennen blind – oder, um im Paradigma des Odysseus zu bleiben, taub – geworden. Sie hätte ihre Blindheit oder Taubheit nur von einem anderen Denken her erkennen können, auf das sich einzulassen sie aber keinen Grund sah.

Die Hebräer schützte, so Levinas in *La tentation de la tentation*, die Thora vor der Versuchung des Vorrangs eines unverbindlichen *Wissens* des Guten gegenüber dem verbindlichen *Tun* des Guten. Sie hatten, als ihnen am Berg Horeb die Thora zur Orientierung angeboten wurde, nicht vorab die Möglichkeit, sie zu erproben und zu prüfen. Sie hatten sie ungeprüft anzunehmen oder zu verweigern, und es ging dabei um Leben oder Tod. Sie hatten, wie der Talmud sagt, zu handeln, bevor sie hörten. Für das ›westliche‹ Denken unvernünftig, ist dies jedoch Element der alltäglichen Orientierung, wie auch der ›westliche‹ Mensch sie kennt: Lebensentscheidungen, die er zu treffen hat, sind in aller Regel Entscheidungen für etwas, das er zuvor nicht kennt und vorab nicht prüfen kann, die die ›Priorität des Wissens‹ unterlaufen:

> »Was Anstoß für die Logik erregt und als blinder Glaube (foi aveugle) und Naivität kindlichen Vertrauens (naïveté de la confiance enfantine) gelten kann, [...] ist gleichwohl der Tatbestand jedes inspirierten Handelns (action inspirée) [...].« (QLT 91/79)

Ist das plausibel, dann kann die Autonomie, als Freiheit des reinen Denkens, nicht das Erste sein. Das »Wesen des Wirklichen«, d.h. für den Talmud: »der letzte Sinn der Schöpfung«, hängt dann von einem »Jenseits der Freiheit« (au-delà de la liberté, QLT 88/77) ab, einer Heteronomie *vor* der Vernunft. Sie hat, im Talmud ebenso wie in der alltäglichen Orientierung, die Gestalt von Vertrauen (confiance), das man vorschießen muss, sofern man das, worauf man sich einlässt, niemals vorab in seinen ganzen Konsequenzen übersehen kann (QLT 92/80). Dennoch hat man für diese Konsequenzen, welche es auch seien, die Verantwortung zu tragen, ohne dass man sich aus eigener und freier Entscheidung dazu verpflichtet hätte, auch nur hätte verpflichten können:

> »unabweisbare Verantwortung jenseits eingegangener Verpflichtungen (responsabilité irrécusable au-delà des engagements pris)« (QLT 100/87).

Aber man ist zum Handeln gezwungen, ohne vorausgehende Freiheit und ohne vorausgehende Legitimation. Der Einzelne handelt zuletzt auf eigene Gefahr, wie die Erzväter es vorlebten, und ist auf die eigene Integrität (hebr. temimut) verwiesen, wie sie sie verkörperten. Die Thora gibt so in ihren Beispielen das Modell einer Ordnung vor,

> »an die das Ich sich hält, ohne daß es in sie hätte eintreten müssen, eine Ordnung jenseits des Seins und jenseits der Entscheidung (un ordre auquel le moi tient sans qu'il ait eu à y entrer, un ordre au-delà de l'être et du choix)« (QLT 107/92).

Hält man dagegen nun den ›westlichen‹ Willen zum Wissen vor dem Handeln, so wird er als Verkürzung der Orientierung und ihrer Bedingungen erkennbar, als Verkehrung ihrer ›logischen‹ Ordnung:

> »Struktur einer sich ans Absolute anklammernden Subjektivität: die sich in Distanz begebende Erkenntnis, die Erkenntnis ohne Glauben, ist *logisch* verdreht; die der Zustimmung vorhergehende – die Zustimmung ausschließende, sich in der Versuchung gefallende – Überprüfung (examen) ist, vor allem anderen, ein Niedergang der Vernunft und schon deswegen Korruption der Moral.« (QLT 104/90)

Es ist diese Verkehrung, die, so Levinas, am Anfang des Weges nach Auschwitz und in den Gulag stehen könnte (vgl. HN 157).

7. Andere Universalität: Jüdische Singularität jenseits der griechischen Universalität

Von seinen philosophischen Werken einerseits und seinen Talmud-Auslegungen andererseits trennt Levinas eine dritte Gruppe von Schriften, die *Essais sur le judaïsme* (*Versuche über das Judentum*). Sie stehen, sofern sie das Judentum als solches betreffen, zwar den Talmud-Auslegungen nahe, sind jedoch, im Unterschied zu ihnen, ohne unmittelbare Stütze in Texten der jüdischen Tradition und insofern philosophisch. Levinas legt in ihnen sein Verständnis des Judentums in abstrakten Begriffen, d.h. als Philosophie des Judentums dar. Programmatische Titel sind *Difficile liberté* (*Schwierige Freiheit*), *Noms Propres* (*Eigennamen*), *Hors sujet* (*Außer sich*) und *Transcendance et intelligibilité* (*Transzendenz und Intelligibilität*).

Levinas spricht hier, wie er einmal formuliert, zugleich als ›ein westlicher, jüdischer und griechischer Jude‹ (un juif occidental, juif et grec, QLT 24/20). Er geht wechselnd von Judentum und Philosophie aus, um sie zueinander ins Verhältnis zu setzen. Auch hier hält er an der Trennung fest. Exemplarisch ist sein Vorgehen in *Transcendance et intelligibilité*. Er beginnt dort mit einer philosophischen Kritik philosophischer Entwürfe, vornehmlich der Entwürfe Husserls und Heideggers, aber auch Descartes', Kants und Bergsons, eröffnet dadurch einen neuen Horizont, ein ›Jenseits‹ des (bisherigen) philosophischen Denkens – um dann abrupt das ›jüdische‹ Denken einzuführen, das diesen Horizont ausfüllt. Auch hier spricht er mit großer Kühnheit und Kompromisslosigkeit, zieht überstarke Konturen, um Philosophie und Judentum voneinander abzuheben, auch hier geht es ihm nicht um Historie und Philologie. Er trennt, um es zu wiederholen, Philosophie und Judentum so entschlossen, weil er zeigen will, dass sie gerade in ihrer Trennung voneinander nicht gleichgültig füreinander waren und sind.

Bei allem Gewinn, den der Wille zum Wissen für das Leben erbracht hat, sieht Levinas das Schwergewicht und die Gefahr der ›griechischen‹ Universalität, der Priorität des Allgemeinen auf Kosten der Einzelnen und ihrer Andersheit, im politischen Gebrauch, der von ihr gemacht werden kann:

»[...] es ist genau das Schicksal der westlichen Philosophie und ihrer Logik, für sich eine politische Bedingung anzuerkennen bis zu dem Punkt, daß der volle Ausdruck der Wahrheit und der Konstitution des universalen Staates (durch Kriege und Revolutionen hindurch) zusammenfällt.« (DL 135/100)

Das jüdische Volk, »das Volk, das abseits wohnt«, »das nicht zu den Völkern gezählt wird«, das »zur Diaspora fähig« ist, müsste darum eine »völlig andere Sicht der Universalität« (une vision tout à fait différente de l'universalité) haben, eine Sicht, in der die »Gefahren der Politisierung der Wahrheit und der Moral« berücksichtigt sind (DL 136/100f.). Ihre Sicht der Universalität müsste von einer Existenz ausgehen,

»in der nichts durch Vollmacht (procuration) geschieht, in der jeder ganz teilnimmt an dem, was er gewählt hat, und in der jeder ganz seiner Wahl gewärtig ist [.] Unmittelbare Beziehung zwischen dem Menschen und Gott, ohne politische Vermittlung (Relation directe entre l'homme et Dieu sans médiation politique).« (DL 122/88)

Das ›griechische‹ und das ›jüdische‹ Denken folgen nach Levinas (und auch schon nach Hermann Cohen) zu Anfang demselben Ziel, dem Ziel einer ›De-Mythisierung‹ des Denkens, seiner Loslösung vom Gegenständlichen und Bildhaften. Das ›griechische‹ Denken, die Philosophie, sei darin jedoch einen entscheidenden Schritt zurückgeblieben. Indem sie das Allgemeine des Denkens verselbständigt und in Ontologien vergegenständlicht habe, habe sie einen neuen Mythos geschaffen, den Mythos bleibender Wesen bleibender Dinge, in die sie auch Gott einbezogen habe. In der jüdischen Tradition habe sich dagegen ein Begriff der Universalität gebildet, der der Gefahr ihrer Verkehrung begegnen konnte, ihrer Abkehr von den Einzelnen, deren Zusammenleben sie doch zuletzt diene. Hier liege »die große Weisheit, deren Bewußtsein den Talmud beseelt«. Sie liege in dem, was oft als bloße Kasuistik gilt. Deren große Stärke sei es,

»die Spezialdisziplin zu sein, die im Besonderen (particulier) nach dem genauen Moment forscht, wo das allgemeine Prinzip (principe général) Gefahr läuft, in sein Gegenteil verkehrt zu werden; die das Allgemeine vom Besonderen aus überwacht. Das schützt uns vor Ideologie (idéologie). Ideologie, das ist die Großzügigkeit (générosité) und die Klarheit (clarté) des Prinzips, ohne daß man mit der Gefahr der Umkehrung rechnet, die auf das großzügige Prinzip lauert, wenn es angewendet wird.« (ADV 98f./117)

Die Universalität, die das jüdische Denken ausgebildet hat und zum Ausdruck bringt, ist, sowohl theoretisch als auch ethisch, eine »difficile universalité«, eine »schwierige Universalität« (HN 127 u. 130). Sie ist nach Levinas von der »jüdischen Singularität« (singularité juive) her gedacht, die ihrerseits, sofern sie die ›griechische‹ Universalität in sich aufnimmt, ›jenseits‹ dieser Universalität zu denken ist (HN 232). Sie lässt sich am leichtesten so verstehen, dass sie dem ›Dritten‹ einen anderen Sinn gibt: nicht nur die Theorie und den Staat zu ermöglichen, sondern, wie oben dargestellt, zuallererst Gerechtigkeit für die Einzelnen. Wenn die Legitimität des Staates darin liegt, dass alle einen Bedarf an allgemeinen Regelungen, an der Institutionalisierung gegenseitiger Rechte und Pflichten, haben, dann müssen diese Regelungen und Institutionen letztlich allen Einzelnen gerecht werden. Theorie und Staat werden illegitim, wenn sie sich gegenüber den Einzelnen verselbständigen. *Das* Dritte als Allgemeines kommt immer nur durch *den* Dritten, durch ein weiteres Individuum ins Spiel (vgl. HN 156 u. 204 f.). Das Allgemeine wird notwendig, um auch den Ansprüchen eines Dritten gerecht zu werden, aber nur dazu. Und es steht darum immer neu zur Disposition, wenn neue Dritte, neue Individuen mit neuen Ansprüchen auftreten. Jedes andere Individuum verändert das Gemeinsame der bisherigen Individuen. Die ›jüdische Singularität‹ besteht nach Levinas darin, *das* Dritte stets an *den* Dritten zu binden, Universalität stets an Singularität zu knüpfen.

Dies gibt dem ›Gesetz‹ einen anderen Sinn als den, den die ›griechische‹ Tradition des Denkens bevorzugt hat. Geht man von der ›Trennung‹ auch im Denken aus, so bleibt ein Anspruch auf Universalität immer ein Anspruch; er ist theoretisch ohnehin nicht einzulösen. Denn man kann niemals überprüfen, ob man im Denken mit anderen übereinstimmt. Man hat immer nur ihre Rede und ihre Zeichen, die sie anders verstehen könnten, als man sie selbst versteht, und drängt man sie, ihre Rede und ihre Zeichen zu verdeutlichen, so können sie dies wieder nur durch Reden und Zeichen tun, die sie wiederum anders verstehen könnten, als man sie selbst versteht. Die jüdische Tradition ist offen für das Anders-Verstehen- und Immer-wieder-neu-auslegen-Können der Reden und Zeichen. Levinas spricht von »vollkommenen Zeichen« (signes parfaits) gerade dann, wenn sie immer wieder anders, immer wieder neu gedeutet werden können – wie die Zeichen der Thora (QLT 16ff./13ff.). Die ›westliche‹, hier insbesondere die christliche Tradition hat dagegen das ›Innere‹ in einem theoretischen Sinn zu einem ›Inneren‹ der Sprache und der Zeichen gemacht, zu ›Bedeutungen‹, die für alle gleich und dadurch eindeutig sein sollen, unabhängig von all ihren ›äußeren‹ Repräsentationen. Levinas polemisiert scharf gegen einen solchen theoretisch-metaphysischen Rückzug in ein ›Inneres‹ der Sprache und der Zeichen, gegen, wie er sagt, die »Verinnerlichungszauberei« (sorcellerie de l'intériorisation, DSS 104/105). Nicht nur im politischen Gebrauch des Allgemeinen, auch in den »Abgründen der Innerlichkeit« (abîmes de l'intériorité) könne die konkrete Verantwortung für die Welt allzu leicht versinken (DSS 110/109, vgl. 148/146).

Davor bewahrt nach Levinas das Gesetz, wie es in der jüdischen Tradition gedacht ist. Die Halacha, das Gesetz, fordert, so Levinas, konkretes Handeln und richtet alles Denken darauf aus. Sie lässt nicht, wie die ›westliche‹ Tradition, Recht und Moral auseinandertreten. Treten sie auseinander, wird das Recht von der Moral als ein ›Äußeres‹ von einem ›Inneren‹, dem Gewissen, unterschieden und daraus abgeleitet, dass das Recht mit ›allgemeinen‹, ›äußeren‹, ›politischen‹ Zwangsmitteln ausgestattet werden müsse. Danach darf es keine Rücksicht auf ›innerliche‹ moralische Vorstellungen der Einzelnen nehmen. So aber werden die Einzelnen in ihrem ›Inneren‹, in dem sie ihr eigentliches Wesen sehen, ständig durch das ›äußerliche‹ Recht verletzt. Das muss auf Dauer dazu führen, dass sie Vorbehalte gegen das Recht nähren, und damit wird die ›innere‹ Moral zur Gefahr für die ›äußere‹ Ordnung, zu einer politischen Gefahr, die, wie in der europäischen Geschichte geschehen, zu Religionskriegen und ihren modernen Varianten führen kann.

Dass die Halacha das Allgemeine weder im ›Inneren‹ noch im ›Äußeren‹ abstrakt werden lässt, sondern von Fall zu Fall an konkrete Situationen bindet, macht sie für das ›westliche‹ Denken so ›schwierig‹. Im ›westlichen‹ Denken muss die Universalität abstrakt sein, weil sie ›neutral‹ sein soll. Aber gerade in dieser Neutralität ist sie politisch leicht misszuverstehen und zu missbrauchen – etwa im Fall Heideggers. ›Jüdische Singularität‹ bedeutet darum negativ, die Universalität nicht in die Neutralität zu entlassen. Das Abstrakte und Neutrale, das dem konkreten Leben enthoben sein soll, scheint unschuldig, aber ist es nicht; es darf nicht dem konkreten Leben enthoben werden. Auch das Allgemeine muss in der konkreten Verantwortung der Einzelnen bleiben. Nicht nur sind es Einzelne, die ein Allgemeines ins Spiel bringen und die Verantwortung dafür tragen, im Guten und im Schlimmen, sondern es sind auch Einzelne, die ein solches Allgemeines – jeden Wortgebrauch, insbesondere jeden politischen Wortgebrauch – übernehmen oder zurückweisen; sie können auch dadurch und selbst durch Schweigen schuldig werden.

Darin liegt nach Levinas zuletzt auch der philosophische Sinn des ›jüdischen Partikularismus‹, der Anspruch der Juden, ein auserwähltes Volk zu sein, der für den ›Westen‹ die größte Zumutung und Herausforderung war. Universalismus ist nach Levinas mit Partikularismus nicht nur vereinbar, sondern notwendig mit ihm verbunden. Man sieht das leicht, wenn man nicht fragt, wie Universalität partikulär sein kann, sondern ob irgendeine Universalität *nicht* partikulär sein kann. Im ersten Fall scheint schon die Fragestellung widersprüchlich zu sein; doch wird dann schon die ›griechische‹ Universalität vorausgesetzt. Im zweiten Fall wird im Sinne des ›jüdischen‹ Denkens, wie Levinas es begreift, Universalität nur als ein Anspruch auf Universalität betrachtet, den Einzelne erheben und den andere bestreiten können. Ein solcher Anspruch wird dann als partikulär erfahren, wenn er für viele einsichtig bestritten werden kann. Er erscheint jedoch nicht als partikulär, wenn er von den meisten anerkannt und im Besonderen, wenn er fraglos anerkannt wird, wenn niemand von Belang es auch nur einfällt, ihn infrage zu stellen. Ein Allgemeines, dem viele beipflichten, hat Autorität. Aber es erhebt sich dadurch nicht schon über die Individuen. Es kann seine Autorität jederzeit wieder verlieren. Im Talmud steht die Autorität keines Meisters völlig außer Frage. Der Talmud richtet sich, so Levinas, wo immer abstrakte Prinzipien verfochten werden, »gegen die These, die die universale Ordnung (l'ordre universel) über die interindividuelle Ordnung (l'ordre inter-individuel) stellt«:

»Nein, das verletzte Individuum muß immer individuell besänftigt, angesprochen und getröstet werden; die Vergebung Gottes – oder die Vergebung der Geschichte – kann nicht gewährt werden, ohne daß das Individuum respektiert wird. Gott [wir haben die Stelle schon zitiert] ist vielleicht nur diese beharrliche Zurückweisung einer Geschichte, die sich mit unseren privaten Tränen abfinden will. Der Friede kehrt nicht in einer Welt ohne Tröstungen ein. Im Gegenteil, die Übereinstimmung mit Gott, mit dem Universalen, mit dem Prinzip kann sich nur im Privaten meiner Innerlichkeit (le privé de mon intériorité) abspielen – und in einem gewissen Sinn ist sie in meiner Macht (en mon pouvoir).« (QLT 44/38)

Das gilt dann auch für die Konzepte der Universalität als solche. Sie müssen und können von Einzelnen angenommen und verworfen werden. Damit scheint auch die Diskursethik von Jürgen Habermas und Karl-Otto Apel übereinzustimmen. Auch sie nimmt das Allgemeine auf Ansprüche auf Allgemeines, sogenannte ›Geltungsansprüche‹, zurück. Doch sie bleibt dabei im Hauptstrom der europäischen Tradition. Denn sie stellt ihr Allgemeines im Prinzip nicht wirklich zur Disposition der Einzelnen und vertraut es ihrer eigenen Verantwortung an, sondern verlangt, es so lange unter den Einzelnen zu erörtern, bis ein Konsens erzielt ist, dem alle zumindest virtuell zustimmen können. Der Konsens muss das ›Resultat‹ des Diskurses sein, und die Einzelnen haben ihre ›Geltungsansprüche‹ für ihn zur Disposition zu stellen. Die jüdische Tradition respektiert den Dissens und damit die Individuen nicht nur als erste, sondern auch als letzte Instanz.

Das jüdische Konzept der Universalität ist im Hauptstrom der ›griechischen‹ Tradition kaum erkannt, geschweige denn anerkannt worden. Sie konnte hier gar kein Konzept der Universalität, sondern nur partikularistisches Denken erkennen. Umgekehrt musste in der jüdischen Tradition das ›griechische‹ Konzept partikularistisch erscheinen, schon allein deshalb, weil es das ›jüdische‹ ausschloss. Jedes Konzept der Universalität, das sich gegenüber anderen als universal versteht, ist in der Sicht dieser andern partikulär. Sofern Konzepte der Universalität Konzepte sind, denen andere gegenüberstehen, sind sie immer partikulär.

Eben dies aber ist nach Levinas im Gedanken der Auserwähltheit (élection) bedacht. Das jüdische Volk stellt sich nicht selbst über andere, sondern wusste sich durch einen anderen auserwählt. Es betrachtete auch die Auserwählung als eine Bedingtheit (condition) und Beziehung zum Andern, als ›heteronome‹ Fremdbestimmung, nicht als ›autonome‹ Selbstbestimmung, als Schicksal (destin), nicht als Freiheit. Es war sein Gott, der es erwählte und der ihm darin nur die Wahl zwischen Segen und Tod ließ. Ethisch ist die Auserwähltheit nach Levinas die Nötigung zur Verantwortung für den Andern. Im Bezug auf die Universalität des Denkens und der Philosophie bedeutet sie, sich seiner unvermeidlichen Bedingtheit und Besonderheit auch im Denken und damit seiner Partikularität bewusst zu sein. Nach Levinas ist das jüdische Volk dazu auserwählt, für diesen Gedanken der Partikularität jeder Universalität einzustehen. Auserwählt zu sein heiße: in seiner Partikularität, sei es als Einzelner oder als Volk, verantwortlich zu sein für die Universalität der Gerechtigkeit, die die Partikularität nicht überschreitet und durch die sich diese darum nicht rechtfertigen kann. Man kann ihr nur zur Wirklichkeit verhelfen, aber man kann sie nicht theoretisch behaupten. Sie besteht nie ohne den, der ihr zur Wirklichkeit verhilft, nie als ›neutrales Sein‹. Der Gedanke der Auserwähltheit ist danach, philosophisch betrachtet, eine Kritik der Nivellierung der Individuen und ihrer Verantwortung zu einem ›Sein‹, einer ›Ontologie‹.

Die Juden haben für ihre Religion, die, wie Levinas zu zeigen suchte und wie wir darzustellen versucht haben, ein anderes Denken des Denkens ist, jahrtausendelange Verfolgung auf sich genommen. Levinas deutet das Verfolgt-Sein als letzte Konsequenz des In-Anspruch-genommen- und Verantwortlich-gemacht-Werdens:

»Verantwortung für alles und alle tragen heißt, gegen seinen Willen (malgrè soi) verantwortlich sein. Gegen seinen Willen verantwortlich sein heißt verfolgt (persécuté) sein. Allein der Verfolgte steht für alle (répond de tous), selbst für seinen Verfolger, ein. Äußerste Verantwortlichkeit kann nur heißen, daß ein Mensch absolut verfolgt (absolument persécuté) wird und kein Recht hat zu sprechen, um sich von seiner Verantwortung zu entlasten (se dégager de sa responsabilité).« (DSS 46 f./45)

* * *

Blicken wir von hier aus zurück, so darf das ›jüdische‹ Denken nicht am gewohnten philosophischen Denken gemessen werden. Es stellt nach Levinas vielmehr »eine autonome, absolute Ordnung dar, an der alles übrige sich zu messen hat« (un ordre autonome et absolu par rapport auquel tout le reste doit se mesurer, DSS 45/44). Levinas hat versucht, dies in der Weise des philosophischen Denkens selbst deutlich zu machen. Die philosophische Aktualität der jüdischen Tradition bestünde danach darin, dass sie, ethisch unausweichlich nach den Erfahrungen des 20. Jahrhunderts, zur Umorientierung im Denken selbst auffordert. Aufgabe des Denkens wäre dann nicht primär die Konstitution und Fixierung eines Allgemeinen in einem Wissen jenseits des Handelns und jenseits der Individuen, sondern die Aufmerksamkeit der Individuen in ihrer Verantwortung für das Allgemeine. Gerechtigkeit erfüllte sich dann nicht in Recht und Moral als allgemeinen Ordnungen, sondern in der »extremen Bewußtheit« (conscience extrême) und »absoluten Wachsamkeit« (absolue vigilance, ADV 64/68) des Einzelnen im Sprechen, Denken und Handeln, dessen Gründe und Folgen überschaubar und kontrollierbar zu machen kein Allgemeines ausreicht.

Das Denken der jahrtausendealten jüdischen Tradition hat sich in seinem großen Strom nicht auf die Fixierung von Allgemeinem jenseits des Handelns und jenseits der Individuen in einer philosophischen oder theologischen Dogmatik eingelassen, sondern blieb dabei, die Universalität an die Singularität zu binden. Es schließt die ›griechische‹ Universalität nicht aus, zumal angesichts des Gewinns, den sie für das Leben der Menschen erbracht hat. Aber angesichts der politischen Katastrophen, die die ›griechische‹ Universalität zumindest nicht unmöglich gemacht hat, könnte sie ihrerseits auf das ›jüdische‹ Denken angewiesen sein. Auch »der philosophische Diskurs«, sagte Levinas in einem Gespräch, ist unruhig geworden, und vielleicht werde es eines Tages zu einer »*wesentlichen* Verschränkung« kommen, in Gestalt nicht einer Aufhebung der Trennung von ›griechischem‹ und ›jüdischem‹ Denken, sondern eines »Übergangs in beiden Richtungen«. In politischen Begriffen käme man so vielleicht dem Frieden unter den Menschen näher, religiös gesprochen nähme man am Messianismus teil (HN 199 f.). Beide, sagte er in einem weiteren Gespräch, ›jüdisches‹ und ›griechisches‹ Denken, sind »Abenteuer«, doch voneinander »untrennbare Abenteuer« (TIn 47). Und beide zusammen, schrieb er in seinem Aufsatz *Die Bibel und die Griechen*, sind Europa oder könnten doch Europa sein (HN 155).

Siglen

A. Philosophisches Werk

Monografien

PH La théorie de l'intuition dans la phénoménologie de Husserl (Die Theorie der Intuition in der Phänomenologie Husserls), Paris: Alcan 1930.

E De l'évasion (Über das Entkommen), dans: Recherches Philosophiques 5 (1935/36), 373-392; introduit et annoté par Jacques Rolland, Montpellier: Fata Morgana 1982.

TA Le temps et l'autre, dans: J. Wahl u.a. (Hg.), Le Coix – Le Monde – L'Existence, Grenoble/Paris: Arthaud 1947, deutsch: Die Zeit und der Andere, übers. u. mit einem Nachwort vers. v. Ludwig Wenzler, Hamburg: Meiner 1984.

TI Totalité et Infini. Essai sur l'extériorité, La Haye: Nijhoff 1961, deutsch: Totalität und Unendlichkeit. Versuch über die Exteriorität, übers. v. Wolfgang Nikolaus Krewani, Freiburg/München: Alber 1987.

AQ Autrement qu'être ou au-delà de l'essence (Anders als Sein oder jenseits des Wesens), La Haye: Nijhoff 1974 (Phaenomenologica 54), deutsch: Jenseits des Seins oder anders als Sein geschieht, aus dem Frz. v. Thomas Wiemer, Freiburg/München: Alber 1992.

Aufsatzsammlungen

EE De l'existence à l'existant, Paris: Vrin 1947, deutsch: Vom Sein zum Seienden, übers. v. Anna Maria Krewani und Wolfgang Nikolaus Krewani, Freiburg/München: Alber 1997.

DEHH En découvrant l'existence avec Husserl et Heidegger (Mit Husserl und Heidegger die Existenz entdecken), Paris: Vrin 1949/

SpA 1967/1974. deutsch: Die Spur des Anderen. Untersuchungen zur Phänomenologie und Sozialphilosophie, übers., hg. u. eingel. v. Wolfgang Nikolaus Krewani, Freiburg/München: Alber 1983 [Teilübersetzung].

HAH Humanisme de l'autre homme, Montpellier: Fata Morgana 1972, deutsch: Humanismus des anderen Menschen, übers. u. mit einer Einl. vers. v. Ludwig Wenzler, Hamburg: Meiner 1989.

DQVI De Dieu qui vient à l'idee, Paris: Vrin 1982, deutsch: Wenn Gott ins Denken einfällt. Diskurse über die Betroffenheit von Transzendenz, aus dem Frz. übers. v. Thomas Wiemer, Freiburg/München: Alber 1985.

EN Entre nous. Essais sur le penser-à-l'autre, Paris: Grasset & Fasquelle 1991, deutsch: Zwischen uns. Versuche über das Denken an den Anderen, aus dem Frz. übers. v. Frank Miething, München: Hanser 1995.

LC Liberté et commandement, Préface de Pierre Hayat, Montpellier: Fata Morgana 1994; enthält »Liberté et commandement« (Freiheit und Gebot, 1953) und »Transcendance et Hauteur« (Transzendenz und Höhe, 1962).

IH Les imprévus de l'histoire, Préface de Pierre Hayat, Montpellier: Fata Morgana 1994, deutsch: Die Unvorhersehbarkeiten der Geschichte, aus dem Frz. übers. v. Alwin Letzkus, Freiburg/München: Alber 2006; enthält Aufsätze zur Geschichte und Philosophie der Zeit, u.a. zur »Philosophie des Hitlerismus« (1934), zu Sartre (1947-1980), zur »Russisch-chinesischen Debatte« (1960) und zu Israel (1960).

AT Altérité et transcendance, Préface de Pierre Hayat, Montpellier: Fata Morgana 1995; enthält Beiträge aus den Jahren 1967 bis 1989 zur »anderen Transzendenz«, zur »Philosophie des Dialogs und Ersten Philosophie«, zu »Frieden und Recht« und Gespräche zu »Philosophie und Tod« und »Gewalt des Gesichts«.

PT Positivité et transcendance, hg. v. Jean-Luc Marion und Jacques Rolland, Paris: Presses Universitaires de France 2001; enthält Beiträge von 1975 bis 1988 zum »Jugendaufenthalt bei Husserl«, zu »Positivität und Transzendenz« u.a.

Pol Verletzlichkeit und Frieden. Schriften über die Politik und das Politische, hg. u. mit einem Vorwort v. Pascal Delhom und Alfred Hirsch, Zürich/Berlin: diaphanes 2007; enthält z.T. deutsche Erstübersetzungen von Pascal Delhom und Alfred Hirsch.

Vorlesungen

DMT Dieu, la mort et le temps, éd. par Jacques Rolland, Paris: Grasset 1993 (livre de poche, biblio, essais 4205) [Vorlesungen an der Sorbonne, Paris 1975/76], deutsch: Gott, der Tod und die Zeit, hg. v. Peter Engelmann, aus dem Frz. übers. v. Astrid Nettling und Ulrike Wasel, Wien: Passagen 1996.

Gespräche (Auswahl)

EI Éthique et Infini. Dialogues avec Philippe Nemo, o.O.: Arthème Fayard et Radio-France 1982, deutsch: Ethik und Unendliches. Gespräche mit Philippe Nemo, übers. v. Dorothea Schmidt, Wien: Passagen 1996.

Philosophie, Justice et Amour, deutsch: Philosophie, Gerechtigkeit und Liebe. Ein Gespräch mit R. Fornet und A. Gomez am 3. und 8. Oktober 1982, in: EN 113-131/132-153.

Intention, Ereignis und der Andere. Gespräch zwischen E.L. und Christoph von Wolzogen am 20. Dezember 1985 in Paris, in: HAH 131-150.

Sur la philosophie juive. Entretien avec Françoise Armengaud (1984/85), in: HN 197-215.

Dialogue with Emmanuel Levinas (Richard Kearney), in: Richard A. Cohen (Hg.): Face to Face with Levinas, Albany, NY: State University of New York Press 1986, 13-33.

Judentum und Christentum nach Franz Rosenzweig. Ein Gespräch (1986), in: Gotthard Fuchs und Hans Hermann Henrix (Hg.), Zeitgewinn. Messianisches Denken nach Franz Rosenzweig, Frankfurt am Main: Knecht 1987, 163-183.

B. Talmud-Auslegungen – lectures talmudiques

QLT Quatres lectures talmudiques, Paris: Les Éditions de Minuit 1968, deutsch: Vier Talmud-Lesungen, aus dem Frz. übers. v. Frank Miething, Frankfurt am Main: Verlag Neue Kritik 1993.

DSS Du Sacré au Saint. Cinq nouvelles lectures talmudiques, Paris: Les Éditions de Minuit 1977, deutsch: Vom Sakralen zum Heiligen. Fünf neue Talmud-Lesungen, übers. v. Frank Miething, Frankfurt am Main: Verlag Neue Kritik 1998.

ADV L'au-delà du verset. Lectures et discours talmudiques, Paris: Les Éditions de Minuit 1982, deutsch: Jenseits des Buchstabens, Bd. 1: Talmud-Lesungen, übers. v. Frank Miething, Frankfurt am Main: Verlag Neue Kritik 1996 [Teilübersetzung].

HN A l'heure des nations, Paris: Les Éditions de Minuit 1988, deutsch: Stunde der Nationen [sic!]. Talmudlektüren, aus dem Frz. v. Elisabeth Weber, München: Fink 1994.

NLT Nouvelles Lectures talmudiques, Paris: Les Éditions de Minuit 1996, deutsch: Neue Talmud-Lesungen, übers. v. Frank Miething, Frankfurt am Main: Verlag Neue Kritik 2001.

C. Versuche über das Judentum – Essais sur le judaïsme

DL Difficile liberté. Essais sur le judaïsme, Paris: Éditions Albin Michel 1963 (2., vermehrte und veränd. Aufl. 1976), deutsch: Schwierige Freiheit. Versuch [!] über das Judentum, aus dem Frz. v. Eva Moldenhauer, Frankfurt am Main: Jüdischer Verlag 1992 [Teilübersetzung].

NP Noms Propres, Montpellier: Fata Morgana 1976, deutsch: Eigennamen. Meditationen über Sprache und Literatur, Textauswahl und Nachwort von Felix Philipp Ingold, aus dem Frz. v. Frank Miething, München: Hanser 1988 [Teilübersetzung].

HS Hors sujet, Montpellier: Fata Morgana 1987, deutsch: Außer sich. Meditationen über Religion und Philosophie, hg. u. aus dem Frz. übers. v. Frank Miething, München: Hanser 1991 [Teilübersetzung].

TIn Transcendance et intelligibilité (Transzendenz und Einsichtigkeit). Suivi d'un entretien (Mit einem Gespräch), Genève: Labor et Fides 1996.

Von den Übersetzungen wird, wo nötig, abgewichen. Der Babylonische Talmud – nur er wird, auch von Levinas, herangezogen – wird in der deutschen Übersetzung von Lazarus Goldschmidt (Wiederabdruck in 12 Bdn., Jüdischer Verlag im Suhrkamp Verlag, Frankfurt am Main 2007, und Wissenschaftliche Buchgesellschaft, Darmstadt 1966) nach Band und Seitenzahl zitiert.

Literatur

Bibliografien

Roger Burggraeve, Emmanuel Levinas. Une bibliographie primaire et secondaire, Leuven 1990.

Daniel Krochmalnik / Petra Kamecke, Eine Bibliographie des jüdischen Werkes von Emmanuel Levinas, in: Trumah (Zeitschrift der Hochschule für Jüdische Studien Heidelberg) 6 (1997), 81-92.

Patrick Fabre, Bibliographie d'Emmanuel Lévinas 1929-2005, Jerusalem (Institut d'études lévinassiennes) 2005 [vollständige Bibliografie von Levinas' Schriften und Bibliografie der Schriften über Levinas in französischer Sprache].

Joachim Duyndam / Jacob Oeverbeek, The Levinas Online Bibliography. Primary and Secondary Sources, ISSN 1873-8230. (Unfortunately, the Levinas Online Bibliography is currently out of Office.)

Zur Biografie von Emmanuel Levinas

s.o. Gespräche

Elie Wiesel, Der irrende Jude [Mordechai Chouchani], in: E. W., Gesang der Toten. Erzählungen, München/Esslingen 1967, 97-118.

Marie-Anne Lescourret, Emmanuel Levinas, Paris 1994.

Salomon Malka, Emmanuel Lévinas. La vie et la trace, Paris: Lattès 2002, deutsch: Emmanuel Lévinas. Eine Biographie, aus dem Frz. v. Frank Miething, München: Hanser 2003.

Zur Einführung in die Philosophie von Emmanuel Levinas

Stephan Strasser, Jenseits von Sein und Zeit. Eine Einführung in Emmanuel Levinas' Philosophie, Den Haag 1978.

Stephan Strasser, Emmanuel Levinas: Ethik als Erste Philosophie, in: Bernhard Waldenfels, Phänomenologie in Frankreich, Frankfurt am Main 1983, 218-265.

Bernhard Casper, Denken im Angesicht des Anderen. Zur Einführung in das Denken von Emmanuel Levinas, in: Hans Hermann Henrix (Hg.), Verantwortung für den Anderen – und die Frage nach Gott. Zum Werk von Emmanuel Levinas, Aachen 1984, 17-36.

Silvano Petrosino / Jacques Rolland, La vérité nomade. Introduction à Emmanuel Levinas, Paris 1984.

Ludwig Wenzler, Nachwort zu: E.L., Die Zeit und der Andere, übers. von Ludwig Wenzler, Hamburg 1984, 67-92.

Josef Simon, Ende der Herrschaft? Zu Schriften von Emmanuel Lévinas in deutschen Übersetzungen, in: Allgemeine Zeitschrift für Philosophie 10.1 (1985), 25-48.

Wolfgang Nikolaus Krewani, Emmanuel Lévinas. Denker des Anderen, Freiburg/München 1992.

John Llewlyn, Emmanuel Levinas. The Genealogy of Ethics, London/ New York 1995.

Catherine Chalier, L'inspiration du philosophe. ›L'amour de la sagesse‹ et sa source philosophique, Paris 1996.

Colin Davis, Levinas. An Introduction, Cambridge 1996.

Adriaan Peperzak, Beyond: The Philosophy of Emmanuel Levinas, Evanston/Illinois 1997.

Paul Ricœur, Autrement. Lecture d'Autrement qu'être ou au delà de l'essence d'Emmanuel Levinas, Paris 1997.

Werner Stegmaier, Ethischer Widerstand. Zum Anfang der Philosophie nach der Schoa im Denken von Emmanuel Levinas, in: Trumah (Zeitschrift der Hochschule für Jüdische Studien Heidelberg) 6 (1997), 37-59.

Jacques Rolland, Parcours de l'autrement. Lecture d'Emmanuel Lévinas, Paris 2000.

Jeffrey W. Murray, Face to Face in Dialogue: Emmanuel Levinas and (the) Communication (of) Ethics: Emmanuel Levinas and the Communication of Ethics, Lanham, Maryland (University Press of America) 2003.

Stéphane Mosès, Au-delà de la guerre. Trois études sur Levinas, Paris/Tel Aviv 2004.

Elisabeth Luise Thomas, Emmanuel Levinas. Ethics, Justice, and the Human beyond Being, New York (Routledge) 2004.
Christoph von Wolzogen, Emmanuel Levinas – Denken bis zum Äußersten, Freiburg/München 2005.
R. Clifton Spargo, Vigilant Memory. Emmanuel Levinas, the Holocaust, and the Unjust Death, Baltimore, Maryland (The Johns Hopkins University Press) 2006.
Michael L. Morgan, Discovering Levinas, Cambridge u.a. (Cambridge University Press) 2007.
Diane Perpich, The Ethics of Emmanuel Levinas, Standord, California (Standford University Press) 2008.
Bernhard Casper, Angesichts des Anderen: Emmanuel Levinas – Elemente seines Denkens, Paderborn 2009.
Barbara Staudigl, Emmanuel Lévinas, Göttingen 2009.
Maithilee Gatne, Nicht-Verstehen als Verstehen. Eine Einführung in die Philosophie von Emmanuel Lévinas, München (GRIN Verlag) 2015.

Sammelbände

François Laruelle (Hg.), Textes pour Emmanuel Levinas, Paris 1980 [Texte u.a. von Maurice Blanchot, Jacques Derrida, Edmond Jabès, Jean-François Lyotard, Paul Ricœur].
Jacques Rolland (Hg.), Emmanuel Lévinas (Les Cahiers de La nuit surveillée), Paris 1984.
Richard A. Cohen (Hg.): Face to Face with Levinas, State University of New York Press, Albany 1986.
Michael Mayer u. Markus Hentschel (Hg.), Parabel. Lévinas. Zur Möglichkeit einer prophetischen Philosophie, Gießen 1990.
Catherine Chalier / Miguel Abensour (Hg.), Emmanuel Lévinas (Cahier de l'Herne), Paris 1991.
Jean Greisch et Jacques Rolland (Hg.), Emmanuel Lévinas. L'éthique comme philosophie première. Actes du colloque de Cerisy-la-Salle 23 août – 2 septembre 1986, Paris 1993.
Danielle Cohen-Levinas (Hg.), Emmanuel Levinas, Paris 1998.
Bernhard Waldenfels / Iris Därmann (Hg.), Der Anspruch des Anderen. Perspektiven phänomenologischer Ethik, München 1998.

Simon Critchley / Robert Bernasconi (Hg.), The Cambridge Companion to Levinas, Cambridge u.a. (Cambridge University Press) 2002.
magazine littéraire, n°419, avril 2003: Emmanuel Lévinas. Éthique, religion, esthétique: une philosophie de l'Autre.
Norbert Fischer / Jakub Sirovátka (Hg.), »Für das Unsichtbare sterben«. Zum 100. Geburtstag von Emmanuel Lévinas, Paderborn 2006.
Danielle Cohen-Levinas / Bruno Clément (Hg.), Colloque Emmanuel Levinas: Les Territoires de la Pensée, Paris 2007.

Jahrbücher der Levinas-Forschung

Cahiers d'Études Lévinassiennes, hg. v. Institut d'Études Lévinassiennes Paris/Jerusalem 2003 ff.
Levinas Studies: An Annual Review, Pittsburgh (Duquesne University Press) 2005 ff.

Zu Emmanuel Levinas als jüdischem Denker

David Banon, Une herméneutique de la sollicitation. Levinas, lecteur du Talmud, in: J. Rolland (Hg.), Emmanuel Levinas (Les cahiers de la Nuit Surveillée, 3), Lagrasse 1984, 99-115.
Josef Reiter, Differenz und Entsprechung. Überlegungen zum Verhältnis von biblischem Anspruch und griechischer Denkform bei E. Levinas, in: Archivio di filosofia 53 (1985), 245-263.
Susan A. Handelman, Fragments of Redemption. Jewish Thought and Literary Theory in Benjamin, Scholem, and Levinas, Bloomington 1991.
Marc-Alain Ouaknin, Méditations érotiques. Essai sur Emmanuel Levinas, Paris 1992.
Daniel Krochmalnik, Emmanuel Levinas im jüdischen Kontext, in: Allgemeine Zeitschrift für Philosophie 21.1 (1996), 41-62.
Ze'ev Levy, Emmanuel Lévinas als jüdischer Denker, in: Trumah (Zeitschrift der Hochschule für Jüdische Studien Heidelberg) 6 (1997), 61-80.
Werner Stegmaier, Das Gute inmitten des Bösen. Ethische Orientierung aus Zeichen in der jüdischen Tradition, in: Josef Simon (Hg.), Orientierung aus Zeichen. Zeichen und Interpretation III, Frankfurt am Main 1997, 107-138.

Jean Halpérin / Nelly Hansson (Hg.), Difficile justice. Dans la trace d'Emmanuel Lévinas. Actes du XXXVIe Colloque des intellectuels juifs de langue française, Paris 1998.

Tamra Wright, The twilight of Jewish philosophy. Emmanuel Levinas' ethical hermeneutics, Amsterdam 1999.

Werner Stegmaier, Philosophie und Judentum nach Emmanuel Levinas, in: Werner Stegmaier (Hg.), Die philosophische Aktualität der jüdischen Tradition, Frankfurt am Main 2000, 429-460.

David Plüss, Das Messianische. Judentum und Philosophie im Werk Emmanuel Lévinas', Stuttgart/Berlin/Köln 2001.

Almut Sh. Bruckstein, Die Maske des Moses. Studien zur jüdischen Hermeneutik, Berlin/Wien 2001.

Adam Zachary Newton, The fence and the neighbor. Emmanuel Levinas, Yeshayahu Leibowitz, and Israel among the nations, Albany 2001.

Danielle Cohen-Levinas / Shmuel Trigano (Hg.), Emmanuel Levinas, Philosophie et judaïsme, Paris 2002.

Rivka Horwitz, Emmanuel Lévinas' Interpretation of the Talmud, Heidelberg 2006.

Zu zentralen Themen und Gesichtspunkten der Philosophie von Emmanuel Levinas

Edith Wyschogrod, Emmanuel Levinas. The Problem of Ethical Metaphysics, The Hague 1974.

Catherine Chalier, Figures du féminin. Lecture d'Emmanuel Lévinas, Paris 1982.

Luce Irigaray, Fruchtbarkeit der Liebkosung. Eine Lektüre von Levinas: Totalität und Unendlichkeit, IV, B, »Phänomenologie des Eros« (1984), in: L. I., Ethik der sexuellen Differenz, aus dem Frz. v. Xenia Rajewsky, Frankfurt am Main 1991, 217-253.

Jean-François Lyotard, Levinas' Logic, in: Richard A. Cohen (Hg.): Face to Face with Levinas, State University of New York Press, Albany 1986, 117-158.

Thomas Wiemer, Die Passion des Sagens. Zur Deutung der Sprache bei Emmanuel Levinas und ihrer Realisierung im philosophischen Diskurs, Freiburg/München 1988.

Elisabeth Weber, Verfolgung und Trauma. Zu Emmanuel Levinas' Autrement qu'être ou au-delà de l'essence, Wien 1990.
Richard Cohen, La non-in-différence dans la pensée d'Emmanuel Lévinas et de Franz Rosenzweig, in: Catherine Chalier / Miguel Abensour (Hg.), Emmanuel Lévinas (Cahier de l'Herne), Paris 1991, 380-393.
Stéphane Mosès, Gerechtigkeit und Gemeinschaft bei Emmanuel Lévinas, in: Micha Brumlik u. Hauke Brunkhorst (Hg.), Gemeinschaft und Gerechtigkeit, aus dem Frz. v. Thomas Wiemer, Frankfurt am Main 1993, 364-384.
Paul Ricœur, Autrement. Lecture d'Autrement qu'être ou au-delà de l'essence d'Emmanuel Levinas, Paris 1997.
Werner Stegmaier, Heimsuchung. Das Dialogische in der Philosophie des 20. Jahrhunderts, in: Gebhard Fürst (Hg.), Dialog als Selbstvollzug der Kirche?, Freiburg/Basel/Wien 1997 (Reihe Quaestiones disputatae, Bd. 166), 9-29.
Bettina Bergo, Lévinas Between Ethics and Politics. For the Beauty that Adorns the Earth, Dordrecht 1999.
Pascal Delhom, Der Dritte. Lévinas' Philosophie zwischen Verantwortung und Gerechtigkeit, München 2000.
Michael Eskin, Ethics and dialogue in the works of Levinas, Bakhtin, Mandelshtam, and Celan, Oxford u.a. 2000.
Paulette Kayser, Emmanuel Lévinas. La trace du féminin, Paris 2000.
Tina Chanter (Hg.), Feminist Interpretations of Emmanuel Levinas, Pennsylvania 2001.
Sabine Gürtler, Elementare Ethik. Alterität, Generativität und Geschlechterverhältnis bei Emmanuel Lévinas, München 2001.
Les Cahiers Philosophiques de Strasbourg 14 (2002): Lévinas et la politique.
Nicole Ruchlak, Das Gespräch mit dem Anderen. Perspektiven einer ethischen Hermeneutik, Würzburg 2003.
Alfred Hirsch / Pascal Delhom (Hg.), Im Angesicht der Anderen. Levinas' Philosophie des Politischen, Zürich/Berlin 2005.
Jakub Sirovátka, Der Leib im Denken von Emmanuel Lévinas, Freiburg/München 2006.

Daniel Budka, Der Andere. Mit Emmanuel Levinas die gesellschaftliche und schulische Integration behinderter Menschen neu denken, Marburg 2006.
Schmuel Trigano / Danielle Cohen-Levinas (Hg.), Levinas et les théologies, Paris 2007.
Katharina Schmidt, Zum Verhältnis von Verantwortung und Kritik in der Pädagogik: Versuch einer Neubefragung in Anschluss an Emmanuel Levinas, München 2008.
Alain Mayama, Emmanuel Levinas' conceptual affinities with liberation theology, New York u.a. (Peter Lang) 2010.
Ernst Wolff, Political responsibility for a globalised world. After Levinas' humanism, Bielefeld 2011.
Stephan Schmitt, Recht jenseits des Rechts. Gerichtsmediation im Lichte von Emmanuel Lévinas, Baden-Baden 2012.
Jean-Bertrand Madragule Badi, Dieu au-delà de l'être. Le sens éthique de Dieu dans la pensée d'Emmanuel Levinas, Frankfurt am Main (Peter Lang) 2013.
Norbert Fischer / Jakub Sirovátka (Hg.), Die Gottesfrage in der Philosophie von Emmanuel Levinas, Hamburg 2013.
Sabine Till, Die Stimme zwischen Immanenz und Transzendenz. Zu einer Denkfigur bei Emmanuel Lévinas, Jacques Lacan, Jacques Derrida und Gilles Deleuze, Bielefeld 2013.
Stine Holte, Meaning and Melancholy in the Thought of Emmanuel Levinas, Göttingen 2014.
Renée D. N. van Riessen, Man as a place of god. Levinas' hermeneutics of Kenosis, Dordrecht u.a. (Springer) 2007.

Zu Emmanuel Levinas und Platon

Tanja Stähler, Platon und Lévinas. Ambiguität diesseits der Ethik, Würzburg 2011.

Zu Emmanuel Levinas und René Descartes

Anthony F. Beavers, Levinas beyond the Horizons of Cartesianism. An Inquiry into the Metaphysics of Morals, New York u.a. 1995.

Zu Emmanuel Levinas und Immanuel Kant

Catherine Chalier, Pour une morale au-delà du savoir. Kant et Lévinas, Paris 1998.

Norbert Fischer / Dieter Hattrup, Metaphysik aus dem Anspruch des Anderen. Kant und Levinas, Paderborn/München/Wien/Zürich 1999.

John Llewelyn, The hypocritical imagination. Between Kant and Levinas, London 2000.

Giovanni Ferretti, Ontologie et théologie chez Kant. Relire Kant après Heidegger et Lévinas, Paris 2001.

Francesca Nodari, Il male radicale tra Kant e Lévinas, Firenze (Giuntina) 2008.

Zu Emmanuel Levinas und Georg Wilhelm Friedrich Hegel

Josef Simon, Ende der Herrschaft? Zu Schriften von Emmanuel Levinas in deutschen Übersetzungen, in: Allgemeine Zeitschrift für Philosophie 10.1 (1985), 25-48.

Adriaan Peperzak, Some Remarks on Hegel, Kant, and Levinas, in: Richard A. Cohen (Hg.): Face to Face with Levinas, Albany 1986, 205-218 [vgl. Peperzak, Beyond, chap. 13].

Robert Bernasconi, Lévinas, Hegel. La possibilité du pardon et de la réconcilation, in: Catherine Chalier / Miguel Abensour (Hg.), Emmanuel Lévinas (Cahier de l'Herne), Paris 1991, 357-379.

Rainer Rotermundt, Konfrontationen. Hegel, Heidegger, Levinas. Ein Essay, Würzburg 2006.

Brigitta Keintzel / Burkhard Liebsch (Hg.), Hegel und Levinas. Kreuzungen, Brüche, Überschreitungen, Freiburg/München 2010.

Zu Emmanuel Levinas und Sören Kierkegaard

Joël Janiaud, Singularité et responsabilité. Kierkegaard, Simone Weil, Levinas, Paris 2006.

J. Aaron Simmons / David Wood (Hg.), Kierkegaard and Levinas. Ethics, politics, and religion, Bloomington, Ind. (Indiana University Press) 2008.

Merold E. Westphal, Levinas and Kierkegaard in Dialogue, Indiana 2008.

Zu Emmanuel Levinas und Friedrich Nietzsche

Werner Stegmaier, Levinas' Humanismus des anderen Menschen – ein Anti-Nietzscheanismus oder Nietzscheanismus?, in: Werner Stegmaier/ Daniel Krochmalnik (Hg.), Jüdischer Nietzscheanismus (Monographien und Texte zur Nietzsche-Forschung, Bd. 36), Berlin/New York 1997, 303-323.

Rosalyn Diprose, Corporeal generosity. On giving with Nietzsche, Merleau-Ponty, and Levinas, Albany (State University of New York Press) 2002.

Silvio Pfeuffer, Die Entgrenzung der Verantwortung. Nietzsche – Dostojewskij – Levinas (Monographien und Texte zur Nietzsche-Forschung, Bd. 56), Berlin/New York 2008.

Jill Stauffer / Bettina Bergo (Hg.), Nietzsche and Lévinas. »After the death of a certain God«, New York (Columbia University Press) 2009.

Zu Emmanuel Levinas und Hermann Cohen

Louis Pinto, La religion intellectuelle. Emmanuel Levinas, Hermann Cohen, Jules Lachelier, Paris (Presses Universitaires de France) 2010.

Sebastian Wogenstein, Horizonte der Moderne. Tragödie und Judentum von Cohen bis Lévinas, Heidelberg (Universitäts-Verlag Winter) 2011.

Zu Emmanuel Levinas und Franz Rosenzweig

Hans Martin Dober, Lévinas und Rosenzweig. Die Verschärfung der Totalitätskritik aus den Quellen des Judentums, in: Michael Mayer u. Markus Hentschel (Hg.), Parabel. Lévinas. Zur Möglichkeit einer prophetischen Philosophie, Gießen 1990, 144-162.

Richard A. Cohen, Elevations. The Height of the Good in Rosenzweig and Levinas, Chicago/London 1994.

Robert Gibbs, Correlations in Rosenzweig and Levinas, Princeton 1994.

Stéphane Habib, Lévinas et Rosenzweig. Philosophies de la Révélation, Paris 2005.

Luc A. Anckaert, A critique of infinity. Rosenzweig and Levinas, Leuven [u.a.] 2006.

Zu Emmanuel Levinas und Martin Buber

Stephan Strasser, Buber und Levinas. Philosophische Besinnung auf einen Gegensatz, in: Revue internationale de philosophie 32 (1978), 512-525.

Susanne Rütter, Herausforderung angesichts des Anderen. Von Feuerbach über Buber zu Lévinas, Freiburg/München 2000.

Peter Atterton u.a. (Hg.), Levinas and Buber. Dialogue & difference, Pittsburgh, Pa. (Duquesne University Press) 2004.

Ronald C. Arnett / François Cooren (Hg.), Dialogue and ethics, Amsterdam/Philadelphia 2017.

Zu Emmanuel Levinas und Edmund Husserl

Rudolf Süsske, Abschied von der Intentionalität. Bemerkungen zum Verhältnis von E. Lévinas zur Phänomenologie Husserls, in: Michael Mayer / Markus Hentschel (Hg.), Parabel. Lévinas. Zur Möglichkeit einer prophetischen Philosophie, Gießen 1990, 101-118.

Maria Schafstedde, Der Selbe und der Andere. Zur Erkenntnistheorie und Ethik bei Husserl und Levinas, Kassel 1993.

Jean-Luc Marion (Hg.), Lévinas et la phénoménologie, Paris 2001 (mit Texten von Levinas zu: Positivité et transcendance).

Holger Maaß, Phänomenologie im Dialog. Sprachphilosophische Interpretation zu Husserl, Heidegger und Lévinas, Leipzig (Leipziger Univ.-Verl.) 2002.

Jean-Luc Marion, Figures de phénoménologie. Husserl, Heidegger, Levinas, Henry, Derrida, Paris 2012.

Zu Emmanuel Levinas und Martin Heidegger

Guy Petitdemange, L'un ou l'autre. La querelle de l'ontologie: Heidegger-Lévinas, in: Jacques Rolland (Hg.), Emmanuel Lévinas (Les cahiers de La nuit surveillée, no. 3), Paris 1984, 37-49.

Theo de Boer, Ontologische Differenz (Heidegger) und ontologische Trennung (Lévinas), in: Heinz Kimmerle (Hg.): Das Andere und das Denken der Verschiedenheit, Amsterdam 1987, 181-200.

Klaas Huizing, Das Sein und der Andere. Lévinas' Auseinandersetzung mit Heidegger, Frankfurt am Main 1988.

Adriaan Peperzak, Der Andere und die Ontologie. Einige Bemerkungen zum Verhältnis von Levinas und Heidegger, in: Annemarie Gethmann-Siefert (Hg.), Philosophie und Poesie. Otto Pöggeler zum 60. Geburtstag. Stuttgart-Bad Cannstatt 1988, 195-212.

Ders., Einige Thesen zur Heidegger-Kritik von Emmanuel Levinas, in: Annemarie Gethmann-Siefert/Otto Pöggeler (Hg.), Heidegger und die praktische Philosophie, Frankfurt am Main 1988, 373-389.

Robert John Sheffler Manning, Interpreting otherwise than Heidegger. Emmanuel Levinas's ethics as first philosophy, Pittsburg, Pa. (Duquesne University Press) 1993.

Giuliano Sansonetti, Levinas e Heidegger, Brescia 1998.

Branko Klun, Das Gute vor dem Sein. Levinas versus Heidegger. Frankfurt am Main u.a. 2000.

Tina Chanter, Time, death, and the feminine. Levinas with Heidegger, Stanford, Calif. (Stanford University Press) 2001.

Francesco Camera, L' ermeneutica tra Heidegger e Lévinas, Brescia 2001.

Sabrina Dittus, Heidegger und das Paradox des Subjekts, Würzburg 2001.

Michael J. Hyde, The call of conscience. Heidegger and Levinas. Rhetoric and the euthanasia debate, Columbia, SC (University of South Carolina Press) 2001.

Rudi Visker, The inhuman condition. Looking for difference after Levinas and Heidegger, Dordrecht [u.a.] (Kluwer) 2004.

Teodor Bernardus Baba, Außerhalb des Seins. Die Überwindung der Lebensontologie Martin Heideggers durch die Transzendenzphilosophie von Emmanuel Lévinas, Göttingen 2006.

David J. Gauthier, Martin Heidegger, Emmanuel Levinas, and the politics of dwelling, Lanham, Md. u.a. (Lexington) 2011.

Zu Emmanuel Levinas und Jean-Paul Sartre

Stéphane Habib, La responsabilité chez Sartre et Lévinas, Paris 1998.

Thomas Bedorf / Andreas Cremonini (Hg.), Verfehlte Begegnung. Levinas und Sartre als philosophische Zeitgenossen, Freiburg/München 2005.

[Gilles Hanus (Hg.)], Cahiers d'Études Lévinassiennes 5 (2006): Lévinas-Sartre.

Zu Emmanuel Levinas und Maurice Merleau-Ponty

Cathryn Vasseleu, Textures of light. Vision and touch in Irigaray, Levinas and Merleau-Ponty, London [u.a.] (Routledge) 1998.
Antje Kapust, Berührung ohne Berührung. Ethik und Ontologie bei Merleau-Ponty und Lévinas, München 1999.
Agata Zielinski, Lecture de Merleau-Ponty et Levinas. Le corps, le monde, l'autre, Paris (Presses Universitaires de France) 2002.

Zu Emmanuel Levinas und Theodor W. Adorno

Hent de Vries, Minimal Theologies. Critiques of Secular Reason in Adorno and Levinas, Baltimore, Maryland (The Johns Hopkins University Press) 2005.

Zu Emmanuel Levinas und Jacques Lacan

Sarah Harasym (Hg.), Levinas and Lacan. The Missed Encounter, New York 1998.
David Ross Fryer, The intervention of the other. Ethical subjectivity in Levinas and Lacan, New York, NY 2004.

Zu Jacques Derrida und Emmanuel Levinas

Jacques Derrida, Violence et métaphysique. Essai sur la pensée d'Emmanuel Levinas (1964), in: J. D., L'écriture et la différence, Paris 1967, 117-228, deutsch: Gewalt und Metaphysik. Essay über das Denken von Emmanuel Levinas, in: J. D., Die Schrift und die Differenz, aus dem Frz. v. Rodolphe Gasché, Frankfurt am Main 1972, 121-235.
Jacques Derrida, En ce moment même dans cet ouvrage me voici, in: F. Laruelle (éd.), Textes pour Emmanuel Levinas, Paris 1980, 21-60 (wiederabgedruckt in: J. D. Psyché. Inventions de l'autre, 2. Aufl. Paris 1998, 159-202), deutsch: Eben in diesem Moment in diesem Werk findest du mich, in: Michael Mayer u. Markus Hentschel (Hg.), Parabel. Lévinas. Zur Möglichkeit einer prophetischen Philosophie, Gießen 1990, 42-83.
Jacques Derrida, Donner la mort, in: Jean-Michel Rabaté et Michael Wetzel (éd.), L'éthique du don. Jacques Derrida et la pensée du don, Paris

1992, 11-108, deutsch: Den Tod geben, übers. v. Hans-Dieter Gondek, in: Anselm Haverkamp (Hg.), Gewalt und Gerechtigkeit. Derrida – Benjamin, Frankfurt am Main 1994, 331-445.

Jacques Derrida, Adieu à Emmanuel Lévinas, Paris 1997, deutsch: Adieu. Nachruf auf Emmanuel Lévinas, aus dem Frz. v. Reinhold Werner, München 1999.

Todd May, Reconsidering Difference: Nancy, Derrida, Levinas, and Deleuze, Pennsylvania 1997.

Simon Critchley, The Ethics of Deconstruction. Derrida and Levinas, Oxford UK/Cambridge USA 1992, 2. Aufl. Edinburgh 1999.

Werner Stegmaier, Die Zeit und die Schrift. Berührungen zwischen Levinas und Derrida, in: Allgemeine Zeitschrift für Philosophie 21.1 (1996), 3-24 (Wiederabdruck in: Thomas Freyer und Richard Schenk (Hg.), Emmanuel Levinas – Fragen an die Moderne, Wien 1996, 51-72).

Martin C. Srajek, In the Margins of Deconstruction: Jewish Conceptions of Ethics in Emmanuel Levinas and Jacques Derrida, Dordrecht [u.a.] 1998 (Paperback Pittsburgh 2000).

Robert John Sheffler Manning, Beyond ethics to justice through Levinas and Derrida. The legacy of Levinas, Quincy, Ill. (Franciscan Press, Quincy University) 2001.

Alwin Letzkus, Dekonstruktion und ethische Passion. Denken des Anderen nach Jacques Derrida und Emmanuel Lévinas, München 2002.

Thomas Askani, Die Frage nach dem Anderen: Im Ausgang von Emmanuel Lévinas und Jacques Derrida, Wien 2002.

John Llewelyn, Appositions of Jacques Derrida and Emmanuel Levinas, Bloomington, IN [u.a.] (Indiana University Press) 2002.

Stephan Moebius, Die soziale Konstituierung des Anderen. Grundrisse einer poststrukturalistischen Sozialwissenschaft nach Lévinas und Derrida, Frankfurt am Main 2003.

Carsten Lotz, Zwischen Glauben und Vernunft: Letztbegründungsstrategien in der Auseinandersetzung mit Emmanuel Levinas und Jacques Derrida, Paderborn 2007.

Danielle Cohen-Levinas (éd.), Lévinas-Derrida. Lire ensemble, Paris (Hermann) 2015.

Zeittafel*

1906 12. Januar (nach dem damals im russischen Zarenreich gültigen julianischen Kalender am 30. Dezember 1905) in Kaunas, Litauen, als Sohn eines Papier- und Buchhändlers geboren. Zwei Brüder. Die Familie lebt traditionell nach dem jüdischen Gesetz (Halacha). Levinas wird dabei bleiben. Er lernt Hebräisch, arbeitet sich in die Bibel und den Talmud ein. In der Familie spricht man Russisch. Umfangreiche russische Bibliothek.

1914 Zu Beginn des Ersten Weltkriegs gelten Deutsche und Juden als unsichere Elemente. Umsiedlung der Familie nach Charkov, Ukraine. Dort Besuch des Gymnasiums auf einem der wenigen für Juden offenen Plätze.

1920 Seit 1918 ist Litauen eine unabhängige Republik (bis 1940). Rückkehr der Familie Levinas nach Kaunas. Besuch des Jüdischen Gymnasiums.

1923 Studium der Philosophie in Straßburg bei Charles Blondel, Maurice Pradines, Henri Carteron, Maurice Halbwachs, Martial Gueroult. Beginn der Freundschaft mit Maurice Blanchot.

1927-1928 Studium in Freiburg i.Br. bei Edmund Husserl und Martin Heidegger.

1929 Teilnahme am Davoser Seminar mit Ernst Cassirer und Martin Heidegger über Kant. Bei einer satirischen Abschlussveranstaltung parodiert Otto Friedrich Bollnow Heidegger, Levinas (mit weiß gepudertem Haar) Cassirer.

1930 *La théorie de l'intuition dans la phénoménologie de Husserl* (Thèse de doctorat de troisième cycle, preisgekrönt von der Académie des Sciences morales et politiques in Paris). Fortsetzung des Studiums an der Sorbonne in Paris bei Léon Brunschvicg und Alexandre Kojève. Austausch u.a. mit Gabriel Marcel.

1931 Übersetzung von Husserls *Cartesianischen Meditationen* zusammen mit Gabrielle Pfeiffer ins Französische. Bewirkt den Durchbruch der Phänomenologie in Frankreich. 8. April Französischer Staatsbürger.

1932 Heirat mit Raïssa Levy in Kaunas. Die Ehe bleibt glücklich und beständig.

1934-1939 Attaché beim Département scolaire de l'Alliance Israélite Universelle, einer internationalen jüdischen Hilfsorganisation, gegründet 1860 vor allem zum Kampf gegen den Antisemitismus und die Pogrombewegung in Osteuropa. Levinas' Départment kümmert sich um die Ausbildung von Lehrern für die Juden im Mittelmeergebiet und im mittleren Orient.

1935 *De l'évasion*. Geburt der Tochter Simone.

1939 27. August, Einberufung zum Kriegsdienst als Offizier.

1940 Bald nach der deutschen Invasion Kriegsgefangenschaft, zunächst in der Bretagne, dann in einem Speziallager für jüdische Kriegsgefangene in der Lüneburger Heide, gegen Ende des Krieges in Ostpreußen. Levinas' gesamte Familie in Litauen wird ermordet. Seine Frau und seine Tochter können sich im Kloster Saint-Vincent de Paul bei Orléans verbergen und werden gerettet. Levinas betritt nie wieder deutschen Boden.

1946 Direktor der École Normale Israélite Orientale, einer aus der Alliance Israélite Universelle heraus 1868 gegründeten und 1880 als gemeinnützig anerkannten Elitehochschule für die Ausbildung von Lehrern beiderlei Geschlechts aus dem Orient und aus Afrika. Levinas übernimmt selbst den Unterricht in Philosophie und im Talmud und geht seinerseits in die Lehre bei Mordechai Chouchani.

1947 *De l'existence à l'existant* (zum großen Teil in der Gefangenschaft entstanden); *Le Temps et l'Autre* (in mehreren Teilen vorgetragen im Collège philosophique von Jean Wahl).

1949 *En découvrant l'existence avec Husserl et Heidegger*. Geburt des Sohnes Michaël, der Komponist wird.

1957	Beginn der Talmud-Vorlesungen bei den jährlichen Colloques des Intellectuels Juifs de langue française. Aus ihnen gehen die publizierten *Lectures Talmudiques* des philosophischen oder »Sonntags-Talmudisten« hervor.
1961	*Totalité et Infini* (Thèse de doctorat ès lettres). Professor an der Université Poitiers.
1963	*Difficile liberté.*
1967	Professor für Philosophie an der Université Paris-Nanterre, auf Betreiben des dortigen Rektors Paul Ricœur.
1968	*Quatre Lectures Talmudiques.*
1970	Ehrendoktor der Loyola University Chicago.
1971	Albert-Schweitzer-Preis für Philosophie.
1973	Professor für Philosophie an der Sorbonne, Paris.
1974	*Autrement qu'être ou au-delà de l'essence.*
1975	Ehrendoktor der Universiteit Leiden.
1976	Emeritierung.
1976	Ehrendoktor der Katholieke Universiteit Leuven.
1977	*Du Sacré au Saint. Cinq nouvelles lectures talmudiques.*
1981	Ehrendoktor der Bar-Ilan University Ramat Gan, Israel.
1982	*De Dieu qui vient à l'idee*; *L'au-delà du verset.*
1983	Karl-Jaspers-Preis der Stadt und Universität Heidelberg.
1985	Premio Nietzsche der Associazione Internazionale di Studi e Ricerche Federico Nietzsche Palermo zusammen mit Emanuele Severino; Kandidatur für die Académie Française, jedoch ohne Erfolg.
1988	*A l'heure des nations.*
1995	25. Dezember in Paris gestorben. Am 27. Dezember spricht Jacques Derrida am Grab auf dem Friedhof von Pantin sein *Adieu* »mit nackten Worten, die so kindlich und so wehrlos sind wie mein Leid«.

* Eine erste hilfreiche Zeittafel hat 1984 Ludwig Wenzler, Daten zu Leben und Werk von Emmanuel Levinas, in: Emmanuel Levinas, Die Zeit und der Andere, übers. u. mit einem Nachwort versehen von Ludwig Wenzler, Hamburg 1984, 93-96, erstellt. Vgl. auch die Éléments biographiques in: Catherine Chalier / Miguel Abensour (Hg.), Emmanuel Lévinas (Cahier de l'Herne), Paris 1991, 625f.

Personenregister

Sachregister

Werner Stegmaier, geb. 1946, ist Professor für Philosophie an der Universität Greifswald. Er ist Autor zahlreicher Bücher und Aufsätze, u.a. zu Nietzsche, Derrida und Levinas, Mitherausgeber und Schriftleiter der Nietzsche-Studien und Herausgeber von Sammelbänden zu Zeichen und Interpretation, zur Europa-Philosophie, zur philosophischen Aktualität der jüdischen Tradition und zu den philosophischen Perspektiven der Orientierung. 2008 erschien sein Hauptwerk *Philosophie der Orientierung*.